Sage Ross / Shutterstock

アメリカ左派の外交政策

マイケル・ウォルツァー

萩原能久 監訳

風行社

A FOREIGN POLICY FOR THE LEFT

by Michael Walzer

Originally published by Yale University Press

Japanese translation published by arrangement with Yale University Press
through The English Agency (Japan) Ltd.

JBWに

[目次]

はしがき

私はドナルド・トランプが当選する前にこの本をほとんど書き終えていた。私が修正をほどこし終えたのはトランプ政権の最初の数カ月間のことだが、それは左派の期待が絶望的なまでに裏切られた時期だった。トランプ政権がアメリカの外交政策や国際政治にとってどんな意味を持つことになるかは、この時点では根本的に不確実である。しかし、読者の皆さんが別世界に移住してしまっていないと私は信じたい。左派の人々が直面する基本的な問題は変わらない。国外にいるわれわれの仲間とは誰で、どうすれば彼らを助けることができるか。国際社会の不平等にどのように対処すべきか。われわれは武力行使にいつ反対し、いつそれを支持すべきか。大部分が世俗的な人からなる左派は宗教の復興にどのように対処すべきか。

私は非常に長い間、この種の問題について書いてきた。政治理論の教授として、私は特定の政治的立場を擁護するため、アカデミックな講演や雑誌でこの理論家という肩書きを利用してきた。私は『ディセント』や『ニュー・リパブリック』、『ニューヨーク・レヴュー・オブ・ブックス』などの雑誌に寄稿することが多かったが、時にはイギリス、フランス、イタリアの同様の出版物にも原稿を寄せた。私の扱う主題は幅広いものだったが、私の書く記事や論評の焦点は、外交問題、特にアメリカや、他国、非国家団体が行使する武力であった。

この本はそうした七本の論稿からなる〔実際はあとがきを除いても八本の論稿から編まれており、ウォルツァーはこの序文では第八論文のことを忘れているようだ〕。私はそれらを広範囲に改訂し、拡張し、同じことを繰り返している箇所

（の大部分）を切り捨てて、もともとはなかった引用や覚え書きを加えた。これらの論稿のうち三つは、最初は学会向けに書かれ、学術雑誌に掲載された。だがそれらの文体は他の四本のものとはほとんど異なっていないだろう。それら四本とあとがきは『ディセント』に掲載されたものである。

『ディセント』との付き合いはもう半世紀以上になる。この雑誌――ヒモ付きでなく、左派的で、議論を喚起し、あらゆる型の権威主義を嫌う――は私の政治的本拠である。私は数十年間その編集を手伝ってきたのだが、二〇一四年に共同編集者の地位を退いて以降も寄稿を続けてきた。しかし、私の論稿のどれも『ディセント』の「編集方針」に沿ったものとはいえない。編集部のメンバーや他の寄稿者たちはいつでも私に対して自由に不同意を表明できた。すべての『ディセント』寄稿者と同じく、私は一般的な読者に向けて、ひょっとしたら神話上の生物に向けて書こうと努めてきたが、とにかく教授先生向けにではない。ジョージ・オーウェルの素晴らしい随筆『政治と英語』がわれわれのお手本である。専門用語《ジャーゴン》も、婉曲表現も、イデオロギー的なニュースピーク〔訳注1〕もない。われわれの狙いは、直截的で簡潔な、書かれたままの意味を持つ文章である。必ずしも私がいつもその基準に到達したわけではない。その域に達した者など実は誰もいない。だが読者にはその姿勢を読み取っていただきたい。――それは民主主義的論議へのコミットメントであり、同胞市民と関わり合おうという姿勢でもある。

長年にわたり、私は多くの政治的論争に参加してきたが、そのうちのいくつかはかなり熱のこもったものだった。多事争論こそが私が育った政治的世界の特徴である。その目的は論敵を葬り去ること――もちろん、ナイフを用いてではなく、議論によってだが、それらの議論は致命傷を与えんとするものだった。もういい歳なので、私はもっと冷静に議論しようと思ってはいるが、それでも私はいまなお、敢然たる不同意こそが政治的な真剣さの徴だと考えている。政治参加に熱心な市民が何を考え、何を問題視しているのか。私たちはそれを正し、間違っている人を撃退しようとしなければならない。私が書いてきたもののインパクトが非常に限られたものであることは分かってはいるが、私はそれがやり甲斐のあることだったと信じ続けている。

多くの人々が政治について考え、政治的立場を擁護する私の手助けをしてくれた。私の政治面での先生〔私の両親以外で、私にスト破りをしてはいけないということやその他もろもろのことを教えてくれたの〕は『ディセント』を創刊し、初期の発刊号に寄稿していた人々、アーヴィング・ハウ、リュー〔ルイス〕・コーザー、スタンリーとシモーネのプラストリク夫妻、マニー〔エマニュエル〕・ゲルトマン、デボラ・マイヤー、バーニー・ローゼンバーグ、マイケル・ハリントンである。私が『ディセント』を主舞台にしていたのは次世代の人たちと過ごしていた時期である。ミッチェル・コーエン、マキシーネ・フィリップス、マーク・レヴィンソン、ニック・ミルズ、ジョアン・バーカン、ジョー゠アン・モート、シンシア・エプスタイン、アン・スニトウイン、スージー・リン・エルド――その他多くの第三世代、第四世代の人たちがそれである。これらの人々は、彼らが同意するか否かにかかわらず、私がこの本でおこなったすべての議論について集合的に責任を負っている。現在はマイケル・ケイジンが名編集長を務めているこの雑誌は、議論の宝庫ともいえる政治空間、重要な異議申し立てのための政治空間を提供し続けている。マイケルは、この本の原稿を読んで、多くの有益で、時には批判的な指摘をするためにわざわざ『ディセント』の編集時間を割いてくれた。彼の指摘から私は多くを学んだ。

最近の私の政治論評に最も大きな影響を与えた著述家のなかでは、ポール・バーマンとマイケル・ベルーベの二人が際立っている。バーマンは、宗教復興と狂信的イスラームの出現にどう対応すべきか私を先導してくれた。ベルー

〔訳注1〕オーウェルの『一九八四年』内で、全体主義的国家が実在の英語〔オールドスピーク〕をもとに作ったとされる新しい公式言語。その目的は国民の語彙と思考を制限し、国家のイデオロギーに反する思想を摘み取って全体主義支配を磐石なものとすることにある。

べは、彼が「マニ教的左派」と呼ぶものに対して素晴らしい反論を書いており、スチュアート・ホールやエレン・ウィリスのような、マニ教的思考に毒されていない左派の業績を擁護している。私がしているのは彼の後追いである。

私はまた、二つの非常に異なる組み合わせからなるイギリスの友人たち、ユーストン・マニフェストとキルバーン・マニフェスト〔訳注2〕の執筆者たちから多くのことを学んだ。ノーマン・ジェラス、アラン・ジョンソン、シャロム・ラピン、ニック・コーエンはユーストン派で、マイケル・ラスティンとスチュアート・ホールがキルバーン派である。ジェラスとホールはごく最近亡くなった。彼ら〔ジェラスとホール〕は一時期、『ニューレフト・レヴュー』で活動を共にしていたがそれぞれ異なる、しかし等しく賞賛に値する理由から袂を別った。私は彼らのどちらにも負うところが大きい。しかし、私が最も恩恵を受けているのは五〇年間にわたり左派の政治について語り合ってきたマイケル・ラスティンである。

最後に、私の考えに大きな影響を与えたイスラエルの左派の友人たちに謝辞を述べたい。——彼らの影響はこの本の多くの箇所で顕著である。グールとダリアのオファー夫妻、ブライアン・クネイ＝パス、ブルリア・シャイ＝ション、故ダン・ホロヴィッツ、ジャネット・アヴィアド、ゲリー・ブレンナー、アヴィシャイ・マーガリット、メナケム・ブリンカー（彼は私がこの本を書き終えると時を同じくして亡くなった）、イェリとショシャーナのヨーヴェル夫妻、メナケムとニュリットのヤーリ夫妻、イラーナ・ハウといった人たちがそれで、——彼らは全員、私と同じく筋金入りの社会主義者である。

左派政治は、アーヴィング・ハウが書いたように、「地道な作業」である。左派政治の大義のすべてに地道な作業を遂行する同志がいる。彼らとの会話、彼らの支持、そして彼らの愛がなければ、私はこの本も、他のどの書物も書くことはできなかっただろう。ＪＢＷ〔マイケルの妻ジュディス・ボロドフコ・ウォルツァー〕は私の最も地道で、最も聡明で、最も愛すべき同志である。

私の担当であったイェール大学出版局の編集者たちは、この本の政治的議論についてまったく責任を負わないが、議論が意味を成し、まともな英語で書かれているかに関心を払ってくれた。『ディセント』の記事の一つを読んで、これはいずれ書物にすべきだと言ってくれたビル・フルクトに特別の感謝を捧げたい。彼はすべての章を読み、丁寧にコメントしてくれた。もう一人、忘れてはならないのがメアリー・パスティで、彼女は編集に力を注ぎ、文章を大幅に改善してくれた。

「序論」と第一章は *Dissent* (Spring 2014), 17-24 に"A Foreign Policy for the Left"という題目で書かれたものをもとにしている。

第二章はノーマン・ジェラス記念論文集 *Thinking Towards Humanity: Themes from Norman Geras*, ed. Stephen de Wijze and Eve Garrard (Manchester: Manchester University Press. 2012), 15-26 で最初に発表された。本書の章の題目も同書における私の寄稿論文と同じである。マンチェスター大学出版局の許可を得て転載した。

第三章は *Dissent* (Winter 2002), 29-37 に"The Argument about Humanitarian Intervention"として掲載され、も

〔訳注2〕ユーストン・マニフェスト Euston Manifesto とキルバーン・マニフェスト Kilburn Manifesto　前者は二〇〇六年に欧米のリベラル知識人によって起草された宣言である（ウォルツァー自身も賛同人に名前を連ねている）。民主主義の擁護、人権の尊重などに加え、左派知識人に蔓延する反米主義への批判（第六条）およびイスラエルとパレスチナの二国家共存の支持（第七条）を提唱している点に特色がある。後者は雑誌『サウンディングス（*Soundings*）』の編者たち（ウォルツァーが挙げる二人に加え、フェミニスト地理学者ドリーン・マッシー）が主導したプロジェクト。主にイギリス社会に焦点を当てながら新自由主義体制を批判的に分析し、それに代わる構想を打ち出すことを目指している。

との形のままMichael Walzer, *Thinking Politically: Essays in Political Theory*, ed. David Miller（New Haven: Yale University Press. 2007）, 237-250〔萩原能久・齋藤純一監訳『政治的に考える』風行社、二〇一二年、四一六—四四〇頁。本書に収録されているものには相当の加筆・修正が加えられている〕に採録されている。

第四章は*Dissent*（Fall 2003）, 27-31に同じ題目で出版された。

第五章はもともと、二〇〇八年四月七日にハーグで"Global and Local Justice"と題して行われたスピノザ・レンズ賞受賞講演だった。その修正版は*Dissent*（Summer 2011）, 42-48に掲載された。

第六章は*Quaderni Costituzionali: Rivista Italiana di Diritto Costituzionale* XXXI, I（March 2011）, 187-198に、"Il governo mondiale e un sogno?"という題で公刊された。出版社であるイル・ムリーノの許可を得て転載した。

第七章は*Dissent*（Winter 2015）, 107-117に"Islamism and the Left"という題で公刊された。

あとがきは*Dissent*（Spring 2002）, 19-23に掲載され、本書と同じ題目で公刊された。

『ディセント』編集部に対して、もともとはこの雑誌で公刊された論説を再出版（および改訂）する許可を与えてくれたことに感謝する。

序論——基本姿勢

左派の人々は——社会主義者、社会民主主義者、左よりのリベラル、これらの人はすべて——概して自分の国で暮らしている。われわれの政治は、国内社会のあり方に焦点を当てているのだ。国際主義者であると主張することの多いわれわれだが——時にはほんとうに国際主義者であることもあるが——外交政策や安全保障政策について決してよくは理解していない。私は主張したい。これは原理的にまったくまずい失敗である。われわれは、海外での不平等、労働搾取、反組合活動に反対する場合や、国境を越えて環境破壊に対処する場合など、これらの問題が国内問題に似たものの場合はグローバルな問題にうまく対処できている。しかし記録を紐とけば、武力行使の可能性が争点となるような場合にはあまり好結果は望めない。それは、われわれの誰も考えたくないことなのだ——あるいはそれにただ反対の立場をとるというだけにとどまる。バーニー・サンダースが行った二〇一六年の民主党予備選挙運動は、唯一のものではないが、この立場のほぼ完璧な見本である。

しかし、好むと好まざるとにかかわらず、われわれは同胞市民たちとアナーキーな国際社会の中でともに暮らしているのであり、そこでは武力行使について賢明な決定を下す能力は、自国の安全にとって、またわれわれと密接な関係にある国の安全、時には遠く離れた国で絶望的な状態にあり、われわれの助けを必要としている人たちの安全にとって極めて重要である。賢明な意思決定者はいかなるときもできる限り平和を選ぶが、時には冷戦を、時には戦争に及ばぬ武力行使を、時には戦争の脅しを、時には戦争そのものの苦しみを選択しなければならない。政治的叡智とは、本質的には軍国主義的なものでも平和主義的なものでも（あるいはそのどこか中間にあるものでも）ない。それは可能である限り、和解と妥協へのたゆまぬコミットメントを必要とするし、戦闘が避けられない場合には戦う用意を必要とするのである。この二つはどちらも必要なのだ。それをどう組み合わせるかが左派にとっては常に問題だった。

確かに、遠く離れた場所で行われることの多い革命戦争を熱烈に支持し、解放運動の暴力行為、時にはテロリズムを熱烈に支持するような左派もいる。それなのに自国の戦争については、特にアメリカのような大国に住んでいる場合は、われわれはためらいがちである。さらには、われわれの標準的な議論である反帝国主義と反軍国主義が決定的に重要である。何年もの間、そして多くの場合、反対を表明するだけのこの議論は間違いなく正しい時もあった。しかし、それがあまりに頻繁に繰り返されると、この内向きな姿勢に対する疑問の余地が生じる。あれやこれやの帝国主義的侵略や軍事的冒険に反対の声をあげて、われわれがいつも主張してきたのは、自国が海外でのすべての関わり合いを避け、この国〔アメリカ〕のなかでより公正な社会を創造するためにそのエネルギーと資源を費やすべきであるということだった。

左派の外交観は、外交政策についてわれわれが思考を巡らす限り、武力を用いた行動を回避する傾向にある。すべての国際紛争や内戦において中立を維持しようとする姿勢はこの一例である（社会民主主義的なスウェーデンを考えてみていただきたい）。中立という立場は賢明な外交政策方針をとっているとも、また同時に、とっていないともいえる立場である。しかし――アメリカの社会主義者がヨーロッパでの戦争への参戦に反対した一九一七年のときのように――そうした中立の立場が決定的に重要で、前向きな決定となる瞬間がある。ジョン・リード〔訳注1〕は当時、おそらくは勘違いして、普通の人間は「中立性を好む自然な性向がある」(1)と主張している。

国際連合と国際刑事裁判所（ＩＣＣ）に対する強い支持表明は、左派の外交政策のもう一つの例である。私は、九・一一攻撃の後、多くのアメリカの左派が、国連とＩＣＣがまったくなんの行動もとろうとしないことを知っていたにもかかわらず、アルカイダに対して単独で、あるいは緊密な同盟諸国と行動することよりも、これらの国際機関にすがろうとしたことを思い出す。おそらくこの点は重要だろう。

第三に、より興味深いが、外国に散見されるありきたりの左派の例として、世界で起こる悪いことはすべてアメリカのせいであるという主張がある――この立場からすればわれわれ（アメリカ人）は一切の手出しを控えるべきだとされる。他国への働きかけの拒否は、左派が内向きであることの極めてラディカルな形態を指し示している。アメリカが実際に離脱した場合にどうなってしまうかということへの関心の欠如はさらによりラディカルな形態であろう。

私は後に続く章で、革命戦争や解放運動家の行使する暴力、世界政府の可能性、国内（そして国外）での反米主義に関する左派の主張を取り上げる。本章では、私はこう主張しておきたい。左派の基本姿勢、われわれが常にそこに立ち帰ろうとする立場はほとんど例外なく、次のことに焦点を当てている。つまり、われわれが他者と共にあろうとするとき、われわれと同胞市民がどのような暮らしを送るかという問題に尽きるのだ。われわれの多くにとって、唯

〔訳注1〕ジョン・リード John Reed（1887-1920）　アメリカのジャーナリスト。ハーヴァード在学中から様々な文芸活動を行い、その後前衛的な芸術家の集まるニューヨークのグリニッジ・ヴィレッジにて活動。一九一三年に急進的な雑誌『ザ・マッセズ』の編集スタッフに加わると、以降はジャーナリストとして報道に携わる。代表作はロシア十月革命についてのルポルタージュである『世界をゆるがした十日間』。

一の良き外交政策とは良き国内政策である。左派が繰り返し主張してきたのは、自国での公正な社会を創造することに集中すれば、世界のなかでアメリカ人の安全がより確保され、世界はより良くなるだろうということである。

これは非常に古くからある立場である。ヘブライの預言者たちは、古代イスラエル人が、神の似姿に創造された人々に対して正しく行動することで真の神を敬い、貧者の顔を踏みにじることを止めるのであれば、アッシリアとバビロニアの征服者たちから神はお守りくださるだろうとのお告げを伝えた。彼らは永遠に彼らの土地で平和に生き、「諸国の光」（イザヤ書第四二章）となるだろう。彼らがなさなければならなかったのは、ただ座し、輝くことだけだった。

> イスラエルの神、万軍の主はこう言われる。（…）お前たちの道と行いを正し、お互いの間に正義を行い、寄留の外国人、孤児、寡婦を虐げず、無実の人の血を流さず（…）自ら災いを招いてはならない。そうすれば、わたしはお前たちを（…）この地、この所に、とこしえからとこしえまで住まわせる。（エレミヤ書第七章三―七節）

家で行いを正せばあなたの家は安全となろう――そうエレミヤは語る。そしてイザヤは世界中の人々があなたの光を賞賛し、あなたの正義を真似るだろうと語る。近代における左派の歴史において、こうした主題のバリエーションを演じる活動家や闘士を見つけるのは簡単だ。ここではほんの数例を紹介するにとどめ、後の章でさらに詳しく説明したいと思う。

一九一七年に主戦派知識人たちを激しく批判したランドルフ・ボーン〔訳注2〕を考えてみよう。ボーンはグリニッジ・ヴィレッジの「叙情的左派」のうち「力強く成功を収めた人物の一人」であり、またヨーロッパでの戦争にアメリカが関わりあうことに対して反対した最も聡明な人物だった。(2) 次の一文は、ジョン・デューイ〔訳注3〕、ウォルター・リップマン〔訳注4〕、さらには戦争を支持した『ニュー・リパブリック』の寄稿者たちについて彼が語った事である。「自国での労働争議や抑圧された大衆、被差別民族に対する責任感のかけらも感じることなく、彼らはヨーロッパの被虐待民族や荒廃した村々に投資する愚にもつかない感情まかせの資本金の一大基金を募ることになった」。この投資は間違いであるとボーンは主張した。「アメリカ人の生活に対する約束がいまだ達成されていない限り(…)われわれとしてはわれらが畑を決然と懸命に耕すほかない」(3)。ヨーロッパでの戦争にアメリカが関わりあうことに反対した彼の立場はおそらく正しいものだった——私見では、彼のあげた理由は正しいものとは思えないが。ここでは自国での責任を外国での責任と切り分けて排除する奇矯な左派的立場が示されている。

こうした議論は長年にわたり繰り返されてきた。二〇〇三年のイラク侵攻の後、それに反対の立場をとっていた一人であるアンドリュー・ベースヴィッチ〔訳注5〕は「われらが畑」というボーンの詩句を引きつつ「もしわれわれがみずか

〔訳注2〕ランドルフ・ボーン Randolph Bourne(1886-1918) アメリカの進歩主義的作家、左派知識人。第一次世界大戦に際して、主戦派の立場に立ち戦争を民主主義拡大の道具とみなす師のジョン・デューイを批判した非戦派の代表的論客。現在も彼を記念し、平和を達成するため非干渉の外交政策を政府に提案し続けるランドルフ・ボーン・インスティチュートという名の組織が活動を続け、antiwar.comというウェブサイトの運営を行っている。

〔訳注3〕ジョン・デューイ John Dewey(1859-1952) アメリカの哲学者、教育学者、心理学者。プラグマティズムを代表する思想家で自由の問題を組織との関連で有機的・流動的にとらえた『自由と文化』などを著した。また、教育学においては、『学校と社会』で学校と社会の不可分性を強調し、知識と実践の統一を主張した。心理学においても機能主義的心理学の確立に貢献した。

〔訳注4〕ウォルター・リップマン Walter Lippmann(1889-1974) アメリカの政治評論家。ハーヴァードを卒業後、左派系の政治評論誌『ニュー・リパブリック』の創刊に参画。第一次大戦では和平構想の調査、立案にかかわる。主要著作に『世論』、『公共の哲学』など。一九五八年と一九六二年にピューリッツァー賞を受賞。

ら掲げた理想に従って生きるならば（…）ささやかな仕方ではあるが、お手本を提供するモデルとなれよう」と論じた──それはすなわち「諸国の光」である。(4) イラクに関してベースヴィッチの立場は正しかったと私は信じているが、悪しき戦争がアメリカ人をして自分の庭を耕させしめる──そしてそれ以外に何もしない十分な理由になるだろうか。ベースヴィッチはボーンだけでなく、チャールズ・ビアード〔訳注6〕にも思いを馳せ賞賛している。彼は第二次世界大戦前夜における傑出した歴史家であり、アメリカで最も著名な孤立主義者の一人だった。ビアードは一九四〇年に「大陸アメリカ主義〔訳注7〕」を擁護する記事を書き、アメリカはそのエネルギーと知性を「自国における重大な経済的・社会的危機の克服」に集中させなければならないと主張した。(5)

左派の基本姿勢は時に、一九四〇年にそうだったように、右翼の孤立主義と重なることもあるが、通常は非常に異なる。左派、われわれのほとんどは、政策の問題において国際主義者たることに失敗しているとしても、精神的には国際主義者である。われわれは、連帯してともに立ち向かうべき仲間が外国にもいることを知っている。しかし、あまりにもしばしば、われわれは沈黙したままでもある。われわれの同志を助けるために何をなすべきかを理解する、あるいは理解しようとすることが困難なのだ。しかし、──世界中から左派がスペインに駆けつけ、フランコ〔訳注8〕やファシストとの闘いに加わったときのように──精神によってより強く突き動かされることもある。それは左派が実際に独自の外交政策──ファシストと闘え！──を持っていた瞬間だった。その闘いはコミンテルン〔訳注9〕によって組織されたが、その後、指導者たちがファシスト兵士よりもアナーキストとトロツキストを攻撃することに熱心になったためコミンテルンに裏切られた。それでも、これはつかの間の国際主義的瞬間であった。理想に燃えた若い左派たちがスペインで義勇軍として戦っている間に、彼らの友人たちはイギリス、フランス、アメリカで、スペイン共和国への武器禁輸を終わらせるべく政治的に戦った。彼らは問うていた。共和国派とファシストの間の内戦において、民主的国家が中立的な立場をとることなどいかにしてできようかと。

しかしそのわずか数年後、ヒトラー＝スターリン協定〔独ソ不可侵条約〕が締結されるや、国内の多くの左派は、ナチス・ドイツと民主的なイギリスの間での戦争においてアメリカが中立を保つべきだと強く主張していた。一九四〇年四月に発行された号で、現在は反戦的な立場をとる雑誌『ニュー・リパブリック』は、こうした基本姿勢の完璧な見本を提示していた。「人類の未来に対してアメリカ人ができる最善の貢献は、アメリカにおいて民主主義を完成させることだと皆が心から信じることは不毛な孤立主義の徴ではない」(6)。この当時、『ニュー・リパブリック』

〔訳注5〕アンドリュー・ベースヴィッチ Andrew J. Bacevich（1947-）　アメリカの国際政治学者。専門は、アメリカ外交史、軍事史。ウエストポイント、ジョンズ・ホプキンズ大学、ボストン大学などで教鞭を執った。著書『アメリカ・力の限界』では、イラク戦争期アメリカの拡大主義を批判している。

〔訳注6〕チャールズ・ビアード Charles A. Beard（1874-1948）　アメリカの歴史学者。神聖視されていた憲法制定者たちの経済的利害関係から合衆国憲法の制定過程を論じる研究を行い、多くの議論を引き起こした。第一次大戦期には参戦主義者であったが、一九三〇年代に国際情勢が不安定になると現実主義の立場からヨーロッパやアジアでの紛争への不干渉を主張した。

〔訳注7〕大陸アメリカ主義 Continental Americanism　ナチス・ドイツの台頭や日本の中国への進出による国際情勢の不安定化に伴い、ビアードが提唱するようになったアメリカ対外政策の基本方針。建国期アメリカの対外政策の基本への復帰を訴え、ヨーロッパやアジアへの不干渉を説いた。

〔訳注8〕フランシス・フランコ Francisco Franco（1892-1975）　スペインの軍人、政治家。スペイン内戦時に最高軍事指揮権を掌握して、反乱側の政治的指導者となる。内戦後は国家元首となり、ファランヘ党の一党独裁政権を長期間維持した。

〔訳注9〕コミンテルン Comintern　共産主義インターナショナルの略称。一九一九年三月にモスクワに創設され一九四三年五月まで存続した各国共産主義政党の国際統一組織であり、スペイン内戦時は、人民戦線政府の一部であるスペイン共産党とカタルーニャ統一社会党を指導するとともに、国際義勇兵を組織的に派遣しフランコの率いるファシスト勢力と闘った。しかし、政府内での主導権を握るとアナーキストやトロツキストをファシストの手先として排除するようになり、結果的に人民戦線は崩壊した。

は孤立主義者チャールズ・リンドバーグやアメリカ・ファースト運動〔訳注10〕と肩を並べていたのである。

この基本姿勢は、国際政治の不確かさやあいまいさに起因すると言われることもある。ジェフ・フォー〔訳注11〕は外交政策に関する（私との）ある論争において次のように語った。「世界はとても複雑で、帝国の力の及ぶ範囲は広く、情報へのアクセスとそれを処理するわれわれの能力が限られているので、ミニマリストの基本姿勢こそがそれでも最も道徳的で政治的な意義を有する」(7)。そう、然り、何をなすべきかわからないとき、何もしないことはおそらく良い考えである。二〇一一年に続く数年間、オバマ大統領はネオコンの干渉支持派から、シリアで何をなすべきかについてためらいすぎだと非難された。シリアの内戦の複雑さを考えると、おそらくためらうのはもっともである。しかし、アメリカの左派の大部分はまったくためらっていなかった。左派は、アメリカが海外で何らかの行動を起こすこと、アメリカが何らかの権力を行使することに単純に反対したのだ。左派の人たちは、大規模な米国の干渉の結果生じるかもしれない災厄の長大なリストを作成し――非常に限られた（そして効果的とは言えない）アメリカの干渉が他国の大規模な干渉によって圧倒されてしまったときに実際に生じる災厄にはほとんど関心を示さなかった。複雑さはここでは問題ではなく、むしろ中東、その他におけるアメリカの積極行動政策を支持することへの原則的な拒絶が問題なのである。意外なことに、おそらく、ほとんどの米国の左派は、世俗的民主主義者と自称する人たちですら、シリアの反政府勢力と連帯する必要はほとんどないと感じていた。われわれの行動を見る限り、戦争犠牲者の救済に対してもわれわれはほとんど関わり合おうとしなかったのだ――救援に武力行使（シリア北部の安全地帯の設立が行われたときのように）が必要となった場合に、まったくそれに関わり合おうとしなかったのだ。

しかし後年、われわれ全員がシリア難民をアメリカに受け入れることを支持した。われわれは政府が提案するよりもはるかに多くの難民を受け入れる用意があったのである。われわれは右翼の外国人嫌悪に断固たる反対の声をあげた。難民が当地に到着、あるいはその途上にあるや、連帯はより容易になった。なぜなら、問題は今やわれわれ自身の社会の性格の問題となったからである。左派として、われわれは民族的、宗教的多様性を擁護し、新しくアメリカ人となった人たちの権利の削減を拒否することを誇りに思っていた。そしてわれわれは、移民社会であるアメリカが移民の歴史を持たない他の諸国の光たりうると主張したのである。われわれは自然と基本姿勢に立ち戻ったのである。

疑いなく、国内問題に焦点をあてる偏狭さには大きな意味がある。ランドルフ・ボーンが、われわれはまず何よりも、アメリカにおける被抑圧労働者と被差別人種排除に対して責任を負うと述べたことは正しい。リチャード・ローティ〔訳注12〕が「わが国を完成すること（achieving our country）」――まったくもって包括的で公正な社会を創造すること(8)――と呼ぶプロジェクトの道のりは長い。近年はあまり多くの成功を収めてはいないが、われわれの声が最も強く、最も明瞭な場がここである。われわれは、組合潰し、人種差別、女性嫌悪《ミソジニー》、外国人嫌悪、所得格差の拡大、選挙における金銭授受、金権政治の横行、環境汚染、同性愛嫌悪、福祉国家への攻撃、選挙権そのものを掘り崩すあらゆ

〔訳注10〕チャールズ・リンドバーグ Charles Lindberg（1902-1974）　愛機スピリット・オブ・セントルイス号を駆り、大西洋単独無着陸飛行を達成し、「翼よあれがパリの灯だ」という（事実ではない）伝説的名言を残したリンドバーグは共和党員でもあった。彼はヨーロッパで第二次世界大戦が勃発した後、孤立主義の立場からアメリカはドイツと中立条約を結ぶべきだと主張した。孤立主義者の団体であるアメリカ・ファースト委員会（America First Committee）の主要なスポークスマンであった彼は、アメリカに参戦を呼びかけるのはイギリス人とユダヤ人の陰謀だと主張した。

〔訳注11〕ジェフ・フォー Jeff Faux（1936- ）　アメリカの経済評論家。アメリカのシンクタンクである経済政策研究所（Economic Policy Institute）の設立者。『ディセント』や『ハフィントンポスト』などで多数の論説を発表している。

〔訳注12〕リチャード・ローティ Richard M. Rorty（1931-2007）　アメリカの哲学者。パースやデューイに代表されるプラグマティズムの伝統の後継者を自認しているが、新プラグマティズムの代表格の一人として数えられることもある。ここで言及されている著作『アメリカ　未完のプロジェクト』（邦題）は、アメリカ人の自国に対する誇りを回復させるべく、新プラグマティズムの立場からアメリカ左派の歴史を再構成する試みであった。一九八一年に代表作である『哲学と自然の鏡』でマッカーサー賞を受賞。

る試みに反対する。――すべての左派集団がそれぞれの優先順位を持っているので、私はこのリストをランダムな順序で挙げたにすぎない。しかし、われわれ全員が左派のコミットメントの範囲を知っており、われわれは（ほとんどの場合）お互いにサポートしあっている……ただし、国内問題に関してだけであるが。

しかしこれが左派の物語のすべてではない。われわれがその精神において国際主義者である限り、一九九三年にチェコ議会に向けてヴァーツラフ・ハヴェル〔訳注13〕が語った際に「自由と民主主義の大義に対するわれわれの共同責任」と呼んだものを逃れることはできない(9)。戦争と内戦、宗教的狂信、テロ攻撃、極右ナショナリズム、暴政、深刻な不平等、広範囲にわたる貧困と飢餓に見舞われている世界においては、左派知識人はこの大義に注意を向けなければならない。われわれの最善のコミットメントは、困窮者との連帯であり、最悪の害悪のいくつかは、現在、海外で経験されている。したがって遠く離れた国々の人々が貧困と恐怖を回避するどのような手助けができるか、それらの国々で自由と民主主義のために力を尽くしている人々をどうすれば支援することができるか、繰り返し議論するつもりである。われわれはまた、誰が、そしていつ、まさにその支援を提供すべきか論じなければならない。本書はそうした議論に関する書物である。それは左派の外交政策がどうあるべきかという疑問に答える努力である。

議論の概略

以下の章では、私は海外の左派が行っている取り組みに関するすべての近年の議論に加わろうと試みた。私は、支持すべきあるいは反対すべき国家の政策だけでなく、自分たちのものとしてわれわれが採用すべき政策、われわれが追求すべき行動を取りあげたい。われわれはほとんどの場合、外交政策を国家の政策であると考えているが、確かにわれわれは自分の国が他の人々が暮らす国で行っていることに（たとえ何もなすべきではないと思っているとしても）

興味を持つべきである。しかし左派は独自の外交政策を必要としている。党や組合、非政府組織（ＮＧＯ）が世界でどのように行動すべきかについて考える必要がある。また、語ることは一つの行為であり、言葉は武器であるから、国際政治についてわれわれ自身が語ることについても考える必要がある。われわれは、他の国々の友人や仲間たちの協力を得て、民主主義と平等の敵に対して彼らがどこにいようと反対する立場から物を書き議論しなければならない。

私は左派の行ってきた取り組みについて長期的な視点に立っているので、第一章では、いつ正しい行動をとることができたか、いつ間違った行動をとってしまったか、重要な歴史的な事例を記述することから始めたい。第二章では、左派国際主義がこれまでどのようなものであり、またどうあるべきか——なぜわれわれが独自の外交政策を必要とするのか説明し、その内実に何が必要か示唆するために——規定したいと思う。第三章では、極めて具体的に、人道的干渉に焦点を当てる。これは左派のなかでもかなりラディカルに意見の分かれる主題である。私はいくつかの干渉を正当な試みであったと擁護したいと思うが、主たる干渉国であるアメリカの役割に疑問を投じている。そこでの議論は第四章で、世界政治におけるアメリカのヘゲモニー国としての役割に格別の注意を払いつつ、外交政策としての反帝国主義という議論につながるだろう。

第五章では、富と資源の世界的な規模での根本的に不平等な分配から議論を始めつつ、いくつかのグローバルな問題への取り組みを始めたい。グローバルな正義に対する左派のコミットメントはどのような形態を取るべきか。それ

〔訳注13〕ヴァーツラフ・ハヴェル Václav Havel（1936-2011）チェコの劇作家であり、元チェコ大統領。一九六八年の「プラハの春」以降の「正常化」の時代に、反体制運動の指導者として登場し、積極的に抗議活動を行った。後に市民フォーラムの代表として共産党政権を打倒する「ビロード革命」の中心となる。一九八六年にエラスムス賞を受賞。

はわれわれにとってより馴染みのある国内正義に対するわれわれのコミットメントとどのように比較しうるか。第六章では、多くの場合、個別国家あるいは同盟諸国による強制的な行動の代替案として、左派の多くが推奨する世界政府の望ましさを扱う。第七章では、グローバルなレベルでの宗教的狂信の復興に対する左派の奇妙な反応（または無反応）を詳しく見ていきたい。

第八章では、われわれが犯した間違いや失敗の理由のいくつかを検討し、外交政策問題へのより良い左派的取り組みとは何かを論じたい。最後に、あとがきとして二〇〇一年の九・一一攻撃の直後に書いた一文を追加した。それは有益な論争を巻き起こし、この書物の起源となった。

どんな左派か

左派について私が書くとき、それが何を、あるいは誰を意味するのかについて一言述べておいた方がいいだろう。私自身や私の友人たちを描写したくだりで、「社会主義者、社会民主主義者、左よりのリベラル」と描写することから本章を始めたのだが、私はこれらの言葉が示唆するよりもより包括的でありたいと思う。私は、私とは対立する左派も含めたいのだ。アイデンティティを確定する上で、単一の、あるいは本質主義的な答えを求めたがる人たちがいる。あなたは現在、あるいはかつて共産党員だったことがありますかだとか、黒人であるとはどういう意味ですかだとか、誰がユダヤ人ですか、あなたはわれわれの味方ですか、敵ですか、といった問いへの答えとしてである。これとは対照的に、「誰が左派ですか」という質問に無限の応答があることを私は嬉しく思う。自分を左派だと言う人は皆、左派なのだ。この名称を主張するすべての人について私は語るつもりである。私は確かに、旧左翼も新左翼も、共産主義者やアナーキスト、そして何らかの人民戦線に関わりあってきたすべての人々を含めている。私が書くのはほぼアメリカの左派についてだが、ときにはヨーロッパにも手を広げるつもりだ。というのも左派はそこで生まれたのだし、アメリカの左派はしばしばヨーロッパの動静に追随しているからである。長い間にわたって、左派の牙城、ニューヨークはモスクワの郊外都市だった。

代名詞は常に問題を孕んでいるが、複数の代名詞「われわれ」が最も問題含みである。私はときどき、私の読者と私自身を指し示す語としてこの代名詞を使う。つかの間ではあれ、われわれが共にあると仮定しているからである。アメリカの「帝国主義」を扱うとき、この代名詞は私を同胞市民につなぎとめる。グローバルな正義について書く際には、私はすべての人類をさす語としてこの代名詞を使用する。しかしながら、ほとんどの場合、「より広範な左派」を含めるために私は「われわれ」という語を使う――というのも私は自分がそのメンバーの一人だと思っているからである。そしてもう一つ最後に、「われわれ」という語が私の属する左派の一部だけを指している場合がある。それは『ディセント』〔訳注14〕という（小）雑誌を中心に集まった民主的な社会主義者と労働運動、および一部の左よりのＮＧＯにいる友人たちのことである。私はこの最後の「われわれ」が左派の大部分を占めていると主張するつもりはないが、『ディセント』寄稿者たちは多くの場合、正しい見方をしていると主張したい。

読者は、その時々にどの「われわれ」を私が指し示そうとしているのか、難なくわかるだろう（適宜、カッコ書きで説明を加えるつもりだ）。最後に、大切なことを。「われわれ」は時に他の左派を「彼ら」というカテゴリーに押し込むことになるが、私は対比や対立を強調する場合ですら、そこに絶対的な、あるいは永遠の相違があるなどとは信じない。左派の間には重要な見解の相違があり、特に外交政策の問題がそうだが、人々は行きつ戻りつ、立場を変え

〔訳注14〕『ディセント』*Dissent*　一九五四年にマイケル・ケイジンらによって創刊されたアメリカの左派系雑誌。ハンナ・アーレントやノーマン・メイラー、アレクサンドル・ソルジェニーツィンなど多数の著名な左派系知識人が投稿している。

るものだ。連帯と合意の形成は、国際社会よりも国内での方がはるかに可能性が高いが、どの書き手もそうであるように、私はすべての読み手を説得し、新しい左派の結束を生み出したいと願う。

【注】

（1）Robert A. Rosenstone, *Romantic Revolutionary: A Biography of John Reed*（New York: Vintage, 1981）, 276.

（2）Edward Abrahams, *The Lyrical Left: Randolph Bourne and Alfred Stiglitz and the Origins of Cultural Radicalism in America*（Charlottesville: University Press of Virginia, 1988）, 89に引用されているフロイド・デルの表現。

（3）Randolph Bourne, "The War and the Intellectuals" and "A War Diary," in *The World of Randolph Bourne: An Anthology of Essays and Letters*, ed. Lillian Schlissel（New York: Dutton, 1965）, 154, 189.

（4）Andrew Bacevich, "Cultivating Our Own Garden," in *In Search of Progressive America*, ed. Michael Kazin（Philadelphia: University of Pennsylvania Press, 2008）, 36.

（5）Andrew Bacevich, *American Empire: The Realities and Consequences of U.S. Diplomacy*（Cambridge: Harvard University Press, 2004）, 12–20; Charles A. Beard, *A Foreign Policy for America*（New York: Knopf, 1940）.

（6）William L. O'Neill, *A Better World: The Great Schism; Stalinism and the American Intellectuals*（New York: Simon and Schuster, 1982）, 33.

（7）この書物の直接的前身である『ディセント』誌に掲載された私の論説 "A Foreign Policy for the Left"（Spring 2014）へのジェフ・フォーの返答は、"Defending the 'Default Position,'" というタイトルで以下の『ディセント』ウェブサイトに掲載されている。https://www.dissentmagazine.org/author/eric-alterman-jeff-faux-and-michael-walzer.

（8）Richard Rorty, *Achieving Our Country: Leftist Thought in Twentieth-Century America*（Cambridge: Harvard University Press, 1999）〔小澤照彦訳『アメリカ　未完のプロジェクト――20世紀アメリカにおける左派思想』晃洋書房、二〇〇〇年〕.

（9）Václav Havel, *NATO, Europe, and the Security of Democracy: Speeches, Articles, and Interviews, 1990–2002*（Pardubice, Czech Republic: Theo Publishing, 2002）, 38.

第一章　歴史のなかの諸事例

――物事の正しい見方と間違った見方

数年前、あらゆる左派は自分たちの来歴を言い争って互いの過去の行動を批判することをやめるべきだとリチャード・ローティは主張した。歴史の研究は何が起こったのか、なぜ起こったのか、そして誰に責任があったのかを理解する試みであるべきではない。その目的はむしろ将来のわれわれの政治のために「道徳的アイデンティティを作り出す」ことだというわけである。しかし確かにわれわれの道徳的アイデンティティは、われわれがやろうとしていることだけではなく、われわれがしてきたことに大いに依存しているのである。マイケル・ベルーベはローティに対して「左派に自らの過去からの教訓を学ぶのをやめるようにいうのは近視眼的に思える」ときっぱり応答した。[1] 私は左派の歴史における重要な瞬間を振り返ることによっていくつかの教訓を得たいと思っている。時に私はローティがまさに嫌ったような類の批判を行うだろうが、その政治的な業績を褒め称えたくなるような人々もまた存在するのである。

海外――私たちが自国の政治に集中していない時の話だが――についての左派の特徴的なものの見方とは何であったか。左派はどのような時に、正しいにせよ間違っているにせよ、武力行使を擁護してきたか。イラクとシリアで何をすべきかについての最近の議論は私にこれらの疑問を抱かせるに至ったが、私が求めているのはより一般的な答えである。これらの問題は容易ではないが、その理由は第一に左派といっても一枚岩ではないからであり、第二に外交政策についての左派の見解は国内社会についてのそれよりも遥かに頻繁に変化するからである。比較的に一貫性を有していることは国内左派の特徴である。私が基本姿勢と呼んだものは健在である。例えば以下に示すのは私が序章で議論したものよりも最近の例であるが、それは政治理論に関するある学術誌の編集者が二〇一六年の二月号の冒頭に書いたものである。

私はアメリカとヨーロッパにおける政治的関心がテロリズムに向けられている中でこれを書いている（…）。それ自体が暴力――アメリカの場合は銃文化、社会の分断化、人種的な殺人、あらゆる種類の軍事化――に結び付けられている社会は「外部から」持ち込まれたものとして執拗に表現される形態の暴力に恐怖を示すものである。(2)

ここにおいて明らかな趣旨とは、われわれはむしろ内部からもたらされる暴力に対応すべきなのだというものである。確かに、対応すべきことは多く存在する。しかし外部もまた執拗な要求を突きつけてくるのであり、誰もが頭の中でテロリズムを考えている時に、そしてさらに海外のテロリストたちを左派が支援し擁護してきた過去を厳しく批判される必要があるだけに、テロリズムについて語らないということは特に愚かなことのように思われるのである。

しかし基本姿勢からの他の多くの逸脱例が長年にわたって存在してきたのであり、私はそれらから始めたいと思っている。その後、本章でテロリズムを取り上げるが、次章でもまたそれについて論じるつもりである。

社会主義と民主主義のために戦う

遠く離れた場所での革命闘争に対する熱狂的な支持は、アメリカ史の初期段階の特徴であった。われわれ自身の革命の後、アメリカ人は（恐怖政治に至るまでの）フランス革命やギリシア独立闘争を熱烈に支持した。一八二三年に発表されたモンロー宣言は、南米のすべての新国家に対する支持宣言であり、「その独立をわれわれが十分な検討を加え、正当な原則にもとづいて承認した」。オーストリアのメッテルニヒ侯爵は、この原則が「扇動行為の使徒たちに新たな力」を与え、「あらゆる陰謀家たちの勇気を吹き返させる」と主張した。(3) アメリカ人の陰謀家の中には海外を渡り歩いた者もいた。バイロン卿〔訳注1〕にはギリシアでアメリカ人のとりまきたちがいた。「ギリシア革命のラファイエット」、サミュエル・ハウ〔訳注2〕はその地で将校として、また軍医として三年間を過ごした。彼は後に一八三一年のポーランド蜂起に加わり、その後はマサチューセッツで教育者として、そして奴隷制度廃止論者として長く活躍した。一八五〇年代には、ヨーロッパの四八年世代の敗北の後、アメリカの「急進的民主主義者たち」は、彼らがその見込みを確実視していたハンガリー、イタリア、フランスの革命闘争が「再開する」暁には、アメリカ人は個人的な次元においても、集団的な次元においてもそれを支持すべきであると主張した。「われわれの革命へのフランスによる干

〔訳注1〕ジョージ・ゴードン・バイロン George Gordon Byron（1788-1824）　イギリスの詩人、政治家。一八〇九年から一八一一年までポルトガル、スペイン、ギリシアなどを旅し、その旅の記録として『チャイルド・ハロルドの巡礼』を執筆し、一躍、社交界の寵児となるが、スキャンダルでイギリスを追われ、イタリアへ渡り、二三年からギリシア独立戦争に参加するが、翌年病死した。

〔訳注2〕サミュエル・ハウ Samuel Gridley Howe（1801-1876）　アメリカ合衆国の医師、教育者。一八二四年にハーヴァード医学学校を卒業。ギリシア独立戦争に従軍。帰国後アメリカ合衆国初の盲人教育学校「パーキンソン盲学校」の初代校長に就任する。

渉の過去からも分かることだが、同じような機会が生じればその度に、われわれは同様の役割を担って行動する義務がある」と、ヤング・アメリカ運動[訳注3]の機関紙である『デモクラティック・レヴュー』の寄稿者は主張した。スティーブン・ダグラス上院議員[訳注4]は一八五一年にアメリカ上院に向けて語りかけた。「この国の姿勢とは、専制に反抗する民衆の運動に対してはそれがいつどこで行われようともアメリカは共感するということをすべての人類に対して示すようなものでなければならない[4]」。

　これらの熱烈な宣言からは何も生まれなかった（革命は再開しなかった）。しかし、このアメリカにおける議論は、ロシア革命後の数年間により過激な国際主義的、かつ戦闘的な形で再び登場することになった。今や基本姿勢は、「一国［のみ］における社会主義」などありえないと主張する左派の反発を受けた。より多くの成功を伴わずしては左派の勝利は盤石ではなかろう。確かに、ボリシェヴィキは左派の闘士たちを勇気づける試みにおいて常に賢明で思慮深かった訳ではない。一九二〇年〔ウォルツァーは一九一九年と誤記〕の東方諸民族大会[訳注5]において（ジョン・リードはこの大会に出席したが、死に阻まれてそれについて書くことはできなかった）、グリゴリー・ジノヴィエフ[訳注6]は、西洋の資本主義に対する「聖戦」を呼びかけた。彼の聴衆は大部分がムスリムであったが、彼らは「異教徒に死を！」の叫びでそれに応えた[5]。ジノヴィエフの軽率な呼びかけは再び現れてわれわれに付き纏うことになる（聖戦と左派については第七章において書くつもりである）。

　外部からの支持が必要なのは社会主義だけではない。民主主義もまた、今よりもっと多くの民主主義国家が増えない限り、最終的に「安泰」なものとはならないような――アメリカのリベラルも左派もそのように考えてきた――政治形態である。共産主義や社会主義革命を海外でけしかける企ては、民主主義者が多く存在する国であれ、そうでない国であれ、その地で民主主義を促進する企てと並行的な関係にある。これら二つは共に武力行使を伴う可能性が最も高い点で、基本姿勢からかけ離れている。

ポーランドに共産主義をもたらした一九一九年の赤軍によるワルシャワ進軍を考えてみよう。それはレーニンによる戦争だった。アイザック・ドイッチャー〔訳注7〕によれば、レフ・トロツキーは外国の革命家に対しては軍事的支援ではなく政治的な支援の方が望ましいとして決然とそれに反対した。(6)しかし軍を率いたのがトロツキーだったので、彼は武力によって革命を輸出する政策の唱道者と通常みなされている。イラクに民主主義をもたらすアメリカ軍によるバグダード進軍は、同じような衝動のまた別の例にすぎない。この戦争は、元トロツキストであった（カナン・マキヤ〔訳注8〕の

〔訳注3〕ヤング・アメリカ運動 Young America movement　自由貿易を主張し、中欧でのオーストリア、ロシアの覇権に対抗するため英米が手を結ぶ必要性があると主張した運動。代表的な人物にジョージ・サンダース（George Nicholas Sanders, 1812-1873）がおり、彼はスティーブン・ダグラス上院議員によって雇われ『デモクラティック・レヴュー』を編集した。

〔訳注4〕スティーブン・ダグラス Stephen Arnold Douglas（1813-1861）　アメリカの政治家。一八六〇年の大統領選挙にアブラハム・リンカーンの対立候補として出馬。リンカーンに比べ体格的に小柄だったが活気ある演説をすることから「小さな巨人」と呼ばれた。

〔訳注5〕東方諸民族大会　一九二〇年九月一日から九月七日にかけてコミンテルンがバクーで開催した国際会議。正式名称は「第一回東方諸民族大会」であるが、第二回以降は開催されていない。コミンテルンはこれらの地域に住むムスリムに対し、民族自決とソヴィエト政府との連帯を呼びかけた。三七カ国から一八〇〇名以上が参加した。

〔訳注6〕グリゴリー・ジノヴィエフ Grigorii Yevseevich Zinoviev（1883-1936）　ソヴィエト連邦の政治家。少年期から革命運動に参加し、ロシア社会民主労働党に入党。一九〇三年ボリシェヴィキ創設時からのメンバーであり「レーニンの副官」と呼ばれた。スターリンによる粛清により一九三六年銃殺刑。

〔訳注7〕アイザック・ドイッチャー Isaac Deutscher（1907-1967）　イギリスのマルクス主義歴史学者。主著に『スターリン』、『武力なき予言者・トロツキー』などがある。

〔訳注8〕カナン・マキヤ Kanan Makiya（1949- ）　ブランダイス大学教授、建築家。フセイン政権下の弾圧を告発した元反体制活動家である。二〇〇三年のイラク戦争を支持。エドワード・サイードとの論争でも知られる。

ような）イラク人亡命者や、（アダム・ミフニク[訳注9]やベルナール・クシュネル[訳注10]のような）ヨーロッパ人の六八年世代、アメリカ人の左派とネオコンの知識人からなる奇妙な寄せ集めによって支持された。ネオコンは、自国内において社会主義を歯牙にもかけていないにもかかわらず、政治的には正当にもトロツキーの末裔であるということができる。ほとんどのヨーロッパとアメリカの左派はイラク戦争に反対したことを考えれば、これは彼らが異なる左派政治を追求していたことを示している。

　第二次世界大戦後には、アメリカが多大な努力を払って民主主義を海外で促進しようとした。ここでも、占領下のドイツと日本の民主化が重要な事例であるため、筋書の少なくとも一部は武力が占めている。日本は両者の中でもより興味深い事例であるが、それというのも日本では民主的な憲法の起草はアメリカのリベラルと左派の手による仕事であり（驚くべきことに、彼らを雇ったのはダグラス・マッカーサー元帥だった）、彼らが日本の政治と社会に革命をもたらしたからである。新憲法には男女平等に関する条項さえも含まれていたが、これは自国ではまだ大きな論点にすらなっていなかった。

　マーシャル・プランは民主主義促進のまた別の例であるが、この場合は反革命的、より正確には、反共産主義的な政治に資するものである。その主な目的は共産主義席捲の明白な脅威に対抗して西ヨーロッパの民主主義国家を強化することにあった。この計画は共和党優位の議会で採択されたが、激しい内部論争を経た産業別組合会議（CIO）[訳注11]や新しく設立された「民主的行動のためのアメリカ人」[訳注12]など左派に近いと考えられる側においても強い支持を受けていた。社会主義系雑誌『ディセント』の創設編集者の一人であったアーヴィング・ハウが彼の自伝において書くところによると、「最も教条的なマルクス主義者だけ」がマーシャル・プランを帝国主義的な謀略として退けることができた。[7] しかし、ヘンリー・ウォーレス[訳注13]やアメリカの多数の「進歩主義者」が行っていたのはまさに次のような主張であった。民主主義の促進はソ連の協力を以てしてのみ可能である、と。マーシャル・プランは、彼らが主張したところによれば、西ヨーロッパにアメリカの衛星国家を作るために策定されたものであった。実際は、一九六三年にジョージ・リヒトハイム〔訳注14〕が、そして二〇一〇年にニコラウス・ミルズが書いているように、この計画は支援を受ける国家の独立性、とりわけアメリカからの独立性をも高めたのであった――したがって、それは革命的ではなかったとしても左派的な業績であったと正当に説明することができるだろう(8)。

〔訳注9〕アダム・ミフニク Adam Michnik（1946- ）　戦後ポーランドを代表する知識人であり、ポーランド最大の一般紙『選挙新聞（*Gazeta Wyborcza*）』の創刊者。連帯運動の指導者。反体制運動に加わり合計六年間投獄される。著書に『民主主義の天使』がある。

〔訳注10〕ベルナール・クシュネル Bernard Kouchner（1939- ）　フランスの政治家。二〇〇七年から一〇年にかけてフランスの外務大臣を務めた。「国境なき医師団」の創設者でもある。

〔訳注11〕産業別組合会議 The Congress of Industrial Organizations　略称はＣＩＯ。一九三五年、合衆国内最大の労働組合であるアメリカ労働総同盟（ＡＦＬ）内に組織された産業別の労働組合。ニューディール政策の一環で制定されたワグナー法を機に一九三八年にＡＦＬから分離した。代表者はジョン・ルイス。一九五五年にアメリカ労働総同盟、職能別組合連合と合併。現在はＡＦＬ－ＣＩＯ。

〔訳注12〕民主的行動のためのアメリカ人 Americans for Democratic Action　略称はＡＤＡ。一九四七年に結成されたアメリカ合衆国のリベラルな政治団体であり、対ソ協調を重視するアメリカ進歩的市民同盟 Progressive Citizens of America（ＰＣＡ）に対抗する形で結成された。共産主義者の加入を拒否し対ソ強硬政策を支持した。

〔訳注13〕ヘンリー・ウォーレス Henry Agard Wallace（1888-1965）　アメリカの政治家。当初共和党に所属していたが、フランクリン・ローズヴェルトのニューディール政策を支持して民主党に入党する。一九四一年から四五年にかけて副大統領を務めた。戦後対ソ協調構想を主張する。

〔訳注14〕ジョージ・リヒトハイム George Lichtheim（1912-1973）　マルクス主義研究者。マルクス主義をドイツ観念論の伝統に位置づけて解釈するのが特徴。またゲルショム・ショーレムの著作を英訳している。主著『マルクスからヘーゲルへ』。

海外における革命への支持は、第二次世界大戦以降、アメリカの外交政策の特徴ではなくなった。一部の左派は、おそらく彼らが一九世紀の急進派の足跡を辿っていることを知らないままに、アメリカが暴政に反抗している人々に軍事支援を含む支援をただちに提供すべきであると主張した。しかし、より標準的な左派の立場は単純に、アメリカは過去の政権が中米と南米で頻繁に行ってきたように独裁者を助けるべきではないというものである。一九一二年にまで遡れば、当時の議会に二人いた社会党の議員の一人であったヴィクター・バーガー〔訳注15〕がメキシコにおける反革命的な干渉に反対している。私には彼が革命を支援する干渉に賛成したかどうかは分からないが、一九一六年にモーリス・ヒルキット〔訳注16〕（彼は翌年のニューヨーク市長選挙における社会党候補であった）が標準的な左派の立場を明確にしている。「放って置けばメキシコ人民は最終的に自分たち自身の救済をやってのけるだろう」(9)。以来、このような議論は多く存在してきたが、このことは海外における暴政の反対者たちに消極的な支持のみを与え、彼らの戦いの勝敗は彼らに任せるということを意味する。彼らはむしろ放って置かれたくはない、少なくとも自分たちの同志の左派に放って置かれたくないはずである。

もし左派が——一九五九年のキューバのように——勝利するならばどうなるであろうか。アメリカはバティスタ独裁政権を支持したが、それを救うために干渉することはなかった。ありとあらゆるアメリカの左派はアイゼンハワー政権に、この機に乗じて革命に加わり、カストロ政府に政治的そして経済的支援を提供するよう力説した。アイゼンハワーはこれらに躊躇い、いかなる援助をも拒否し、代わりにアメリカの企業権益を代弁する形で公然たる敵対的政策を選択した。フィデル・カストロと彼の友人たちは、元々反共産主義者であったが、ソ連にますます依存していくにつれて左寄り（それは方向性の正しい記述になっていないのかもしれないが）に流れていった。カストロはひょっとするとモスクワの裁判所で読み上げられたのではないかと思うほどの声明において降伏の意を述べた。

最初、共産党員たちは私を信用しなかった（…）。それはもっともな不信であり、イデオロギー的にも政治的にも、絶対的に正しい立場であった。共産党員たちが疑い深かったのはもっともなことだった。ゲリラたちのリーダーであるマエストラ山脈のわれわれは、マルクス主義の教えに反して、いまだプチブル的な偏見や欠点に満ちていたからだ（…）。

このようなことがあった後、アメリカの左派は何を言うべきだったのだろうか。間違いなく、米国の政策に対する辛辣な批判が必要であったが、同時にまた必要であったのは、私が思うに、キューバの新しい政権を批判することであった[10]。

C・ライト・ミルズ〔訳注17〕はキューバで一カ月を過ごしている（一九六〇年八月）。彼は政権御用ガイドによって全国を案内され、『聞け、ヤンキーよ』という本を書き、彼が見たすべてのものを賞賛し、その本は北米とラテンアメリカの左派の間でベストセラーとなった。彼が書いているところによれば、キューバは「農民と労働者による革命独裁であ

〔訳注15〕ヴィクター・バーガー Victor Louis Berger（1860-1929）　オーストリア帝国出身のアメリカ合衆国の政治家。アメリカ社会党の創設者の一人。一九一一年から一九一三年まで初の社会党選出の下院議員を務める。一九一八年、一九一九年にも選出されたが、反戦の立場を取り排斥され、また一九一八年には敵国への援助を理由に起訴され懲役二〇年の判決を受けるが翌年、合衆国最高裁判所が逆転判決を下す。一九二三年に下院議員に復帰し、一九二九年まで務めた。

〔訳注16〕モーリス・ヒルキット Morris Hillquit（1869-1933）　ラトビア出身のアメリカ社会党所属の政治家、弁護士。一九〇一年、社会主義労働党の過激さに反対して離党し、社会民主党と合流し、ヴィクター・バーガーらとアメリカ社会党を結成した。

〔訳注17〕C・ライト・ミルズ Charles Wright Mills（1916-1962）　アメリカ合衆国の社会学者。戦後のアメリカ社会、社会学を批判した。著作に『パワー・エリート』、『社会学的想像力』などがある。

り（…）圧倒的多数の人民による熱狂的な支持によって正当性を与えられている」。（「私は人民と一体の独裁者である」とバティスタは主張していた。）ミルズは「この一人の男［カストロ］が持っている絶対的な権力」をあまり好みはしなかったが、彼はその責任をアメリカの政策に負わせ（この点で彼は完全に間違っているというわけでもなかった）、絶対主義を非難することを拒否した。[11] 農民と労働者による独裁というものがどのようにしてその魅力を失うことなく一人による独裁となるのかというのは奇妙な問題である。長年の間、ミルズの助けを借りることによって、カストロは世界中の圧倒的多数の左派から熱狂的な支持を得た。

キューバ革命は、特に医療、教育、住宅建設において、実質的な成果を収めた。しかし、ミルズが彼の本を書いた頃、同時代の二人の評論家は次のように報告した。

今、フィデルは「選挙という時代遅れの茶番」と民主主義を非難している。人々は疑惑をかけられて逮捕され、（…）密告が奨励されている。刑務所は政治犯で溢れており、政府は人々が「明晰」であること、つまり政府が行うことのすべてを一〇〇パーセント支持することを要求している。[12]

一九六〇年代初頭の左派の中にはこれらすべてを——そしてアメリカの政策も——進んで批判しようとする者はほとんどいなかった。

一九五六年のハンガリーや一九六八年のチェコスロヴァキアのように、叛乱者が敗北すればどうなるだろうか。私はアメリカやヨーロッパのいかなる左派も武力行使によってソヴィエト帝国を巻き返すことを要求する右翼の要求に加わったとは思わない。確かに、左派の一部の人々が東欧における暴政に気づくまでには長い時間がかかった。しかし、ハンガリーとチェコの叛乱者たちに対するソヴィエトによる野蛮な弾圧も擁護する者にはこと欠かなかった。しかし、一九五六年は一部の左派にとって——そして、一九六八年はさらに多くのものにとって——重要な転換点であった。残念なことに、共産主義の暴政を拒否するようになった人々の多くは第三世界と呼ばれたものの新しい種類の独裁者（カストロはその最初の一人である）を受け入れ、彼らがかつて信奉していたものから学習したはずであったものを忘れ去った。レシェク・コワコフスキ〔訳注18〕は書いている。「ソ連の栄光が色褪せた時、新しい光が現れ、どの舞台でもわれわれは同じパターンを目撃した。まず独裁者を敬愛すること、次に逃げ出すこと、そして忘れてしまうこと」(13)。

多くの左派は長年にわたってソヴィエト連邦やその衛星国家におけるスターリンの暴政を擁護してきた——彼らは追放、インチキ裁判、強制労働収容所、集団移送、小自作農民層《クラーク》の大量殺戮やその他多くのものを擁護した——しかし、彼らは本当に独裁者を敬愛していたのであろうか。あるいは彼らは、年季の入った共産主義者がうぶでお人好しの人々に対して冷笑的に「使える馬鹿」と呼ぶような存在だったのであろうか。彼らは前衛に進んで志願した者たち（彼らはしばしば国内政治の英雄）だった。私は敬愛と愚かさの両方が存在していたのではないかと思う。どちらが同志たちの評判を貶める表現なのかわからないが。

しかし、共産党独裁を非難し、常に非軍事的な方法で東側陣営の反体制派を支持したヨーロッパ人やアメリカ人の左派——私が賞賛したい人々である——も存在した。彼らは地下出版物を出版する手助けをした。彼らは投獄された作家や学者たちを擁護した。彼らはポーランド、ハンガリー、チェコスロヴァキアに駆けつけて、反体制派が設立した地下大学で教えた。そのように呼ばれることは滅多にないにせよ、これもまた革命的な政治である。その目的は体制転換であり、一九八九年以降に起こった変化は、外部からの左派の援助に何らかの恩恵を負っている。

〔訳注18〕レシェク・コワコフスキ Leszek Kołakowski（1927-2009）ポーランドの反体制知識人・哲学者。著作に『責任と歴史』などがある。

東欧での反体制派は混成集団であった。彼らはカトリックの右派と左派、世俗的なナショナリスト、宗教的なリベラル、社会民主主義者、そして改革された共産主義を夢見る人々を含んでいた。反体制派を支持するということは反体制派のすべての立場を支持することではない。政治とは区別の技術である。私はこの技術に繰り返し訴えるつもりである。それは民族解放という、別扱いするべきである革命的闘争の場合には特に重要であった（し今もそうである）。

民族解放

第二次世界大戦後の民族解放運動は左派の側において広範に強く支持され、帝国主義国家による武力行使は世界中の左派によって広範に強く非難された。今思えば驚くべきことだが、一九四〇年代には、パレスチナにおけるユダヤ人国家を求めるシオニストの闘争は、ほとんどのアメリカ人の左派、さらにはほとんどのヨーロッパ人の左派によって熱狂的に支持されていた。例えば、W・E・B・デュボイス〔訳注19〕は「古き土地に新しい文明をもたらす若い前向きのユダヤ人たち」を擁護した。ハロルド・ブラックマンによれば、彼が常に主張したのは「自由なイスラエルのための戦いを支持する黒人」の義務が「自由なアフリカのための戦いを支持する」ユダヤ人の義務と密接に関連していたということである。そのような関連は当時、まだ確立されてはいなかったが、デュボイスは――アメリカの左派のほぼすべてがそうであったように――「一九四七年一一月の国連パレスチナ分割決議への支持を声高に唱えていた」(14)。これは元々の「二国家解決案」であった。イギリスの帝国主義者と世界中のトロツキストは、異なる理由から、この考えに敵対した。帝国主義者は民族解放を不要だと考えていた。原住民たちは、イギリス統治下にある方が良い。トロツキストは民族解放を名辞矛盾だと考えた。民族解放が必要とするのは（そして待ち望まなければならないのは）世界同時革命であった。

しかし、フランスの左派だけでなく国際的にも、最も広範で興味深い議論を生み出したのはアルジェリア独立戦争であった。この闘争は民族解放戦線（ＦＬＮ）〔訳注20〕によって主導されたが、それは世俗的な左派政治運動であり、他の解放運動を打倒していたのだが、ほとんどの場合、その構成員を殺害することによってであった。ＦＬＮの戦争は正戦であったが、それは残忍な手法によって戦われ、多くのフランスの（そして他の）左派――同じこれらの人々は正しくもフランスの抑圧者による残忍な手法を非難したのだが――によって擁護された。被抑圧者たちは、初めてでも最後でもなかったが、残忍である権利を与えられたのである。

フランツ・ファノンの『地に呪われたる者』への序文におけるジャン＝ポール・サルトル〔訳注21〕によるＦＬＮのテロリズムの擁護を考えてみよう。「一人のヨーロッパ人をほうむることは一石二鳥であり、圧迫者と被圧迫者とを同時に抹殺することであるからだ。こうして一人の人間が死に、自由な一人の人間が生まれることになる」(15)。私が『正しい戦争と不正な戦争』で論じておいたように、一人の死んだヨーロッパ人が一人の自由なアルジェリア人を生み出すという主張は不気味である。一九五〇年代後半のアルジェリアにはサルトル的な手法で国を解放するために必要な数の

〔訳注19〕Ｗ・Ｅ・Ｂ・デュボイス William Edward Burghardt Du Bois（1868-1963）アメリカ合衆国の公民権運動指導者。著作に『黒人のたましい』などがある。

〔訳注20〕民族解放戦線（ＦＬＮ）アルジェリア独立戦争を主導した武装組織。このＦＬＮに参加してスポークスマンとして活躍したのが、フランツ・ファノン（Frantz Fanon, 1925-1961）である。ＦＬＮのイデオロギーに関しては、マイケル・ウォルツァー（萩原能久監訳）『解放のパラドックス』風行社、二〇一六年、一四―二〇頁を参照。

〔訳注21〕ジャン＝ポール・サルトル Jean-Paul Sartre（1905-1980）フランスの実存主義哲学者、作家。一九六四年にはノーベル文学賞に選出されるものの辞退。著作に『存在と無』、『実存主義とは何か』、『嘔吐』がある。一九四〇年のパリ陥落の際は、ドイツの収容所に収容された経験をもつ。また戦後は、学生運動に対する共鳴やキューバ訪問など政治的な活動も積極的に行った。

ヨーロッパ人がいなかった。もっと多くの人間が連れて来られなければならなかっただろう。言うまでもないことだが、サルトル本人は他の誰かが自由になるためにしとめられなければならない鳥になることを引き受けるつもりはなかった。この種の議論が思い浮かばせるのは右派の「リアリスト」の間ではかなり一般的な御都合主義的道徳観であるが、明らかに左派の側にも同等なものが存在する。アルジェリア解放を支持するのと同時にFLNのテロリズムに反対することはなぜそれほど難しかったのだろうか。私は次の章でこれこそがまさに左派国際主義が要求する類の政治であると論ずるつもりである。

反軍国主義／反帝国主義

海外における革命勢力による武力行使の擁護は、自国による武力行使への反対と両立する。軍国主義の十把一絡げな拒絶（そして、軍事予算へ賛成票を投じることへの条件反射的拒絶）は最も一般的な左派的な立場である。平和主義的な左派はあらゆる形態の国家の暴力に対する深い疑念を抱いており、ほぼすべての左派は平和が現実的な可能性である場合には（そして時にはそうでない場合も）いつでも平和への努力を行う人々を積極的に支持する。したがって、ここで一つの標準的な議論として基本姿勢のまた別の立場が導かれる。それは、他の人民の国において戦争を行うのは軍国主義者と帝国主義者だけだというものである。左派の人々は「息子たち」（すべての兵士たちがかつてそうであったような）は家に置いておく方がよいということを理解している。そして、彼らを家に置いておくことができない場合でも、ヴェトナム戦争の頃の歌にあるように、「彼らを生きて帰して欲しい」[16]。

外交政策に対する新左翼の態度に大きな影響を与えたウィスコンシン大学の歴史家ウィリアム・アップルマン・ウィリアムズ[訳注22]は、「本当に必要不可欠なのは他国の人民や社会を救うという考え自体を検討し直すことである」と主張した。彼が書いているところによれば、新左翼は「自己充足性と共同体に根ざした」ヴィジョンを追求するべきである。[17]他国の人民を救うということは息子たちを海外に送り出す、あるいはより最近の言葉で言うならば、地上部隊の派兵（putting boots on the ground）をあまりに頻繁に必要とする。

一九世紀後半から二〇世紀初頭にかけてのイギリスや対スペイン戦争の時代以来のアメリカのような大国においては、反軍国主義の政治は反帝国主義の政治でもある。帝国は軍なしでは支えることができないので、両者は連動している。このような反対論陣の組み合わせは、いくつかの素晴らしい事例を産み出しもした。私のお気に入りの一つは一八九八年における反帝国主義連盟〔訳注23〕の出現であるが、彼らはフィリピンにおけるアメリカの戦争に反対する運動を繰り広げた（そしてまたキューバやプエルトリコにおけるアメリカの政策に対しても反対した）。連盟のメンバーにはジェーン・アダムス、アンブローズ・ビアス、ジョン・デューイ、サミュエル・ゴンパース、ヘンリー・ジェイムズ、ウィリアム・ジェイムズ、カール・シュルツ、マーク・トウェインがいたが、彼らは皆、自国における民主主義は海外で

〔訳注22〕ウィリアム・アップルマン・ウィリアムズ William Appleman Williams（1921-1990）アメリカ合衆国の歴史学者。アメリカ外交史を専門とする。主著に『アメリカ外交の悲劇』がある。

〔訳注23〕アメリカ反帝国主義連盟 American Anti-Imperialist League　一八八九年から一九二一年まで組織された。米西戦争後、帝国主義的政策を進めるアメリカ合衆国でフィリピン併合や征服戦争に反対する人々によって組織された同盟。本文であげられている（デューイ以外の）連盟参加者を簡単に紹介すると次のようになる。ジェーン・アダムス（Jane Addams, 1860-1935）、女性活動家、一九三一年ノーベル平和賞受賞。アンブローズ・ビアス（Ambrose Bierce, 1842-1914）、作家、ジャーナリスト。サミュエル・ゴンパース（Samuel Gompers, 1850-1924）、労働運動指導者、アメリカ労働総同盟の設立に携わる。ヘンリー・ジェイムズ（Henry James, 1843-1916）、作家、著書『デイジー・ミラー』。ウィリアム・ジェイムズ（William James, 1842-1910）、哲学者、著書『プラグマティズム』。カール・シュルツ（Carl Schurz, 1829-1906）、ドイツ出身、南北戦争には陸軍将軍として従事。マーク・トウェイン（Mark Twain, 1835-1910）、作家、『トム・ソーヤーの冒険』や『ハックルベリー・フィンの冒険』で知られる。

の帝国と両立しえないと主張している。[18] アメリカの反帝国主義者は国内における民主主義のことにだけ関心を持っていたのではないことを除けば、これは基本姿勢のまた別の例なのかもしれない。彼らの多くはフィリピンの叛乱者たちの強い支持者でもあった。トウェインとその他大勢の人々は当初、対スペイン戦争を支持していたが――したがって反軍国主義的な立場ではない――それは、その戦争が民族解放戦争であり、革命戦争であったと考えていたからである。彼らがその反対に回ったのはアメリカ政府の帝国主義的な計画に彼らが気づいてからであった。今や、民族解放戦争を戦っているのはフィリピンの叛乱者たちであった。

ニューヨーク反帝国主義連盟によって一九〇一年に公刊されたマーク・トウェインの『暗きに坐する民に』という小冊子は、アメリカにおいてであれその他の国においてであれ、武力を用いて文明の光、あるいは民主主義の光、あるいは社会主義の光を暗闇に座っている人々に押し付けようとする人間が存在するときはいつでも再版されるべき古典的なテクストである。トウェインは光ではなく自由をもたらすことを切望した。フィリピンの誘惑は強すぎたので、マッキンリー大統領はひどい間違いを犯してしまったとトウェインは書いた。彼は「ヨーロッパのゲーム」に耽ってしまったのだ。

［しかし］再びアメリカのゲームをするのに、ぴったりの場所と時期であった（…）。高価な賞品も集められるというのに。高価で永遠で不滅の賞品。星条旗の下に生まれる子孫へと永遠に伝えることのできる財産。それは土地でもお金でも支配でもない――そんな屑よりも何倍も価値があるものである。（…）それは、長い間苦しめられ迫害されてきた奴隷の国家が、われわれの影響のもと解放されるという壮観である。

フィリピンの人民に彼らの国内問題は彼らの流儀で対処させればいい、とトウェインは書いている。「私は鷲〔アメリカの象徴〕の爪が他のどの地にでも触れることに反対している」。戦争が引き続き、その惨禍が大きくなるにつれて、彼の筆致はさらに鋭くなっていった。ここで紹介したいのは一九〇六年にモロの虐殺が発生した後の彼である。

ウッド将軍は現場にいて傍観していた。彼の命令は「あの野蛮人どもは殺すか、あるいは、捕獲してしまえ」というものであった。明らかにわれわれの未熟な軍隊は「あるいは」という語によって彼らの好み次第に殺したり捕獲したりすることを許可されたと考え、彼らの好みも八年の間われわれの軍隊に染み込んでいたもの——キリスト教徒の屠殺業者の好み——がまさにそのような好みなのだと考えてしまったようだ。(19)

反帝国主義はまた、ボーア戦争〔訳注24〕に反対するイギリスの急進派による運動を生み出したが、それはフィリピンにおけるアメリカの戦争とほぼ同時期に起こっている。マーク・トウェインは、これらの戦争が似通っており、したがって似たような反対が必要であると考えた。確かに、われわれはイギリスとアメリカの反帝国主義者による多くの並行した議論を見つけることができるが、そこには一つの重大な差異が存在する。一八九九年におけるイギリスの左派は、ドイツの社会主義者であるアウグスト・ベーベル〔訳注25〕が「愚か者の社会主義」と呼んだようなスタイルの邪悪なまでに反

〔訳注24〕ボーア戦争 Boer War　一八九九年、南アフリカのオランダ系移民であるボーア人の国家とイギリスの間で勃発した戦争。一九〇二年にはイギリスが勝利を収めボーア人国家を併合する。

〔訳注25〕アウグスト・ベーベル August Bebel（1840-1913）　ドイツの政治家、社会主義者。一八六九年、社会民主労働者党を創立。彼らアイゼナハ派がラサール派と合流した際に、いわゆる「ゴータ綱領批判」でマルクスの批判対象の一人となった。著書に『女性と社会主義』（一八七九年）など。「反ユダヤ主義は愚か者の社会主義である」とは、彼が演説などで用いたことから彼の言葉として知られている。

ユダヤ的なものであった。社会民主連盟〔訳注26〕や独立労働党〔訳注27〕の左派は、戦争がユダヤ人の資本家による仕業であると主張した。「証券取引所が糸を引き、イギリス政府が踊っている」と、ある左派の新聞の編集者は書いた。「しかし証券取引所の裏には金融業に携わるユダヤ人の邪悪な姿があり、現金の網を使って、段々と世界を罠の中に巻き込もうとしている（…）大規模な人種的フリーメイソンが地球上の津々浦々で蜘蛛の糸をはりめぐらしているのだ」[20]。アメリカには二〇世紀の変わり目にはもうユダヤ人資本家が存在していたが、彼らにアメリカの帝国主義戦争の責任があるようには思えない。反帝国主義連盟は外部世界との左派による節操ある関わり合いの一つの例である。

同じことは米西戦争以来の中米と南米におけるアメリカの帝国主義に対する左派の反対の多くについて言うことができる。アメリカ政府はアメリカの企業と取引を行っている現地の独裁者の力を強化し、秘密裏にであれ露骨にであれ、左派が選挙に勝利したかあるいは勝利する勢いにある国家に干渉した。チリにおけるピノチェトのクーデターへのアメリカの支持は典型的な例であるが、これにとどまるどころの話ではない。これらすべてに対する左派による反対の賞賛すべき履歴からすると、多くの左派が、アメリカ大陸における勢力圏をアメリカが主張するのに毎回反論していたという事実があるのに、ロシアのプーチン大統領による東ヨーロッパにおける同様の勢力圏の主張を性急にも擁護するようになったというのはとりわけ奇妙なことである。明らかに、チリ、グアテマラ、エルサルバドルの民族自決を支持する左派国際主義者はその支持をポーランド、リトアニア、ウクライナの人民にも拡大するべきである。私は第四章においてこの問題に立ち返ることにする。

第一次世界大戦への参戦に対するアメリカの左派の反対はまた別の模範的な出来事であるが、この場合は左派の脆弱性がそのあっぱれさの主な理由であったのかもしれない。ヨーロッパにおける大規模な社会主義、社会民主主義政党は彼らの地盤において沸きあがっていた愛国主義に駆り立てられて戦争を支持したが、アメリカの政党は遥かに小さな（そして一部は新来移民の多い）地盤しか持っていなかったために、反戦の立場にこだわった。彼らが主張したところによれば、ヨーロッパにおいて進行中の事態は帝国主義勢力同士の争いであり、どちらの側も不正である。つまり、アメリカはこれに関わるべきではないというのだ。[21] ボーンの「われわれの畑を耕す」は、多くの社会主義者にとっての路線でもあった。「われわれは武装すべきか」という問題についての一九一六年におけるある討論において、モーリス・ヒルキットは反対派を支持した。「今や、われわれの国家を世界初の平和大国とすることに、われわれの大志と希望と熱望を捧げよう」。[22] しかし、アメリカの社会主義者はまた、国境を越えた階級間連帯を促進することを信じ、海外での革命を望んでいた国際主義者でもあった。私は彼らがそれらの革命に対する武力支援を支持しただろうとは思わない。というのも彼らは全員が反軍国主義者であり、ヒルキットのように、実際に戦うことと同じく、戦争を準備することにも反対していたからだ。しかし彼らは政治的、外交的、そして（必要であれば）経済的な支援は支持したであろう。したがって、彼らは一九一七年のロシア革命を支持したが、ボリシェヴィキが独裁を確立したとき、多くの（すべてのではないが）アメリカの社会主義者は国際主義が政治的な批判を受ける必要があるとの判断を下した。

ヴェトナム戦争に対する初期の新左翼の反対は一九一七年における旧左翼の反対に類似しているが、その後あっという間に起きてしまったこと――ベトコンの政治への熱狂的な支持――は節操のあるものでも有用なものでもなかった。一九六五年に首都ワシントンで最初の大規模反戦デモを組織した「民主社会を目指す学生組織」〔訳注28〕は「ベトコンに

〔訳注26〕社会民主連盟 Social Democratic Federation　イギリスの社会主義政党。一八八一年にヘンリー・ハインドマン（Henry Mayers Hyndman, 1842-1921）によって設立された民主連盟が、一八八四年にこの名称へと改称された。

〔訳注27〕独立労働党 Independent Labour Party イギリスの社会主義政党。一八九三年にケア・ハーディ（James Keir Hardie, 1856-1915）を初代議長として設立された。

対しては一切の共感も表明する余地はないと主張していた」[23]ということは記憶しておくに値する。それは正しい立場であったが、長い間持ちこたえることはできなかった。革命戦争は独裁、数千人規模の殺人、「ボートピープル」[訳注29]の逃避行、大規模な「再教育」に行き着く運命にある〔というのがその主張であった〕。六〇年代や七〇年代頃まではこれらのうちのどれもが驚かれなかっただろう。この時期において必要とされたのは困難な、そして逆説的でさえある政治であった。アメリカの戦争に反対し、そしてヴェトナムの勝利を収めそうな勢力にもまた反対するというものである。ほとんどの左派はこの逆説を好まなかった。

戦争に対して単純に反対するもっともな理由というものは——フィリピンや第一次世界大戦に反対する理由とまったく同様に——存在していた。これらすべての戦争は、政府当局者が世界に向かって語ったところによれば、他国民を救うため、あるいは彼らに民主主義をもたらすために（彼らの国家に多大な代償を負わせて）始められたのである。いずれの場合においても、反戦論者がそのような使命感を拒絶するのは正しいことであった。

しかし、反軍国主義はまた左派の歴史の中で最悪な事例の一つ——一九三〇年代におけるナチス・ドイツに対抗した軍備増強に対する、すべてではないが多くのイギリス、フランス、アメリカの左派による反対——を産みもした。宥和の議論はほとんどが右派の議論であったが、左派の多くの人々は彼らがあらゆる戦争に反対の立場である（あるいはそのように思っている）こともあり、それを支持した。イギリス労働党の党首であったクレメント・アトリー[訳注30]は議会審議においてミュンヘン協定を批判した。チェコスロヴァキアの一部を併合することをドイツに許すということは、彼が正しくも言ったように、「勇敢で文明化されていて民主主義的な人々」に対する裏切りであった。しかし、アトリーの党は一九三〇年代を通じて軍備増強に反対していたため、彼は一九三八年にチェコのための戦争に賛成する議論をすることができなかった。イギリスはまったく準備ができていなかったのである。労働党左派においては、スタッフォード・クリップス卿[訳注31]が純粋な基本姿勢を選び、ナチス・ドイツとの戦争ではなくイギリスの支配階級との戦いの方を選んだ。彼はナチスに対する最善の防御は国内における社会主義革命であると考えた。労働党内の少数派は献身的な平和主義者であったが、ほとんどは自国の防衛のための戦争を支持しただろうし、結局は実際にそうなった。しかし、彼らは原則としてそのような戦争を予期したりそれに備えたりすることを拒否した。(24)

労働党の指導的な知識人であったハロルド・ラスキ〔訳注32〕は興味深い例外である。彼は一九四〇年にアメリカの左派であるマックス・ラーナーによって、「二正面戦において――海外におけるファシズムという敵と国内における資本主義的特権という敵に向かいつつ――思考し、そして戦いをも行わなければならなかった」人物として賞賛されている。

〔訳注28〕民主社会を目指す学生組織 Students for a Democratic Society　SDSが略称。産業民主主義連盟から独立し、一九六二年の「ポート・ヒューロン宣言」を以て活動を本格化。ヴェトナム反戦などを訴えた。

〔訳注29〕ボートピープル boat people　紛争や内戦のために漁船などの小型船に乗って自国を脱出する難民。小型船で周辺諸国にたどり着く場合や航行中の貨物船などに救助されるばあいもある。悪天候による遭難や海賊による襲撃を受けるなど悲劇的な状況も発生した。

〔訳注30〕クレメント・アトリー Clement Richard Attlee（1883-1967）　イギリスの政治家。労働党党首（一九三五―一九五五年）。第二次世界大戦中のチャーチル挙国一致内閣における公務を経て、四五年七月の総選挙でチャーチル率いる保守党を破り、五一年まで首相を務めた。

〔訳注31〕スタッフォード・クリップス Sir Stafford Cripps（1889-1952）　イギリスの政治家。英国国内で人民戦線を組織しようとしたために一九三九年に労働党を除名されたが、無所属議員としての大戦中の公務を経て、四五年二月に復党。戦後のアトリー政権下では商務相と蔵相を務めた。

〔訳注32〕ハロルド・ラスキ Harold Joseph Laski（1893-1950）　イギリスの政治学者。一九三〇年代にはマルクス主義的階級国家観を自身の政治理論に採り入れ、資本主義とファシズムの連関を論じた。一九三七年から一九四九年までの一二年間、労働党全国執行委員会のメンバーとして同党の政策に影響を与えた。主要著作に『政治学大綱』、『国家――理論と現実』などがある。

「どちらがより大きな敵なのかを彼が分かっていたのは、彼の人間性の幅広さのなす所以である」[25]。不幸なことに、ラスキもラーナーもまた別の二正面戦――資本主義的特権とスターリン主義との両方に対する――の必要性を十分に把握していなかった。左派国際主義者はしばしば二正面戦を――そしてときにはそれ以上の多方面戦（第八章を参照のこと）――遂行することを余儀なくされるのである。

一九三九年に公刊されたノーマン・トーマスとバートラム・ウルフの『アメリカを戦争に行かせるな』は、「陸海軍の予算規模削減」を要求しているが、これは第二次世界大戦に至るまでのアメリカの左派の立場の良い例である[26]。もちろん、アメリカ共産党はスターリンがソ連の安全保障に必要と考えていた政策ならば何でも支持した。アメリカの共産主義者は反ファシズムの姿勢をとり、一九三〇年代には軍備増強を支持していたが、ヒトラー＝スターリン協定によって中立、アメリカ・ファースト、そして基本姿勢に転向し、それはさらに一九四一年の七月における〔ドイツの〕ソ連侵攻の直後はドイツに対する戦争への熱烈な支持に取って代わられた。しかし、トーマスのような社会主義者は自主性を持っており、彼らは非常に一貫して先の戦争に反対して戦うことを選んだ。アーヴィング・ハウが数年後に書いているところによると、「われわれの考え方は戦争一つ分遅れていた」[27]。トーマスはヒトラーのドイツは帝政ドイツとはまったく違うということに気づかずにユージン・デブス〔訳注33〕の議論を繰り返していたのである。

なぜ誰も気づけなかったのだろうか。左派が最も馴れ親しんでいた野党的な政治観は、常にアメリカの軍国主義を標的にし（一九三〇年代のアメリカでは劇的に軍縮が進んでいた）、そのせいで彼らの多くがナチスの軍国主義の現実に気が付かなかったのである。軍国主義に対抗して戦うには、闘いを行うための軍備が必要だということを認めるつもりも、彼らにはなかった。おそらく、これは基本姿勢のまた別の例である。つまり、軍隊を持たないアメリカのみが諸国の光になりうるというものである。

軍縮と宥和を積極的に支持する左派の姿勢についてはまた別の説明がある。私が「強弁の政治（politics of

pretending)」——それは一九三八年と一九三九年に分別があるとはとても思えない人々が分別を弁えていると主張するという形をとった——と呼ぶものである。ポール・バーマンはミュンヘン協定を支持した大勢のフランスの社会主義者たちのことをうまく言い表している。「彼らはライン川の対岸を見つめていながら、何百万人もの壮健なドイツ人が誇大妄想的な陰謀論［と］身の毛もよだつような憎悪を行動原理とする政治運動に加わっている事態を信じることを、単に拒否したのである」[28]。同じような精神で、後には、多くの左派が中国の共産主義者を「農業改革者」と呼ぶことに躍起になった。最近では、多くの人々が性急にもイスラミストの狂信を西洋の帝国主義に対するある種の（奇妙な）抵抗であると思い込んだ。私がまったくもって確信しているのは、どの事例においても、これらの議論を行っている人々のほとんどが、心の奥底では自分たちが強弁をふるっているのをわかっていたということである。

正戦

武力行使に対する反対はただ一般的な左派の立場なのであって、それは一貫しているわけではない。スペイン内戦における国際旅団を考えてみよう。多くの左派はファシズムと戦う用意ができていたが、ヒトラー＝スターリン協定が彼らの大部分を軍事問題において逡巡する態度に押しやった。しかし、ほどなくして、左派はより差し迫った、やむにやまれぬ戦闘意欲を見出すことになった。西欧においては、第二次世界大戦とは、その指導者たちに注目するな

〔訳注33〕ユージン・デブス Eugene Victor Debs（1855-1926）アメリカの労働運動指導者。一八九三年にアメリカ鉄道組合の結成に携わり、議長に選ばれた。一九〇一年にアメリカ社会党を設立。大統領候補にもなったが、アメリカの第一次世界大戦参戦反対を訴えたため、一八年に防諜法違反のかどで投獄された。言及されているノーマン・トーマスはアメリカ社会党員だったので、デブスは彼の先達に当たる。

ら、ウィンストン・チャーチルやシャルル・ド・ゴールのような頑強に宥和に反対していたナショナリスト（そして帝国主義者）によって遂行された右翼の戦争であった。共産主義者と人民戦線の左派はナチスに対する地下抵抗運動における主要な勢力であったが、それは（いくつかの例外を除けば）ドイツがロシアに侵攻した後のことでしかなかった。基本姿勢はしばしの間、魅力を失っていた。

第二次世界大戦は一つの決定的な問題を前面に押し出した。多くの左派、特にマルクス主義の教説の影響を受けた人々は、ひとたび軍事力が正当化されてしまえば、その行使には一切の道徳的な（「ブルジョア・リベラル的な」）歯止めが存在しなくなると考えた。しかし、アナーキストと平和主義者は、ドワイト・マクドナルド[訳注34]が彼の素晴らしい雑誌『ポリティクス』においてそうしたように、ドイツの諸都市への爆撃や日本に対する原爆の使用を鋭く批判した。[29]マクドナルドや彼の友人たちは最初からアメリカの参戦に反対しており、ナチズムが単なる従来型の帝国主義ではないことを知った後でさえも反対を継続した。彼らは戦争に誤った理解を持っていたが、戦時中の多くの出来事を正しくも非難した。

他方で、われわれ左派の中で戦争を正しく理解していた人々は敵国の民間人に対する攻撃についてほとんど何も言わなかった。道徳的な議論は左派のヴェトナム反戦運動においては重要な役割をはたすことになるだろうが、それはナチズムや日本軍国主義に対する「良き」戦争においてはめったに聞かれることはなかった――ここで一つの問題が浮上する。道徳的な議論は戦争一般に対して有効であるのか、それともそれはわれわれの反戦運動においてのみ有用なものに過ぎないのであろうか。マクドナルドは第二次世界大戦に対して道徳の視点を一貫して適用したし、その後もそうであったが、多くの左派はそうしなかった。

左派は武力行使を――アメリカのような資本主義国家によるものでさえ――他の事例においても支持してきた。一部のマルクス主義闘士は資本主義国家によって行われる戦争はいかなるものであれ、その定義上、帝国主義的な戦争であると論じる。しかし、朝鮮戦争においては、それが資本主義諸国の同盟によって戦われたものであったにもかかわらず、アメリカとヨーロッパにおける左派に近い人々のほとんどによって支持された。国連による承認を受けた、侵略に対抗するための戦争は正戦と呼んでさしつかえなかろう。それにもかかわらず、左派の間には反対が存在した。後にアメリカ民主社会主義党〔訳注35〕の指導者になったマイケル・ハリントンはカトリック労働者運動〔訳注36〕の一員として活動しており、また戦争反対者連盟〔訳注37〕のデイヴィッド・デリンジャーは反戦デモ行進を行った。I・F・ストーンは、果敢にも、しかし（私が思うに）誤って、戦争を不正であると呼んだ。[30] 後に『ディセント』誌の編集者となる人々は、同志であった多くのトロツキストと袂を分かち、戦争を支持しつつも批判的な視点を維持したが、彼らのとった道は正しいものであった。

二〇〇一年のアメリカによるアフガニスタンへの攻撃は、鋭い批判を必要とするものではあるが、また別の正戦の

〔訳注34〕ドワイト・マクドナルド Dwight Macdonald（1906-1982）　アメリカの評論家。一九三七年に雑誌『パルチザン・レヴュー』の復刊に携わる。一九三九年から一九四一年までの間はアメリカのトロツキー主義系政党に属していた。一九四三年には方針の違いから『パルチザン・レヴュー』編集部を辞し、一九四四年から一九四九年までの間、雑誌『ポリティクス』を発行した。

〔訳注35〕アメリカ民主社会主義党 Democratic Socialists of America　アメリカの社会活動団体。アメリカ社会党を母体とする二つの団体、民主社会主義者組織委員会（Democratic Socialist Organizing Committee）と新アメリカ運動（New American Movement）が一九八二年に合併したことで誕生した。

〔訳注36〕カトリック労働者運動 Catholic Worker movement　アメリカの社会活動団体。一九三三年にドロシー・デイ（Dorothy Day, 1897-1980）が設立した。

〔訳注37〕戦争反対者連盟 War Resisters League　アメリカの社会活動団体。一九二三年にジェシー・ヒューアン（Jessie Wallace Hughan, 1875-1955）によって、国際戦争反対者同盟（War Resisters' International）の一部署として設立された。世俗主義を掲げる。

例であった。その当時においてもその後の期間においても、戦争の決断と戦争の遂行を区別することが必要であった。エレン・ウィリスが二〇〇二年の四月に書いたのはまさにそのようなことであったが、彼女の異議は「最初から（…）アフガニスタンでわれわれが戦争をしたという事実に向けられているのではなく、われわれがそれを実行したやり方に対するものであった」[31]。アフガニスタン戦争は一般には左派の議論において帝国主義的侵略の主要な事例としてあげられているので、私は第四章においてそれを取り上げ、ウィリスの優れた批判にまた戻ることにする。

アメリカの左派についての歴史書においてマイケル・ケイジンが書いているところによると、ウッドロー・ウィルソン政権以来、「リベラルは民主主義を保全し推進するために熱烈に戦争を引き起こしてきた。ヴェトナムをめぐる対立はその後数十年にわたってその伝統を終わらせることになった」[32]。しかし、一九九〇年代ころには、よりミニマルな形でのリベラルで左派的な戦争の擁護論が出現した――それは『ニュー・リパブリック』の編集者たちによって一九九六年に製作された『ボスニア黒書』によって先鞭が付けられ、二〇〇二年にサマンサ・パワーの『集団人間破壊の時代』によってその学問的な箔付けが十分になされた[33]。人道的干渉の目的とは民主主義を促進することではなく、大量殺人、強姦、民族浄化を止めることであった。

NATOによる一九九九年のコソヴォ戦争――部分的にはスレブレニツァ〔訳注38〕におけるボスニアのセルビア人によるボスニアのムスリムの虐殺によって引き起こされた――は正戦であり、左派に近い立場からの戦争でもあった。イギリスでは労働党が政権にあり、フランスでは社会党が政権にあり、ドイツでは社会民主党と緑の党が連立政権にあり、イタリアでは「左翼民主主義者」が政権にあった。クリントン政権はこのような左派的な政治の弱体版であったが、戦争遂行に必要不可欠な指導力を提供することができた。コソヴォへの軍事的干渉は、その人道的な動機を信用することができなかったもっと左派寄りの人々によって反対された。私は覚えているのだが、一九九九年の三月にイタリアのトリノにあるグラムシ研究所においてある「再建派」の共産主義者から、NATOは黒海の制海権をロシアから奪取しようと狙っているに「違いない」と言われたことがある。「帝国主義的な」戦争の説明としてはこれ以外の説明はありえなかった。実際には、他の説明は存在した。一部の左派が考えたところによれば、戦争は最後の社会主義者としてのスロボダン・ミロシェヴィッチに狙いが向けられており、旧ソ連圏における「現実社会主義〔訳注39〕」の完全な破壊を目的としていたというのだ。驚くべきことに（セルビアの「社会主義」は社会主義とほとんど関係がなかったため）、ある左派のグループはスロボダン・ミロシェヴィッチを守る国際委員会なるものを結成した。議長には『国家を殺す――ユーゴスラヴィアへの攻撃』（二〇〇〇年）の著者であるマイケル・パレンティが就き、ハロルド・ピンターや元アメリカ司法長官であるラムゼイ・クラークが名を連ねた。

より説得力のある極左的批判は後になって現れた。コソヴォにおける左派の干渉はイラクにおける戦争の計画と擁護をより容易にしたというものである。しかし、それは人道的に緊急を要する理由による武力行使に反対する議論にはなりえない。重要なのはそういうことではなく（そしてまた同じことの繰り返しになるが）、区別を行うことを支持する議論なのである。イラク戦争は人道的干渉ではなかった。実に、それはマイケル・ベルーベが書いているように人道主義の擁護を「ぼろぼろ」にした(34)。その正当化の一つによれば、イラク戦争の目的は残忍な独裁者を打倒し、民主主義を促進することであったという。そのような類の戦争を正当化する左派の議論や先例は存在していた。しかし、

〔訳注38〕スレブレニツァ Srebrenica　ボスニア・ヘルツェゴビナ東部の都市または自治体の呼称。ボスニア紛争末期の一九九五年七月、ラトコ・ムラディッチ（Ratko Mladić, 1942- ）率いるセルビア人共和国軍によって、当該地域に居住するボシュニャク人（以前はモスレム人と呼称）およそ八〇〇〇人が組織的に殺害された。この事件は、国連安保理が安全地帯に指定した地域で起きただけに世界に大きな衝撃を与えた。旧ユーゴスラヴィア国際戦犯法廷でジェノサイド認定を受けている。

〔訳注39〕現実社会主義 Actually Existing Socialism　冷戦期には「東側」と呼ばれた国々において実際に根を下ろした社会主義体制を指す語。real socialism などともいわれる。

それに反対する非常に強力な左派の議論——それはおそらくはアメリカ社会党によって一九一七年に初めて定式化された議論であるが、「武装した外国勢力がいかなる国に対しても民主主義を押し付けることはできない」というものである[35]——も存在した。

過去数十年の間、左派と比べて「ネオコンの運動は確信犯的に世界中に民主主義を広めようとした」と労働党のデイヴィッド・ミリバンドが二〇〇八年に言った時、彼は正しかった。彼が主張するには、左派は「目標の望ましさと軍事的手段を使うことへの良心の呵責との間で葛藤していた[36]」。民主主義の促進のためならば良心の呵責を覚えることは理に適っているが、虐殺を止めるためならばそうではない。左派に近い人間にとってのコソヴォ戦争に最も近いものはイラクへの侵攻ではなく、ダルフールへの干渉を支持する運動であった。私は第三章においてこの問題に立ち返ることにする。

近道

人道のため、あるいは民族解放のための武力行使に関する議論は複雑である。そうした議論は現地の状況や固有の歴史に細心の注意を払う必要がある。われわれは目的に対する手段の関係について真剣に考えなければならない。それを首尾よくやり遂げることは完全に一貫していないように見える判断を生むことになるだろうが、実はそういうわけでもない。例えば、アルジェリアの独立を支持しながら、FLNのテロリズムは拒絶する。あるいは、革命を起こしたキューバに対するアメリカの支援を促しながら、キューバの政権の増大する権威主義を非難する。あるいは、ヴェトナム戦争に反対しながら、ベトコンの政治を批判する。イデオロギー的な近道は、価値判断を容易にするために作り出されたものであるが、多くの左派の間で人気があり、だからこそ左派的な批判が必要である。私はここでいくつかの近道を列挙することにする。この本の大部分はそれらを批判し、世界政治へのより思慮ある関与を主張することに充てられることになるだろう。

最初の近道は、抑圧は人々を天使にすると強弁し、抑圧された人々が何を行っていようと世界中の被抑圧者を支えることである。しかし、被抑圧者とてか弱き人間存在である。そしてわれわれが抑圧に反対する理由の一つは、それが被害者（の一部）の間に産み出す病理や、それが（ときに）推し進めるひどい政治である。

第二の近道は、恐らく最初のものよりも人気があるが、「帝国主義」に対して常に反対するというものである――あるいは、近道の中の近道として、アメリカの対外政策に対して常に反対するというものである。反米主義はよくある左派の政治観であり、それはときには正しい見方をしている場合もあるが、ときにはそうでないこともある。私は一九六七年には左派はヴェトナムで正しい見方をしていたと信じている。左派はまた二〇世紀の始めから終わりまで、中米と南米で正しい見方をしていた。それは一九五三年に左派が反モサッデク〔訳注40〕のクーデターを批判したとき、イランを正しく見ていた。そして、二〇〇三年にはイラクを正しく見ていた。しかし、だからといって近道が信頼に足るものではない。ナチズムとスターリン主義は世界史上最も残虐な政治体制の二つであるが、それらの打倒は、本質的にアメリカの功績であった。左派の多くの人々がその功績を支持したし、それは当然のことであった。

一九六七年にドワイト・マクドナルドがメアリー・マッカーシー〔訳注41〕に送った手紙によれば、ヴェトナムにおけるアメ

〔訳注40〕モハンマド・モサッデク Mohammad Mossadegh（1882-1967） イランの政治家。イラン帝国首相在任時に、イランの政治的・経済的自立を目指したが、本文にある年にアメリカの支援を受けたパーレヴィ皇帝派のクーデターによって失脚した。

〔訳注41〕メアリー・マッカーシー Mary McCarthy（1912-1989） アメリカの作家、評論家。ドワイト・マクドナルドらとともに『パルチザン・レヴュー』の復刊に携わる。小説『グループ』（一九六三年）はベストセラーとなり、一九六六年には映画化された。ハンナ・アーレントと親しく、彼女への英語表現のアドバイスや、遺作『精神の生活』の編集も行った。

リカの戦争が示したのは「国内におけるわれわれの政治・社会・文化生活にはすばらしいものが溢れかえっているのに、われわれは帝国主義国家となってしまった、それも、ある程度は国内におけるこれらの美点のゆえに、最も不器用な帝国主義国家となってしまったということ」であった(37)。われわれは未だ不器用である。二〇〇五年の一二月、イラクに一〇万人のアメリカ軍の兵士がいる中で、われわれはかの地で選挙を実施したのだが――結局われわれの側の候補者は三位に終わった。この結果は、帝国主義の歴史において前例がないかもしれない。(このことが示唆するのは、われわれが民主主義を促進することに比べれば帝国主義的な統制にはあまり関心がなかったということなのかもしれないが、一位となったイラク人政治家はとても民主主義者といえるものでもなかった。)マクドナルドのアメリカ帝国主義理解は政治的知性と道徳的バランス感覚を反映しているが、これらこそ現代の反米的な著作において欠けているものである。

よく用いられる他の近道は、イスラエルがすることなら何にでも反対し、したことのない多くのことについても糾弾するというものである。イスラエルはアメリカの帝国主義の「従僕」であるか、もしくは、アメリカの対外政策を形作っている支配的勢力だからであるというのがその理由だ。近年のイスラエル政府の政策――占領、入植、ヨルダン川西岸で活動する、ユダヤ人のならず者やテロリストを抑圧することの拒否――は強く批判される必要がある。しかし、イスラエルへの左派の非難の多くは、その政策とはほとんど関係がなく、その存在自体と関係がある。イスラエルの存在は、中東における諸悪の根源だとされているのだ。こうした見方は、現実主義――単に、世界を現実にあるがままに見ようとする心づもりという程の意味である――に必要なもののすべてを蔑ろにするものである。

最後の近道は、左派あるいは反帝国主義者を自称してはアメリカの利害に反する立場に立つような、そうしたすべての政府を支持することである。これはかつてのスターリン主義的近道とは異なる。つまり、最初のプロレタリア独裁にして最初の労働者の楽園である以上、彼らが何をしたとしてもソヴィエト連邦を支持するという近道とは異なる。その種の政治観は、私が思うに、根絶されたものであるが、それは中国との関係においてつかの間の再生を果たし、信奉者はほとんど存在しないが、アルバニアと北朝鮮との関係においても再生した。より最近の形態ではガマル・ナーセル、フィデル・カストロ、ウゴ・チャベスといった「最高指導者」〔訳注42〕たちが賞賛される。後のアーヤトッラー・ホメイニーに対するミシェル・フーコーの一時的な愛着のような短い期間ののぼせあがりもある。人民独裁に対する左派の熱中はわれわれの悲話の一つであるが、それは資源が枯渇し、経済を整備することに失敗したことが否定できなくなり、軍がすべてを乗っ取ってしまう時に終わりを迎える。しかし「最高指導者」たちはしばしば、その人自身が軍人であり、軍の抑圧的な役割は時間が経つにつれてより明らかになるにすぎない。今日のラテンアメリカでは、よりましな左派は、チリ、ブラジル、コスタリカのような国家において扇動的なポピュリズムを拒絶し、経済成長、より平等な社会、より強力な福祉国家を産み出すために奮闘している社会主義者や社会民主主義者によって代表される――彼らは、受けるに値する賞賛をアメリカの左派から得ていないが(38)。

基本姿勢については擁護するに値する点が多く存在する。物事をより良くするためにはよく知り尽くしている場所で活動しなければならない。人間性の向上は自国において始まる。この議論はアメリカ人にとって特別な説得力を持っている。それというのもわれわれは覇権国家に近似した世界大国でありながら、ますます不平等になっていく社会に生きているからである。われわれは自国での仕事をより困難にする無謀な対外進出に注意する必要がある。

〔訳注42〕最高指導者 Maximal Leader　スペイン語でいうところの Lider Máximo。キューバなどで用いられた政治指導者の呼称。主にフィデル・カストロ（Fidel Castro, 1926-2016）を指す。ほか、本文中に挙げられたガマル・ナーセル（Gamal Abdel Nasser, 1918-70）はエジプトの元大統領。ウゴ・チャベス（Hugo Chávez, 1954-2013）はベネズエラの元大統領。

それでも、良き左派は国際主義を避けることはできない。われわれは海外の困窮者や同志たちを助けるために何をなすべきなのか、あるいは、何をするようアメリカに促すべきなのかについて、何度となく議論を繰り広げていくだろう。時にはアメリカができることは何もなく、少なくとも正しくできる見込みのあることは何もないこともあるだろう。だが、たとえわれわれが他の国におけるアメリカの行動に反対している時であっても、われわれにできることはある――自らや他者を守るために戦っている人々に道徳的、政治的、そして経済的な支援を提供することがそれである。われわれは何をなすべきなのかという問いに対する魔法の答えは存在しない。しかし私がたった今説明したイデオロギー的な近道は、無造作に採用され厳格に維持されることによって、過去においてわれわれに対して害を与えてきたし、未来においてもわれわれに対して害を与えることはほぼ確実である。それらに固執するということは、偶然によってしか正しい見方ができないことを意味するだろう。

政治的知性と道徳的感受性はイデオロギーよりもはるかに優れており、それらはわれわれの同志たちの選択と、われわれがいつどのようにして海外で行動すべきかの決定とを導くべきものである。独裁者とテロリストは決してわれわれの同志ではない。われわれは民主主義と平等を本当に信じて実践している人々だけと手を結ぶべきである。われわれが海外で行動する時はわれわれの大義を共有している人々とだけ行動し、そのような大義と一致した方法でのみ行動しなければならない。これこそが私が左派国際主義と呼ぶ政治である。

【注】

（1）Michael Bérubé, *Rhetorical Occasions: Essays on Humans and the Humanities* (Chapel Hill: University of North Carolina Press, 2006), 241. ローティの『アメリカ　未完のプロジェクト』への言及は上記の箇所を参照〔前掲邦訳、とくに四八―四九頁〕。

（2）Jane Bennett, "From the Editor," *Political Theory* 14 (February 2016), 3.

（3）George C. Herring, *From Colony to Superpower: U.S. Foreign Relations since 1776*（New York: Oxford University Press, 2008）, 156.

（4）『デモクラティック・レヴュー』のすべての号は http://ebooks.library.cornell.edu/u/usde/usde.html でオンライン公開されている。ここで引用されている部分は一八五二年六月の号からである。

（5）Robert A. Rosenstone, *Romantic Revolutionary: A Biography of John Reed*（New York: Vintage, 1981）, 378.

（6）Isaac Deutscher, *The Prophet Armed: Trotsky, 1879-1921*（New York: Oxford University Press, 1954）, 463ff.〔田中西二郎・橋本福夫・山西英一訳『武装せる予言者――トロツキー：一八七九―一九二一』新評論、一九九二年、四八一頁以下〕

（7）Irving Howe, *A Margin of Hope: An Intellectual Autobiography*（San Diego: Harcourt Brace Jovanovich, 1982）, 105.

（8）George Lichtheim, *Europe and America: The Future of the Atlantic Community*（London: Thames and Hudson, 1963）, 43-57; Nicolaus Mills, *Winning the Peace: The Marshall Plan and America's Coming of Age as a Superpower*（Hoboken: John Wiley and Sons, 2008）, 特に第九・一〇章。

（9）*Must We Arm? Hillquit-Gardner Debate*（New York: Rand School of Social Science, 1916）, 29.

（10）『ディセント』誌に掲載された私の論説 *Cuba: The Invasion and the Consequences*（June 1961）, 12を参照。カストロがイタリアのある雑誌と行ったインタビューからこの引用箇所を見つけ出したのはセオドア・ドレイパーだった。Draper, "Castro's Cuba," *New Leader*, March 1961 を参照。

（11）C. Wright Mills, *Listen, Yankee: The Revolution in Cuba*（New York: Ballantine Books, 1960）, 182〔鶴見俊輔訳『キューバの声』みすず書房、一九六一年、二九八頁〕.

（12）Edward Friedman and Richard Kraus, "The Two Sides of Castro's Cuba," *Dissent*（Winter 1961）, 58.

（13）Leszek Kolakowski, "The Heritage of the Left," in *Is God Happy? Selected Essays*（New York: Basic Books, 2013）, 45.

（14）Harold Brackman, *Jews, African Americans, and Israel: The Ties That Bind*（Los Angeles: Simon Wiesenthal Center/Museum of Tolerance, January-February 2010）.

（15）Frantz Fanon, *The Wretched of the Earth*, trans. Constance Farrington（New York: Grove, 1961）, 18-19（サルトルの序文）〔鈴木道彦・浦野衣子訳『フランツ・ファノン著作集3　地に呪われたる者』みすず書房、一九六九年、一五頁〕; Michael Walzer,

Just and Unjust Wars（New York: Basic Books, 1977）, 204-205〔萩原能久監訳『正しい戦争と不正な戦争』風行社、二〇〇八年、三八八—三九〇頁〕.

（16）"Bring the Boys Home," フリーダ・ペイン作詞、インヴィクタス・レコード #9092.

（17）Kevin Mattson, *Intellectuals in Action: The Origins of the New Left and Radical Liberalism, 1945-1970*（University Park: Pennsylvania State University Press, 2002）, 157.

（18）Fred H. Harrington, "The Anti-Imperialist Movement in the United States, 1898-1900," *Mississippi Valley Historical Review* 22（September 1935）, 211-230.

（19）Mark Twain, *To the Person Sitting in Darkness*, in *Mark Tuain's Weapons of Satire: Anti-Imperialist Writings on the Philippine-American War*, ed. Jim Zwick（New York: Syracuse University Press, 1992）〔前半部引用は同書 p. 32より。邦訳として、藤崎睦男訳「暗きに坐する民に（Ⅱ）」、『英語英文学論叢』第五四集（二〇〇四年）、七五頁を参照〕. 一九〇六年三月一二日の「モロの虐殺へのコメント」は同書の pp. 170-173を参照。

（20）Claire Hirshfield, "The Anglo-Boer War and the Issue of Jewish Culpability," *Journal of Contemporary History*, Sage 15（1980）, 619-631（引用は p. 623）.

（21）反戦運動についての説得力があり魅力のある記述については以下を参照。Michael Kazin, *War against War: The American Fight for Peace, 1914-1918*（New York: Simon and Schuster, 2017）.

（22）*Must We Arm?*, 39.

（23）Michael Bérubé, *The Left at War*（New York: New York University Press, 2009）, 131.

（24）一九三〇年代におけるイギリスの左派については、Martin Gilbert, *The Roots of Appeasement*（New York: New American Library, 1966）と Keith Robbins, *Munich 1938*（London: Cassell, 1968）に依拠した。アトリーの引用は Gilbert, *The Roots of Appeasement*, 186からである。

（25）Max Lerner, *Ideas for the Ice Age: Studies in a Revolutionary Era*（1941; Westport, CT: Greenwood Press, 1974; originally published 1941）, 350.

（26）Norman Thomas and Bertram D. Wolfe, *Keep America Out of War: A Program*（New York: Frederick A. Stokes, 1939）.

(27) Howe, *A Margin of Hope*, 87.

(28) Paul Berman, *Terror and Liberalism*（New York: Norton, 2004）, 126.

(29) Dwight Macdonald, *Memoirs of a Revolutionist: Essays in Political Criticism*（New York: Farrar, Straus and Cudahy, 1957）.「戦争の観察」については同書 pp. 107-201 を参照。

(30) Michael Harrington, *Fragments of a Century: A Social Autobiography*（New York: E. P. Dutton, 1973）, 68-69; I. F. Stone, *The Hidden History of the Korean War, 1950-1951*（New York: Monthly Review Press, 1952）〔内山敏訳『秘史朝鮮戦争』青木書店、一九六六年〕.

(31) ウィリスの業績は Bérubé, *The Left at War* で広く論じられている。彼女のアフガン戦争についての見解は同書 pp. 156-157 を参照。また本書第四章も参照。

(32) Michael Kazin, *American Dreamers: How the Left Changed a Nation*（New York: Knopf, 2011）, 233.

(33) *The Black Book of Bosnia: The Consequences of Appeasement*, ed. Nader Mousavizadeh（New York: New Republic Books, 1996）; Samantha Powers, *A Problem from Hell: America and the Age of Genocide*（New York: Basic Books, 2002）〔星野尚美訳『集団人間破壊の時代——平和維持活動の現実と市民の役割』ミネルヴァ書房、二〇一〇年〕.

(34) Bérubé, *The Left at War*, 148.

(35) Albert Fried, ed., *Socialism in America: A Documentary History*（Garden City, NY: Anchor, 1970）, 523.

(36) Patrick Wintour, "Miliband: UK Has Moral Duty to Intervene," *The Guardian*, February 11, 2008.

(37) Stephen J. Whitfield, *A Critical American: The Politics of Dwight Macdonald*（Hamden, CT: Archon, 1984）, 126.

(38) Ignacio Walker, "The Three Lefts of Latin America," *Dissent*（Fall 2008）, https://www.dissentmagazine.org/article/the-three-lefts-of-latin-america を参照。ウォーカーが挙げる三者はマルクス主義者、ポピュリスト、社会民主主義的な左派である。

第二章　左派国際主義とは何か

われわれは皆、左派国際主義がかつて何を意味していたか知っている。「万国の労働者」の団結、国境を越える労働者階級の連帯である。カール・マルクスと同様に、労働者は祖国を持たないと思い込むならば、国際主義は容易である。労働者階級は、それがグローバル資本主義体制の中で搾取された労働者階級であるという理由だけで、すでに国際主義者である。そして労働者階級が国際主義者でないのならば、「虚偽意識」――宗教的教化、国家教育、資本主義メディアによって生み出された歪曲――のせいであるに違いない。労働者階級は、文化を生産するための独自の機関を持つ場合はいつでも、プロレタリア国際主義を生産し、再生産するだろう。この見解に立てば、国際主義はかつて言われていたように、「イデオロギー的に正確な立場」である。それは政治的ないし道徳的な擁護を必要としないし、万国の労働者の実際の利害を反映している以上、内容的にも社会主義的であることは確かである。

だがここでわれわれは現実に失望する。世界はかつて思い描いていたものとは異なることが分かった。労働者は祖国を持っていた（そして今も持っている）し、自国に対する非常に強い忠誠心を持っている。それを虚偽であるとは言い切れない。虚偽意識は、労働者階級のナショナリズム（および、労働者階級がマーガレット・サッチャーやロナルド・レーガン、ドナルド・トランプのような右翼政治家を支持した多くの事例）の説明としては出来が悪いだけではない。それは有害な説明でもある。スチュアート・ホール〔訳注1〕は、なぜこの理論が左派政治の助けにならないのかを説明している。

> それはひどく不安定な理論である（…）。莫大な数の普通の人々が、知的能力という点であなたや私とまったく変わらないにもかかわらず、いともたやすく（…）制度によって騙され、自分の真の利害がどこにあるのかをすっかり誤認しているなどと想定しなければならないのだから。輪をかけて受け入れがたいのは、「彼ら」――大衆――は歴史に騙されているのに、「われわれ」――特権階級――はどういうわけかすこしも錯覚に囚われていないという立場である。(1)

そうして「われわれ」は前衛になり、無知な「彼ら」を彼ら自身の幸福のために支配するのだと言い張る。こんな理論は民主主義にも平等にも役立たない。

　全知全能の前衛についての問題には、後で立ち戻ることにしよう。ここで着目したいのは、標準的なマルクス主義理論の誤謬と、万国の産業労働者は他国の労働者仲間より自国の人々に対し忠誠を示してきたという予期せざる事実である。マルクス主義者は、こうした誤った忠誠心は必ず反動的な政治を生み出すだろうと予言した。確かに、時にはそうであったし、今でもそうである。しかし、そうした忠誠心が左派にとってかなり貴重だったこともある。特定の国家の国民であること、および仲間との連帯感覚は、社会民主主義と福祉国家のための闘争においてカギとなる要因であった。強力な福祉政策は住民が同質的であるということと密接に連関しており、そうした連関は左派にとっての好機を生み出してきた――アメリカのような概して同質性を欠く国々においては問題をも生み出してきたが。しかし同胞市民の世界から世界それ自体へ進み出るとなると、問題ははるかに深刻である。というのも、忠誠心は国民国家を越えて自動的に拡張されることはなく、国際社会におけるどのような人間集団に対しても、労働者も含めて誰もあらかじめ決まった必然的なつながりを持たないからである。

二〇世紀の最後の四〇年において、左派国際主義は別の意味を獲得した。すなわち、労働者ではなく、帝国主義の犠牲者、第三世界の抑圧された国民を支援することである。これらの国民が自動的に社会主義的な政治を生み出すことはありそうになかったが、彼らの民族解放運動の指導者たちはしばしば社会主義者を自称し、マルクス主義を模倣したイデオロギーを練り上げた。もっともそれは、未発展の経済、十分な教育を受けていない国民、未改革の宗教、そして積年の民族的分断といった過酷な現地の状況に適合させられたものだった。そうした適合は失敗に終わり、第三世界主義の中に左派的内容を認めることはたちまち困難になった。それは避けられないことだっただろう。民族解放によって生み出された新たな国家はしばしば暴政的で残忍で腐敗していた。西洋の左派の中にはこうした国家を愛そうと骨を折った者もいたが、それは不毛で究極的には不名誉な作業であった。このような国家は愛するに値しなかった。北朝鮮からジンバブエに至るまで、それは今でも愛するに値しない。

そうして今では、新たな短絡的な政治が安売りされている。反米主義である。良き国際主義者であるためにわれわれがなすべきは、アメリカのヘゲモニーに敵対する者たちを支援することだけだというわけである。ヨーロッパの左派の中で、「敵の敵は味方である」という古い準則が息を吹き返した。アメリカの近年の敵にセルビアやイラクの独裁者が含まれ、現在の敵に急進的なムスリム・ジハーディストが含まれる以上、これは苦し紛れの苦悶に歯を食いしし

〔訳注1〕スチュアート・ホール Stuart Hall（1932-2014）ジャマイカの文化理論家。カルチュラル・スタディーズの代表的理論家であるとともに活動家でもあった。『ニューレフト・レヴュー』誌の創刊者でもある。

ばった国際主義である。幸いなことに、多くの左派はそれに必要な歯を持っていない。それにもかかわらず、反米主義はヨーロッパの大半で人気のある政治であり、アメリカのあらゆる敵を十分に支援するに至っていないとしても、それなりの支援を行っている。それは弁解や言い訳の形をとっており、要するにアメリカの敵に対しては、その政治がどれほどひどいものであってもそれに敵対することを拒むのである。アメリカの同盟国、イスラエルに関することになると、反米主義はさらにひどいことになっている。イギリスの左派は、二〇一四年〔原文では二〇一五年となっているが、おそらく誤記〕のガザ戦争の間にロンドンでデモ行進してハマスを支援したが〔訳注2〕――「われわれは皆ハマスだ！」――彼らは疑いなく、自分たちは左派国際主義的政治を実践しているのだと思っていた。ハマスはいかなる意味でも左派運動ではなく、その闘士は宗教的狂信者でもあったが、それがイスラエルとアメリカに敵対的であるかぎり、そんなことはどうでも良かったのである。

しかしハマスについての真実はどうでも良いはずがなかった。国際主義は、万国の労働者や、植民地化された人々を代表すると主張するあらゆる運動、すべてのアメリカの敵を自動的に支援するものではない。それは、より精緻な政治といつでも再編しうる同盟関係の模索を必要とする。本章が示そうとするものは、こうした模索のポスト・マルクス主義的な実践的説明と呼ぶのが最良であろう。われわれは新たな国際主義理論を必要としているのかもしれないが、最初に必要なのは、われわれが「同志の選択」（これはイニャツィオ・シローネ〔訳注3〕に由来するフレーズである）を企てる状況――およびこの選択が要求する政治的・道徳的判断――を精査することである(2)。

われわれの同志かどうかを決めるのは歴史法則ではない。同志かどうかは、彼らが階級構造の中で占める位置からは機械的に確定できない。確かに国内では、必要な選択は比較的容易である。われわれはたいてい、広範囲にわたるコミットメントを共有する、前から知り合っている人々とイデオロギー的に同意見である。われわれは大した困難もなく協調できるのである。しかしより広い世界では、そうした知り合いはおらず、労働者と農民、抑圧された国民、

（アメリカ）帝国主義の犠牲者、といった短絡的な代替物は大した助けにならない。こうした人々をわれわれは知らず、彼らと協調するのは容易ではない。多くの人々は受動的で政治的に不可視である――受動性と不可視性は結局のところ、抑圧がもたらす標準的な効果の一部なのである。そして被抑圧者が政治的な行動のために組織される場合、彼らはテレビ画面の中でしか見られない。そこで彼らはデモ行進をし、神の復讐だとか政権打倒のスローガンを怒りに任せて叫び、再び群衆の中に姿を隠してしまう。それでは、どのようにして彼らはそうしたスローガンをかかげるに至ったのだろうか。

われわれが実際に出くわす人々は、被抑圧者の名において行動すると主張する闘士たちである。彼らはしばしば前衛の一員であり、自分の意識は真正であるとわれわれに断言する。われわれの知るところとなる議論は闘士たちのものである――そして彼らは、他人と議論するのと同様に互いに議論し合う。彼らは互いに異なる信念を抱いており、異なるコミットメントを行う。彼らは広範囲にわたるイデオロギーと戦略を採用する――それらはグローバル経済や帝国主義国家の政治によって規定されたものではない。さもなければ彼らの間に意見の違いはないことになろう。闘士たちは実際、深刻でしばしば架橋しがたいほどに意見を異にしている。われわれの同志は、政治と道徳をわれわれと共有し、前衛の傲慢を拒絶し、被抑圧者を支配するのではなく彼らと一緒になった支配を実現しようと求める者たちであり、そのような者たちだけである。

だが左派国際主義は、世界の至る所にいるあらゆる被抑圧者たちに対する――というよりは、はっきりと抑圧だと

〔訳注2〕ハマス Hamas　一九八七年に設立されたイスラミズム政党。イスラエルのパレスチナ占領に抵抗し、その打倒とパレスチナにおけるイスラーム国家樹立を目的に活動している。

〔訳注3〕イニャツィオ・シローネ Ignazio Silone（1900-1978）　イタリア出身の作家、活動家。ムッソリーニによるファシズム政権下という厳しい時代状況にあっても活動を続けた。邦訳に『独裁者になるために』、『葡萄酒とパン』がある。

分かる形で引き起こされているかどうかを問わず、困窮した人々に対する——コミットメントによって駆り立てられているのではないのか。もちろんそうだ。左派国際主義の美点は、ノーマン・ジェラス[訳注4]が「相互無関心の契約」と呼ぶものと縁を切っていることにある。われわれは、近い国の人々であれ遠い国の人々であれ、彼らの苦しみに決して無関心ではない。だが今日、国際主義者が無関心を拒絶する場合、それは助けたい人々と物質的利害を共有しているからではないし、彼らと世界史の脚本を演じているからでもない。ジェラスがホロコーストに関する省察の中で論じるように、「手を差し伸べる義務」の基盤となりうる唯一のものは心の支えである。「他者に対する共感的なケアと援助が（…）重要視される位置を占めるような状態に至るための筋道を、自己利益がひとりでに指し示すことは、たとえそれがある集団の利益にかなっていようと、おそらくないだろう[3]」。

このように道徳と共感に訴えかけることで、左派の教義は根底から見直される。もし他者の苦しみによって道徳的かつ感情的に心を動かされないのであれば、われわれはなすべきことをなす気にならないだろう。「相互関心の倫理は、正義、平等ないし社会主義の価値ある政治を告げなければならない[4]」とジェラスは続ける。確かにそうだ。だが、こうした倫理の実践的帰結を理解するのは、必ずしも容易ではない。われわれは誰に関心を抱くべきか。具体的には誰を援助すべきなのか。最も困っている人々にわれわれが与える援助を誰が分配することになるのか。絶望的な問題を抱えた人々のために軍事力を行使することは、いかなる場合に正しい（あるいは必要である）のか。いかなる政治的組織を——そして、その場合、どのような形態の大衆動員のあり方を——われわれは支援すべきなのか。

不幸にも、苦難と抑圧は政治的な善を保証するものではないし、政治的にまともであることを保証するものですらない。それらは自らの病理を生み出し、ルサンチマンと激高の政治を引き起こすこともある。こうした感情に取り組み、それについて論じることは必要だが、それは自分自身の権力欲の邪魔になるような左派的コミットメントなど行わない——あるいはいかなるコミットメントも行わない——人々に濫用されることがあまりにも多い。被抑圧者の名において行動する闘士たちは、しばしば新たな抑圧の主体となる。全体主義運動、テロ組織、「最高指導者」を擁する政党はすべて、被抑圧者の利害に奉仕すると主張するが、それらすべてに対して懐疑と敵意の目が向けられなくてはならない――懐疑というのは、彼らはたいていの場合そうした利害に奉仕しないからであり、敵意というのは、彼らはどう自称しようと自由、民主主義、平等の敵だからである。対照的にわれわれの同志は、抑圧に立ち向かい正しく行為しようとする一方で、社会主義的ないし社会民主主義的価値を守る人々である。左派国際主義は広範囲にわたる共感を反映しているが、それはまた左派の連帯でなければならない。

党派政治について語っているわけではない。われわれは中道リベラルや自由を愛する保守派も含め、あらゆる人々と同盟を組むことができる。それにわれわれは左派にありがちな政治的不和を受け入れることができる――いや、そうすべきなのだ。だが常に守ろうとしなければならない一線はある。つまり、あらゆる全体主義的、ヒエラルキー的、権威主義的、テロリズム的政治からわれわれを分かつ道徳的一線である。

テロリズム

テロリズムは、被抑圧者(および彼らの闘士たち)の最後の手段であるとよく言われる。すなわち、それは弱者の政治である。だがテロリズムは左派政治ではない――それは三つの理由による。第一に、それは少数者の所業であり、大衆動員なしに、ゆえに民主主義的な見込みなしに勝利を求めるエリート主義的戦略である。これは古参マルク

〔訳注4〕ノーマン・ジェラス Norman Geras(1943-2013) マルクス研究者。ジンバブエの左派ユダヤ人家系に生まれ、六二年にイギリスに渡る。『ニューレフト・レヴュー』の編集に携わったこともある左派知識人だが、二〇〇三年のイラク戦争は支持した。

ス主義がテロルに反対する論拠である。トロツキーが書くように、テロリストは「大衆に参加を呼びかけることなく大衆を幸福にしようとする」(5)。テロリズムに反対する第二の理由は、無辜の人々を今日殺害する決定が、明日には暴力的に支配する傾向を強くあらわすことである。第三の理由は、「他者」――アルジェリアのヨーロッパ人、イスラエルのユダヤ人、ニューヨークの異教徒、イラクのスンニ派あるいはシーア派ムスリム〔訳注5〕――を無作為に大量殺戮する決定は、標的となる住民を壊滅ないし征服しようとする欲望を示すものだからである。こうしたあらゆる点でテロリズムは、テロリストが解放者を装おうが、抑圧を再生産する。テロルを用いてテロリストを除去することは可能かもしれない。聞くところによると、アルジェの戦いに参加したFLNの闘士たちは皆、独立から一年以内に投獄されているか亡命しているか死んでいたという。それにもかかわらず、最初にテロルを選択することや、ひょっとするとその相手に対処するためにテロルを用いることも、権威主義的で残虐な政治の確かな兆候である。現にアルジェリアでは直ちにそうなった。

左派国際主義者は権威主義と残虐行為を決して擁護すべきではない。だがわれわれの中にはそうする者もときどきいる。なぜだろうか。ジョージ・オーウェルはきわめてもっともらしい回答を与えてくれる。「私はあらゆることを、被抑圧者は常に正しく抑圧者は常に間違っている、という単純な理論に還元していた。これは誤った理論だが、自分自身が抑圧者の一人であったことの当然の帰結だった」(6)。オーウェルは植民地での公務に就いていた。われわれの大半はそうした直接的な意味における抑圧者ではないが、何らかの形で抑圧に関与しているか、その共犯者である――あるいは近い過去にそうであった――国家の国民である。だからわれわれの国際主義はしばしばオーウェルの言う単純な理論に還元されてしまう。そして、被抑圧者は常に正しいという準則は、被抑圧者のために行為する闘士たちは常に正しいという準則に難なく翻訳される。これは誤った理論であるだけでなく、しばしば新たな抑圧とある種の共犯関係を持つのである。

左派国際主義が時に被抑圧者を裏切る方に向かってしまうもう一つの理由は、（一部の）左派の闘士たちが抱いている、われわれの価値観は歴史の進歩のためには放棄されなければならないという信念である。自由、平等、民主主義は、階級闘争や民族解放の容赦なき世界にはふさわしくないと彼らは主張する。こうした価値など勝利に役立たない。それらは犠牲にされなければならないというわけだ。心優しいブルジョワ・リベラルは決して輝かしい明日の訪れを告げようとはしない。「ぼくたちは　友愛の地を準備しようとしたぼくたち自身は　友愛を示せはしなかった」(7)とベルトルト・ブレヒト〔訳注6〕は書いている。つまり、今を生きているわれわれは、後に生まれてくる者のために無情でなければならず、無情に耐えなければならないということである。だが左派的価値を放棄することは、いかなる時でも誤った考えである。その犠牲となるのは、胸糞悪いリベラルだけではなく、意に反して過酷な闘争に巻き込まれている普通の人々なのである。はるか昔にユダヤ人社会主義者ハイム・グリーンバーグ〔訳注7〕が書いたように、われわれは決して、いかなる世代も他世代の幸福を促進するための道具とみなすべきではない。「歴史の中には過渡期の世代など存在しない」(8)。疑いなくわれわれは決して自らを過渡的なものとは考えるべきではない。われわれが関与することのできない輝かしい明日は、誰にとっても輝かしいものではないだろう。「われわれなくして未来なし」、これが国際主義

〔訳注5〕スンニ派 Sunni はイスラームの多数を占める宗派で、スンナを重視し、アブー＝バクル、ウマル、ウスマーン、アリーの四人をムハンマドの正統な後継者とみなす。一方少数派のシーア派 Shiite は、ムハンマドのいとこであり娘婿であるアリーとその子孫が信徒の指導者（イマーム）であるとしてスンニ派と対立してきた。

〔訳注6〕ベルトルト・ブレヒト Bertolt Brecht（1898-1956）　ドイツの劇作家、詩人。若くから才能を開花させるも、第二次大戦中はナチス政権を逃れて亡命生活を送る。戦後、東ドイツに戻り活動する。代表作に『三文オペラ』、『ガリレイの生涯』など。

〔訳注7〕ハイム・グリーンバーグ Hayim Greenberg（1889-1953）　アメリカのユダヤ系思想家でありシオニスト。ロシア出身。労働者シオニズム運動の指導者であり、様々なシオニスト団体の機関紙で執筆。世界シオニスト機構の教育文化省の長を務めた。

のより良いスローガンである。この点に関してはシェイクスピアの『ハムレット』に登場する）平凡なるポローニアスが正しい。自分自身に忠実でありえないならば、他の誰に対しても決して忠実であり続けられないのだ。

右派に向き合う

つまり左派国際主義者には、左派の中に敵がいることになる。今となってはもう手遅れだが、驚くにはあたらない。そうはいっても多くの左派は、解放者を装っている第三世界の独裁者やテロリストに対して十分に批判的ではなかった。左派国際主義は必ず民主主義的で平等主義的な内容を有していなければならないと主張することは、不幸にもいまだに必要なのである。「左派に敵なし」という準則はしばしばあまりにも、残虐行為に無関心でいるための言い訳となっている。

だがひとたびわれわれの政治の民主主義的で平等主義的な内容を肯定するならば、われわれの主たる敵は右側にあり、資本主義と帝国主義というおなじみの名前をいまだに持っている〔ことがわかる〕。われわれは自国のものであれ他のどの国のものであれ、この二つに反対する。もっとも、反対の仕方は、以前と比べると――あるいはわれわれが以前に考えていたよりも――より複雑である。

左派国際主義の第一の敵は、規制されていようとなかろうと、富者と強者の利害のためだけに奉仕する、資本主義的な富と権力というもう一つの国際主義である。資本主義の政治経済はジェラスの言う相互無関心の契約を裏書きする働きをする。(9) それは、個人に対して自分自身の収益しか考えないように仕向けるのとちょうど同じく、国々に対して自国が競争で優位に立つことだけを目指すように仕向ける。しかし、資本主義は道徳的な腐敗をもたらすものであるとはいえ、計り知れないほど生産的な力も持っている。この生産力は、マルクスによって『共産党宣言』の中ではじめて描き出された解放的効果を持ち続けているし、われわれが擁護する――と同時に変革を必要とする――近代世界を創り出す助けにもなった。資本主義企業とその手先の政府役人たちが自分から進んで回避可能な飢餓や疾病に取り組み、グローバルな貧困の除去に力を尽くし、環境を守り、労働者の権限拡大に同意することは決してないだろう。彼らは社会運動によって異議を申し立てられ、結集したデモスによる政治的コントロールに服さなければならない。

グローバル資本主義に対する左派の反対はそれ自体として近代化の力であり、資本主義的生産の成果を普通の人々の利益に変えることを求める力である。彼らはたいてい、世界の大部分において困窮している人々である。国内の社会民主主義が国内の資本主義と取り組み、それを改革するのと同様に、今日われわれはグローバル資本主義に対処するためのグローバル社会民主主義を必要としている。必要となるグローバルな組織のための政治空間はいまだ見出されていないが、われわれは組織化の目標を知っている。すなわち、労働者の権限の拡大、民主的な規制、税の再分配、そして福祉の保障である。われわれの同志となるのは、世界のどこにいるかを問わず、こうした目標を共有し、自国で社会主義ないし社会民主主義のために尽力し、国際的な規模で世論に訴え動員をはかるための空間を何であれ、われわれと共に探し求める人々である。

社会主義／社会民主主義のプロジェクトはまた、われわれを帝国主義に反対する立場に組み入れる。私は本書第四章で――とりわけアメリカ「帝国」の――帝国主義理論を批判し、別の形での説明を示唆するつもりである。世界史上のあらゆる列強のあらゆる政策、あらゆる行為、あらゆる戦争を唯物論的に説明する帝国主義〔という理論〕はあまりにも的を外している。しかし自国の利益を追求する強力な国家は、他国の政治・経済政策をその国の住民の福祉を配慮することなく方向づけようと試みる。こうした説明は、それですべてを語ったことにはならないとはいえ重要である。誰も語の古い意味での帝国を築こうとはしていないが、弱者の搾取は以前と変わらず日常茶飯事である。中米へのアメリカの関与や東欧へのロシアの関与、チベットへの中国の関与はすべて、近年の有用な実例を提供している。

弱小国が抱える厄介な問題には、ときとして現地の状況に深く根差した原因がある。すべての政治が局地的であるとは限らないが、なかには確かにそうしたものもある。そしてときには帝国主義国家の関与が実際に有益な場合もある。われわれは、アメリカやヨーロッパ（および中国やロシア）の対外的関与に何が何でも反対するわけではない。一九四〇年代後半のアメリカのマーシャル・プランは有益な関与の実例であり、多くの者たちはそうしなかったが、左派はそれを支持すべきであった。また、ＮＡＴＯのコソヴォ干渉は、中道左派諸政党が「帝国主義的」権力を良き国際主義的な大義のために用いたずっと興味深い例である。グローバルな相互作用は計り知れないほど複雑なものであり、反帝国主義は決して、これまでのような条件反射的な政策であってはならない。しかしそれでも左派は、大国とその企業が世界で行っていることの多くを変えるために闘わなければならない。またわれわれは、一九八九年以前の東欧の反体制派、あるいは今日の中米や中東、中国や韓国の民主派といった、大国の敵対者を支援しなければならない。

それでは、アメリカのいかなる政策や実践を変える必要があるのか。

・暴政的、略奪的で腐敗した政権を政治的かつ軍事的に支援すること
・わが国に拠点を置く多国籍企業が国外で活動する際に、環境と安全に関する法律を遵守せず、独立した労働組合を認めないこと
・戦略拠点を確保し友好政権を確立するために武力を行使すること、人命救助のための武力を行使しないこと
・富裕国から貧困国への資源の移転がまったく不十分であること。およびアメリカを筆頭とする富裕国が貧困に終

止符を打ち、世界的規模での流行病蔓延を抑制するためのグローバル・キャンペーンを組織しようとしないことこれが左派国際主義者のための簡潔なアジェンダである。私はまだ、左派の連帯が決定的に重要となる、中東やアフリカ、ヨーロッパにおける難民危機については何も述べていない。アメリカの移民政策、地球温暖化、われわれがテロリスト政権を支援したことにそもそも起因する対テロ戦争――思い出してもらいたいが、われわれはナチスとスターリン主義者に対する闘争において同じことを行ったのだ――についても同様である。これらは容易な問題などではなく、容易であると言い張るのはひどい誤りである。

わが国の国際的な政治・軍事同盟に関する重要問題について考えてみよう。どの奇矯なパートナーが、同衾できないほど奇矯だったり、寝相が悪かったりするのか。一般的な答えなどない。各事例を調べ、最も困っている人々にとって最も助けになるのはどんな同盟なのかを常に問わなければならない。この問題に答えることで、アメリカには要求水準を決定的に満たしていないパートナーがいる（また、選択肢を考慮するならば、なかにはそれを満たすパートナーもいる）ことが分かる。

この点について、NATOという同盟は考慮に値する。それは元来、ソ連の共産主義に対抗すべく組織されたものであるが、それは左派の非難を浴びていた。彼らはどのような証拠を見せつけられようと、〔ソ連の共産主義という〕かの血に飢えた体制を擁護すべく今なお闘っているのである。共産主義崩壊後、NATO加盟国は同盟の東欧拡大について真剣な議論を始めた。多くの左派は、右翼「リアリスト」と共に拡大に反対した。中には後にイギリス労働党の党首となるジェレミー・コービンのように、自国がNATOから離脱することを要求する者もいた。拡大に反対することや少なくともそれを制限することは正当であったかもしれない。また離脱に反対することは疑いなく正当であった。だが、コービンのような人々の政治観において最も明らかであるように、左派の論争から完全に抜け落ちていたのは、東欧の――例えばポーランドやウクライナの――左派と対話し、危殆に瀕している人々の見解や安全、福祉までも考慮しようとコミットすることである。左派国際主義者は必ず、わが国の同盟に対して支持か反対かを決断する前に、国外におけるわれわれの同盟者と関わり合わなければならないのである。

こうした話は昔からある。一九七〇年代と八〇年代の西欧の平和運動を、東欧の反体制派は驚きをもって見守っていた。熱狂的な平和運動屋は決して彼らと対話しなかった。ヴァーツラフ・ハヴェルは、平和運動は「西洋のインテリの気を引きつけ、逸らせ、中立化させるためのうってつけの手段」であると考えていた（トニー・ジャットはハヴェルを引用した後で、彼がそう考えたのには「確かな根拠があった、〔というのも〕その後分かったように、イギリスと西ドイツの平和運動には（…）ソヴィエトと東ドイツの諜報機関が全面的に入り込んでいた」からであると付け加えている[10]）。ハヴェルは、反体制派がその代わりに必要としたのは人権を擁護する戦闘的なインテリや武装した西側陣営であったと論じた。彼は解放戦争を望まなかったが、イデオロギー的かつ外交的なしたたかさを期待した。左派はそうした期待を常に支持しなければならないわけではないが、われわれは国際主義者である限り、国外の同志の声に耳を閉ざしてはならない。

さて、左派の関与についての別の困難な問題を考えてみよう。地球温暖化という事実を考慮するならば、将来世代に対するわれわれの義務（これはわれわれに、経済成長を遅らせることを要求するかもしれない）と現代の貧しい人々（彼らの福祉のためには経済成長が必要である）に対するわれわれの義務との間でどう決断するのか。思うに、国際主義者は世代間主義者でもなければならない。われわれは、いま現在困窮している人々のみならず、将来困窮することになる人々に対してもコミットしなければならない。この二つのグループのバランスをとるためには、困難な議論に取り組まなければならない――その際、旧左翼や新左翼のスローガンは役に立たない。東の共産主義と西の資本主義は、等しく環境悪化に責任があった。将来世代には疑いなく万国の労働者とグローバル資本主義の犠牲者が含まれるであろうが、それは必ずしも彼らのことを考える最も有益な方法ではない。将来世代には万人の末裔――これは左派言説における新たなカテゴリーである――もまた含まれることになろう。

バランスをとるには、われわれの末裔を優先すること――環境保護と経済成長が衝突する場合はいつでも、前者を優先すること――が今求められる。しかしこうした選択は、富裕国よりも貧困国においてずっと困難であり、この不均衡は左派のわれわれ皆にとって問題含みである。また、民主主義的に選ばれた政治家たちが貧困国でも富裕国でも必要な選択を実施すべく正しく行動するかどうかも明らかではない。環境政策は、移行期世代に関する私の議論を疑問に付す。ひょっとすると、将来世代のために今犠牲が必要なのかもしれない。世界中の貧しい人々は、こうした犠牲が公正に分配されるべきことを正当にも要求するだろうし、われわれは彼らを支援しなければならない――たとえアメリカのような国々で右翼政党が、いかなる犠牲もいらないなどと言って選挙で勝利を収めたとしても。ここでは容易なことは何もないのである。

代理主体の国際主義

世界中でどれだけ人間が悲惨な境遇にあるのかという問題に向き合うならば、左派国際主義は何よりもまず救助と救援の政治である。環境悪化の危険に向き合うならば、それは予防の政治である。中国やバングラデシュのような国々の工場労働者を組織化する闘争に向き合うならば、それは昔ながらの連帯の政治である。暴政と抑圧に向き合うならば、それは民主主義的な社会運動の政治である。現在でも予見できる未来においても、それは革命の政治ではない。少数の偏狭なマルクス主義者を除いては、われわれが抱える困難を一掃するグローバルな大変革を期待する左派など存在しない。しかし左派国際主義は、貧困、ホームレス、略奪的支配、民族浄化、大虐殺といった危機に取り組むに際して変革的でありうるし、そうでなければならない。ここでは、同一の危機にまた何度も取り組む必要を残す形で人間の苦痛を一時的に緩和するだけでは十分ではない。われわれの目的は、救援だけでなく再建することでなければならない。われわれが望むのは、被抑圧者が自分たちの暮らしをコントロールできる政治主体になることである。だからわれわれは他国の左派政党と左派運動を支援し、労働組合を組織する権利を擁護するのである。左派国際主義者は、人々が自助できるよう彼らの手助けをする。人々の参加なしに人々を幸福にしようとしたテロリストについてトロツキーが述べた一節を思い出してほしい。われわれは彼らを参加者にしたい。自らを幸福にしなければならないのは彼らなのである。

代理主体の国際主義（internationalism of agency）。これこそが、自由、民主主義、平等へのコミットメントが実践において意味するものである。そしてわれわれが知っている世界では、自助のための決定的な代理主体は国家である——私は、自国民が支配するまともな国家のことを言っている。それ以外のいかなる政治主体も、資源を集めて分配し、福祉と教育を提供し、企業の活動を規制し、労働組合の組織者を保護し、安全と環境に関わる法律を施行する等々——こうしたリストは長い——をなしえない。われわれはいまだに社会民主主義的に改編された国際通貨基金や世界貿易機関によるグローバルな規制を必要としている。われわれはいまだに資源を最貧国に移転する必要がある（欧州連合内部で想定され、ときには実際に行われた資源の移転の事例のように）。しかし、再分配的国際主義の給付物それ自体は、被援助国によって分配されなければならないであろうし、もしこうした国々が民主主義と自由をもたない場合、その市民たちは決して公正な分け前に与れないだろう。

左派国際主義者はかつて、自らの政治によって国民国家という枠組を越えていけるだろうと夢想した。いつかはそうなるかもしれない。しかしいま現在われわれは、自分たちの国民国家の外では、まともな国家によって保護されておらず、自助の手段を持たず、自然災害と人為的残虐行為の犠牲者であり続ける他国民と関わりをもつようになっている。われわれは彼らのための国際主義者である。われわれの同志は、彼らの間で、自らとお互いを解放しようとする者たちである。こうした同志は、労働者や農民、専門家やブルジョワ知識人であるかもしれないし、公務員や官僚であるかもしれない。それに階級の制約はないが、道徳的な制約はある。われわれの同志は、「最高指導者」やテロリスト、独裁的支配者ではない。彼らが自国民との民主主義的な連帯の政治を実行しなければ、われわれは彼らを左派国際主義者の連帯に加えることはできない。

ちょうど今述べたように、また第六章でさらに明らかになるように、私のいう左派国際主義は国家主義的である――それは国家が政治的主体として実効性を有するからである。だが国家が唯一の主体ではない。われわれ左派もまた主体なのである。われわれは自国の政府にまともな国際主義的政策をとるよう迫らなければならないが、また同時に、自らの社会を改革ないし変革するために活動している国外の友人や同志をどうやって助けるかを学ばなければならない。われわれはそのための手段を手中に収めている。つまり、確立された左派組織と、それら――労働組合、政党、環境保護団体、人権や政治犯、ジェンダー間の平等を擁護する団体――を運営する左派の人々がそれである。いま現在、自由の闘士の国際旅団を形成するまでには至っていないが、ヒューマン・ライツ・ウォッチやアムネスティ・インターナショナルといったリベラル左派系のNGOのために働いている活動家――彼らはわれわれの国際旅団長である。彼らが活動しているグローバル市民社会については後で論じたい。ここでは、左派国際主義を生み出す上で彼らが果たしうる役割について説明するにとどめておく。

ここ数十年間のイランの反体制派の事例について考えよう。神権政治に反対し、欠かすことのできない基本的自由――言論、出版、結社の自由――を擁護する闘争において、彼らは多くのリスクを冒した。彼らは西洋に援助を求めたが、得られたものは要求したものよりずっと少なかった。イランの人権派法律家にしてノーベル平和賞受賞者であるシーリーン・エバーディー〔訳注8〕がロンドンで自著『イランの覚醒』について話したとき、彼女はイギリスのある反戦活動家に、イランの人権の現状を非難しないよう、そればかりかそれについて論じることさえも控えるよう指示された。そんな事をすれば「主戦論者」を利することになりかねないからである。[11] 別の昔話もある。東欧の反体制派はしばしば、西側の「冷戦主義者」を勢いづかせる廉で批判されてきた。共産主義の抑圧から避難してきた人々も同様に、何らかの仕方で紛争を扇動しているとして非難された。レシェク・コワコフスキが伝えるように、「一九六八年のチェコスロヴァキアからの亡命者たちは時に［西］ドイツで、「ファシズムを許すな」と書かれたプラカードを掲げた非常に進歩的で革命絶対主義的な左派に遭遇した」。エバーディーはイギリスの活動家に対してはっきりと、「暴政に直面して沈黙を弁護する反戦運動を、いかなる理由からにせよ私は相手にするつもりはない」[12]と返答した。

エバーディーは、イランの政治に対する西洋の軍事干渉に断固として反対する。彼女が欲しているのはただ、彼女を批判する者たちが拒否するもの、すなわち連帯である。彼女は、「人権の擁護者（…）、大学教授（…）、国際NGO」が彼女とイランにいる彼女の友人たちを支援することを望む。重要なのは「独裁国の民主主義的制度に手を差し伸べる」[13]ことだと彼女は言う。そこに左派のための外交政策がある。

同じことをいっそうはっきりと主張しているのが、イランの反体制派であるアクバル・ガンジー〔訳注9〕である。

われわれは政府には何も求めない。当てにしているのはNGOである。またイランの現実がどうなっているのかを人々に知ってほしい（…）。世界中の知識人、メディアおよびNGOはイランにおける人権侵害に注意を喚起しなくてはならない（…）。はっきり言おう。われわれが望んでいるのは干渉ではなく、われわれの闘争に対するグローバル・コミュニティの精神的支援だけだ。[14]

ガンジーは自由主義者である（左派系雑誌『マンスリー・レヴュー』は反資本主義的姿勢に欠けると彼を攻撃した[15]）が、イランのような国々ではリベラリズムはラディカルな信条である。それだけでリンチにあい、投獄されるのだから。暴政的な体制に直面すれば、われわれ左派国際主義者は良きリベラルでもなければならない。

しかしわれわれはまさに何をなすべきなのか。一九八九年以前の東欧の場合と同様に、反体制派の作品を公刊し、デモを組織して、投獄された彼らの釈放を要求する請願書に署名し、彼らが経験している暴政を批判する文章を書き、彼らが国外で行う集会に参加し、もし潜入できるならば彼らが国内で行う集会にも参加しなければならない。われわれは定期的に、彼らがさらにどんな助けを求め必要としているのかを尋ねなければならない。例えば、彼らの国の経済をボイコットする運動を組織すべくわれわれの政府に圧力をかけることを彼らは本当に望んでいるのか、といったことである。経済的ボイコットはしばしば一般市民を苦しめてしまうものであるが、時には政治的に有益である。暴政的な政府に対する軍事的補給を拒否する「スマートな制裁」は、国外の同志からの支援をさらに引き出すことができるだろう。

国際的なボイコットはほとんどの場合、国家が組織し実行するものである。アメリカとヨーロッパが近年イランに対して行った制裁は、その明白な例である。しかしこうした形での政治行動は一般大衆の参加にも開かれている――記録に残された最初の事例もそうであった。一八八〇年にアイルランドの農業労働者たちが不在地主の代理人であるチャールズ・ボイコット〔彼の名が「ボイコット」の語源〕のために働くことを拒み、商店の経営者たちも彼との取引

〔訳注8〕シーリーン・エバーディー Shirin Ebadi（1947- ）イランの法律家で人権活動家、民主運動家。二〇〇三年にイラン人、女性ムスリムとしては初めてノーベル平和賞を受賞。

〔訳注9〕アクバル・ガンジー Akbar Ganji（1960- ）イランのジャーナリスト、作家。「イランの卓越した政治的反体制派」と評され、イランの反体制派知識人の抹殺について報じ、投獄される。功績を称え、世界新聞協会自由の金のペン賞その他を受賞。

を拒んだのである。消費者によるボイコットはしばしば、国内における抗議の形として成功を収めてきたし、国外の暴政的ないし残虐な政府に対しても試みられてきた。そこに正義があるかどうかを判断する基準は、あらゆる政治行動の場合と同様である。つまり、それは本当に助けようとした人々を支援しているのか。それが成功した場合、影響を及ぼすすべての人々の自由と平等の度合いを高めることになるのだろうか、ということである。

現在イスラエルに対して要求されているようなアカデミックなボイコットは特殊事例である。つまり、その主体――大学人――という点でも、その対象がイスラエル国家という点でも特殊なのである。奇妙なことに、似たようなボイコットは東欧の共産主義政権に反対するためには決して要求されなかったし、イランの諸大学をボイコットすることでイスラミストによる抑圧に抗議する努力はこれまで存在しなかった。アカデミックなボイコットに反対する議論は非常に強い。大学という制度の卓越性は、その内に存在する自由に依存している――だからこそ大学は権威主義国家においてさえしばしば相対的に自由であり、自由で民主的な国家においては真に自由なのだ。こうした自由のゆえに、大学は常に反政府運動の中心であった。ヴェトナム戦争期のアメリカの諸大学（ヨーロッパの反戦活動家は一度たりともボイコットを提案しなかった）や、よく知られているように、一九八一年（ウォルツァーは一九九一年と誤記）に「連帯」運動が抑圧された後のワルシャワ大学がその例である。近年ではイランにおける「緑の蜂起」[訳注10]の際、学生と教員が大人数できわめて勇敢にデモ行進を行った。その後、抑圧されたにもかかわらずイランの諸大学は、学生たちがイランの反体制派と西洋の左派の作品を研究し議論する場であり続けている。同様にイスラエルの学者たちも、イスラエルが六日間戦争で奪取したヨルダン川西岸および他の領土の占領に反対する組織と運動のすべてにおいて、主要な役割を果たしてきた。左派国際主義者は、彼らをボイコットするのではなく、彼らのもとを訪れて対話をしなければならない。研究とコミュニケーションの自由は国際的なアカデミズムの標章であり、それはあらゆるアカデミックな空間に拡張されなければならない。左派はこうした自由を擁護することに関心を持つとともに、その自由を有し、あるいは有しなければならない人々に対して義務を負っている。これもまた、実践的な国際主義なのだ。

【注】

（1）Stuart Hall, "The Toad in the Garden: Thatcherism among the Theorists," in *Marxism and the Interpretation of Culture*, ed. Cary Nelson and Lawrence Grossman（Urbana: University of Illinois Press, 1988）, 44. Michael Bérubé, *The Left at War*（New York: New York University Press, 2009）, 163-167における議論も参照せよ。

（2）Ignazio Silone, "The Choice of Comrades," trans. Darina Silone, in *Voice of Dissent*（New York: Grove, 1958）, 328.

（3）Norman Geras, *The Contract of Mutual Indifference: Political Philosophy after the Holocaust*（London: Verso, 1998）, 75.

（4）Ibid.

（5）Leon Trotsky, *Bulletin of the Opposition*, no. 41（January 1935）〔山田一郎訳『トロツキー著作集一九三四―三五（上）』柘植書房、一九七八年、一九二頁〕.

（6）George Orwell, *The Road to Wigan Pier*（New York: Harcourt, Brace, 1958）, 180〔土屋宏之・上野勇訳『ウィガン波止場への道』筑摩書房、一九九六年、一九八頁〕.

（7）Bertolt Brecht, *Selected Poems*, trans. H. R. Hays（New York: Grove, 1947）, 176（"To Posterity"）〔野村修訳『ブレヒト詩集』土曜美術社出版販売、二〇〇〇年、六七頁（「あとから生まれるひとびとに」）〕.

（8）*Hayim Greenberg Anthology*, ed. Marie Syrkin（Detroit: Wayne State University Press, 1968）, 291.

（9）Geras, *The Contract of Mutual Indifference*, 59.

（10）Tony Judt, *Postwar: A History of Europe since 1945*（New York: Penguin, 2005）, 574〔浅沼澄訳『ヨーロッパ戦後史（下）』

〔訳注10〕緑の蜂起 The Green Uprising　二〇〇九年のイラン大統領選後に生じた政治運動。抗議者たちは、大統領選に不正があったとして第六代大統領マフムード・アフマディーネジャード（Mahmoud Ahmadinejad, 1956- ）の退陣を要求した。対立候補の支持者たちは緑のTシャツを身につけていたことからこのように呼称される。

一九七一―二〇〇五』みすず書房、二〇〇八年、一七五頁〕. "Anatomy of a Reticence" in Václav Havel, *Open Letters: Selected Writings, 1965-1990* (New York: Vintage, 1992), 291-322 を参照。

(11) Danny Postel, *Reading Legitimation Crisis in Tehran: Iran and the Future of Liberalism* (Chicago: Prickly Paradigm Press, 2006), 14.

(12) Leszek Kolakowski, "My Correct Views about Everything," in *Is God Happy? Selected Essays* (New York: Basic Books, 2013), 127; Postel, *Reading Legitimation Crisis in Tehran*, 14-15.

(13) Postel, *Reading Legitimation Crisis in Tehran*, 50.

(14) Ibid.

(15) Ibid., 13.

第三章　人道的干渉を擁護して

人類が引き起こす災いに目新しいものは何もない。たとえわれわれが自分自身にとっての最悪の敵でないとしても、われわれがお互いにとっての最悪の敵であり続けてきたことは確かである。古代イスラエルにおけるアッシリア人やカルタゴにおけるローマ人から、コンゴにおけるベルギー人やアルメニアにおけるトルコ人、そしてヨーロッパを席巻したナチスに至るまで、歴史は血なまぐさい野蛮な物語に満ちている。それでも、二〇世紀は、災厄が計画され組織される仕方において――そしてより最近では、災厄が公のものとなる仕方において――革新の時代だった。ここでは以上の二つの革新のうち第二のものから始めてみたい。従来にも増していっそう効率的に、非常に大規模に人々を殺害することは確かに可能かもしれないが、近代的なコミュニケーションの並外れた効率性とスピードのおかげでそれを秘密裡に行うことはいっそう難しくなっている。現代世界では、はるか彼方で、視界に入ることなく、あるいは舞台裏で生じる事柄は非常に少なくなっている。死後硬直が始まる前にカメラクルーが到着する。われわれはあらゆる残虐行為を瞬時に目の当たりにする。居間で腰掛けながら、殺害された子どもや悲嘆にくれた難民を見る。おそらく恐るべき犯罪は現在も暗がりで行われているのだろうが、現代の恐怖は明るみのもとにある。それゆえ、非常なる緊急性をもって、あるいは極めて不可避的に、これまで決して提起されてこなかった問いが提起されることになる。われわれの責任とは何だろうか。

この問いは左派にとって格別に喫緊なもののように私には思える。というのも、われわれはすべての野蛮行為の犠牲者との連帯にコミットしている（と主張している）からである。しかしこうした犠牲者たちを守る人道的干渉は左派を分裂させてきた。左派寄りの者たちからは、コソヴォの事例がそうであったように、支持が寄せられるのだが、より左寄りの人たちからは反対されることが多いのである。彼らはアメリカやNATO同盟のような大国の道徳的働きを、それが道徳的であることはありえないと通常は否定する。かなり以前に私は緊急事態における（緊急事態の場合のみでの）武力干渉に賛成する立場での議論に加わったことがある。ここで持ち出したいのはその主張である。

その昔、人道的干渉は法律家の教義であり、それは国民主権と領土保全の原理に非常に限定された一連の例外を設けることを正当化する一つの方法であった。[1] これはもっともな教義である。なぜなら、原理は決して絶対ではないからだ。例外は常に必要である。しかし、今日では例外がますます例外的でなくなってきている。「人類の良心に衝撃を与える行為」――そして、一九世紀の法律書によれば人道的干渉を正当化する行為――が生じる頻度に関しては、多分今も昔もそう変わらない。しかし衝撃の程度でいえば今の方が大きい。なぜなら、われわれはそうした行為とより密接に関わっているからである。そうした事例は世界中で、そしてメディアの中で溢れかえっている。最近の事例を見渡してみても、ソマリア、ボスニア、ルワンダ、東ティモール、リベリア、シエラレオネ、コソヴォ、ダルフール、シリアがある。最後の三つは――誤った事例としてのイラクを含めて、というのもイラクでの戦争は一度たりとも人道的干渉ではなかったからであり、あれが人道的干渉であったとする主張は、干渉をめぐるすべての議論をより困難なものとすることになった――左派の側での政治的論争を支配してきた。ここではこれらの最近の事例から若干過去にさかのぼり、より広範な事例を対象としながら、人道的干渉に関する以下四つの問いに答えてみたい。〔第一に〕干渉の起因とは何か。〔第二に〕望ましい干渉主体とは誰か。〔第三に〕こうした起因に対処するため干渉主体はどのような行動をとるべきか。〔第四に〕干渉を終わらせる時期はいつか。これらの問いに答えつつ、干渉という行動に反対する左派の基調的主張と取り組んでみたい。

起因

国と国との境を越えた武力行使を正当化するからには、干渉の起因とは極限的なものでなければならない。人権侵害のすべてが正当化の材料になるわけではない。権威主義政治ではありふれた残虐行為や、伝統的な社会慣行で日常となっている抑圧――これらは現場の政治を知り、そうした社会慣行に抵抗する住民の手で、現地なりに対処されるべきものである。左派（そして同じくリベラル）は、外部から政治的支援や励ましを提供することによって、（ヒューマン・ライツ・ウォッチが行っているように）野蛮行為を明るみに出すことによって、そして亡命してきた反対派を手厚くもてなすことによって、手助けができるのである。しかしどのような手助けが与えられたところで、その国内にいる人々が即座に残虐行為や抑圧の発生を抑えられないからといって、外国がその国に侵攻する十分な理由にはならない。外国の政治家や兵士はあまりにもしばしば、状況を読み誤り、その状況の改善に必要な武力を過小評価したり、あるいは残虐な政治や抑圧的な慣行を擁護するナショナリズムの反応や愛国的反応を刺激したりしてしまう。社会変革は内部からなされるのが最善である。

次の点を私は強調しておきたい。私が描き出してみたいと思っているのは、ありふれた不快さから始まり、ジェノサイドで終わるような出来事の連続性ではなく、むしろ一方の不快さと他方のジェノサイドとの間に横たわる根本的な断絶、あるいは亀裂である。われわれはジェノサイドを連続の延長線上にあるものととらえるアプローチをとってはならない。亀裂の手前側では、残虐行為と抑圧の出来事の連続体に区切り目を入れることは可能であり、この連続体のどこかでわれわれ（左派国際主義者）は軍事力に及ばない国際的応答を目指しつつ、残虐行為と抑圧に国内で立ち向かっている反対派と協働すべきなのである。何らかの関係諸国の一時的連携による外交圧力や経済制裁（人民に対してではなく、政府に対して向けられたスマートな制裁）は暴政的政権に立ち向かう手段として有益である。あるいはおそらく、制裁の過酷さと抑圧の過酷さを慎重に釣り合わせるよう、制裁の発動を統制しうるより基盤のしっかりした地域的権威やグローバルな権威を創出するよう努力すべきなのだろう。しかし、これらは依然として外部からの活動である。これらは国内でなされる応答を促進する試みであるかもしれないが、それに取って代わる試みではない。これらは依然として内政の価値を前提としており、その可能性を開いたままにしている。関係諸国、あるいは地域的権威やグローバルな権威は、外部からこの国に圧力をかけ、その国の内側で何かが起こるのを待ち受けているのである。

しかし、亀裂からはるか離れた先で起こっているのがある地方、ないしはある国家の「民族浄化」であり、あるいは宗教的・民族的共同体の組織的大量虐殺である場合には、現地で生じる応答をただ待ち受けることは愚かなように思われる。賭け金はあまりにも高く、苦難はすでにあまりにも大きい。おそらく、直接リスクに晒されている人々には自ら応答する能力は残されていないし、その同胞市民には応答する意志は残されていない。犠牲者は弱く、傷つきやすい。その敵は残酷であり、その隣人は無関心であったり怯えたりしている。残るわれわれはそれを目にして、衝撃を受けている。これこそ干渉の起因なのであり、左派に属する人々はこの起因に真っ先に気づき、警鐘を鳴らさなければならない。しかし干渉は左派のプロジェクトにとどまるものではない。国連総会の一九一の加盟国が「保護する責任」（R2P）[訳注1]に賛成票を投じたとき、これらの国々は「ジェノサイド［および］甚大な人権侵害」が全加盟国に関わるプロジェクトであると認識した。人道的干渉は人類のつとめなのである。（私は第五章でこれがグローバルな正義でもあると論じるつもりだ。）

ここに国家主権の限界がある。国家はまず何よりも、その国民の身体的安全を守るために存在するからであり、国家がこの課題を果たしえないとき――国家それ自身が自国民に攻撃を加えたり、略奪的武装勢力や殺人的宗教セクトに対して国民の安全をもはや保障できなかったりするとき――国家はその主権的権利を失うのである。これが外部武力を正当化し、おそらくはそれが必要とされる場合である。ヴァーツラフ・ハヴェルはコソヴォ干渉を擁護して次のように書いた。「人間を守ることは国家の不可侵性を守ることより高度な責任である」(2)。

われわれは個別の人道的干渉の起因ごとに論じる必要はあるだろうが、私が先に示したリストは相当に明白なものであると思われる。（シリアの事例において、政治的干渉はもちろん、人道的干渉に対する多くの要請があった。ここでは私はこのうちの二つ目についてだけ扱っているのだが、救援が緊急に必要とされ、絶望のうちで求められていたのに――まさにその瞬間に――救援はこなかった。）近年、干渉軍は人権を保護しようとしているのだと主張するが、これは私が示したリストのいずれの事例においても説得力があり、十分に首尾一貫した主張であった。思うに、ここでは干渉を正当化する骨格だけの最小限の人権理解をもち出すのが最善である。賭けられているのは生命と自由なのである。これら二つに関しては、権利の言語は世界中のどこでも簡単に利用できるものであり、十分に理解されている。それでも、守られているもの、守られなければならないものはまともさそのものであるとも言えよう。

〔訳注1〕保護する責任 The responsibility to protect　ミレニアム国連総会でのガリ事務総長の要請を受けて主権原理と人権保護の橋渡しを行うべく二〇〇一年の一二月に作成されたエヴァンス／サヌーン委員会（正式名称は「干渉と国家主権に関する国際委員会」）報告のタイトル。そこでは対内的主権に関しては伝統的な支配権から自国民を保護する責任へ、対外的主権に関しても合意のみによって拘束される主体から他国を尊重する責任への定義替えが行われ、この意志も能力も持たない国家はもはや主権国家の権利を行使しえないとした。

たとえ人権を最小限に理解したとしても、目指されているのがまともさ以上のものでなかったとしても、現実になされた干渉以上に干渉の起因となるべきものがもっと多く存在している。抑圧者があまりにも強大である場合、いかに甚だしく衝撃的な抑圧であってもほとんど野放しのままである。この明白な真理が、しばしば現実に行われる干渉に向けられる反論として用いられる。批判者は人道的な政治家や兵士に向かって次のように言う。あの事例に干渉しなかったのにこの事例に干渉するのは欺瞞的である、と。あたかも、チベットでの中国の行いに立ち向かうことを差し控えているため、国連——より特定の国をあげるとすればオーストラリア——は道徳的一貫性を保つために東ティモールにも関わりを持つべきではないとでも言わんばかりにである。過去数十年にわたって、私が人道的干渉に関して各地で講演して回ったときに最もよく耳にする批判がこれだった。しかし一貫性などどうでもいい。われわれ（干渉を支持する者と干渉を行う国）はすべての起因に対処することはできない。それぞれの状況に含まれるリスクを計算するのは正当である。問うてみる必要があるのは、被救助者、救助者、それ以外の全員にとって、干渉のもたらすコストがいかなるものであるかという点である。そうしてみたあとわれわれにできるのは……できることでしかない。

標準的事例は標準的形態を取る。すなわち、ある政府、軍隊、警察が、独裁者の手中にあり、自国民あるいはその一部——例えば一定領土内に定住しているか国内中に分散している脆弱な少数派を攻撃するような形態である。こうした攻撃は一国家の国境内で生じている。いかなる国境侵犯も生じていない。それは主権的権力の行使に過ぎない。反攻し撃退すべき侵攻軍など存在しない。逆に、救助軍それ自体が侵攻者である。彼らは国際法上の厳密な意味において、戦争を開始する者である。しかし彼らは道徳的賭け金が明白である状況に立ち入っていく。国家的抑圧実行者は容易に特定可能であり、その犠牲者は容易に見て取れる。この戦争は正しい。

しかしながら、私が初めに示したリストの中ですら、標準的でない事例——シエラレオネがその最も明白な例である——がある。そこでは、国家装置が悪者なのではなく、残虐行為の遂行者は脱中心化され、無政府的で、ほとんど無差別的ですらある。干渉支持者が憂慮すべきなのは抑圧者の権力ではなく、抑圧の無定形さである。こうした事例について私が言えることは多くない。干渉が正当化可能であるのは明白だが、少なくとも現時点では、それをどう実施すべきかについてはきわめて不透明である。おそらく、二〇〇〇年にイギリスがシエラレオネで行ったこと以上のことはできないだろう。彼らは反乱軍と戦い、自軍を増強し、停戦を可能ならしめ、殺人の範囲を削減したのだった。

主体

「われわれにできるのは……できることでしかない」。この「われわれ」とは誰のことか。コソヴォの論争で軍事干渉の主体として焦点が当てられたのは、アメリカ、NATO、国際連合である。(3) この三つは事実、主体的能力を有する政治的集合体であるが、それは決してこの三つに限定されるわけではない。アメリカとNATOは左派のある一部で疑惑を惹起している。なぜなら、その二つは単独行動主義に走りがちで、しかも帝国的野心を抱いていると思われているからである。(この想定は狂気の沙汰ではないが、若干の左派が信じているように常に正しいわけではない。)国際連合は右翼の間でのみならず、硬派の左派の間でも懐疑心を惹起する。なぜなら、それは政治的に脆弱であり軍事的に実効力を欠いているからである。〔アメリカ、NATO、国連とは〕別の干渉主体から話を始めた方が、干渉主体にまつわる問題について理解できる可能性が高いだろう。過去半世紀の間で最も成功した干渉の事例は、近隣諸国が行う戦争行為であった。すなわち、カンボジアへのヴェトナムの干渉、東パキスタン(現在のバングラデシュ)へのインドの干渉、ウガンダへの(二度にわたる)タンザニアの干渉、東ティモールへのオーストラリアの干渉である。これら三つは、干渉についての議論をテストするのに有用な事例である。なぜなら、これらの干渉には大国が含まれていないからである。それらはレーニンの、あるいは誰のでもいいのだが、帝国主義論を参照する必要のない事例である。これらの事例のどれにおいても、阻止されるべきであった恐るべき行為が存在し、多かれ少なかれ成功裡にそれを阻止することのできる干渉主体が存在した。そこで干渉を批判する左派が口を揃えて提起している干渉主体に関する二つの問いに対処するために、これら三つの事例を用いてみよう。第一に、干渉主体が国連のお墨付きなしで単独で行動することは問題か。これら干渉国はR２P〔保護する責任〕が正式に採択される以前にこれを実行に移していたのである。第二に、その動機が完全に（あるいは主として、でもいいが）利他的でないことは問題か。

人道的干渉の歴史において、単独行動主義はその逆よりもはるかにありふれている。その理由の一つは明白である。すなわち、自国のコントロールの及ばない組織に対して軍隊の指揮権を譲渡することに、大半の国家が非常に躊躇するからである。しかし単独行動主義は、〔人類の〕集合的良心に衝撃を与える行為に対して迅速に応答する必要性から生じているようにも思われる。その衝撃が人間の悪事とは何の関係もないような事例を想像してほしい。近隣の家が燃えているのに、町はできたばかりなので消防署が存在しない。家が燃えている間、町内会に集会を呼びかけて助けるべきか投票しようとすることに大した意味があるとは思われない。また、町内の最も裕福な御三家に消火救援活動の拒否権を与えることに大した意味があるとはよりいっそう思われない。仮に火事ではなく残虐な夫がいて、警察署がなく、夜中に助けを求める叫び声が上がったとしても、事情がそれほど異なると私は考えていない。この場合もまた、町内会はほとんど役に立たない。隣人の単独行動主義は完全に正当化されるように思われる。こうした場合では、助けることのできる者であれば誰でもそうすべきである。人道的干渉の説得力ある準則も似たようなものである。誰であろうとできる者がそうすべきなのである。

次に、火事や夜中の叫び声に前もって備える町内会、あるいは大量殺人に前もって備えておこうとする国際組織を想像してみよう。ある特定の人々あるいは特別に徴募された軍隊が危機にあって行動するよう委任されるが、その危機の定義を前もって決定しうる――可能な限りよく決定しうる――のは、迅速な行動が必要なときに開かれたのではあまりにも説得力に欠け、あまりにも道徳的に不適切であると思われるような集会なのである。あらかじめ計画されていた対応をする場合ですら、叫び声が聞こえた時に近隣の家に急行する人の場合のように、国境一跨ぎに侵攻する軍を指揮する政治的・軍事的指揮官は、依然として目の前で生じている出来事を自分たちなりに理解して行動すべきであるし、自分に課せられた責任を自分たちなりに解釈して行動すべきである。しかしその場合、彼らは明記された制約のもとで行動するし、自分がその名のもとに行動している者の助けを求めることもできる。これこそ、仮に、例えば国際連合が特定の危機に先立って承認を与えるべきであるとするなら、そうした多国間主義的干渉が最も取る可能性の高い形態だろう。これは様々な単独行動主義的代替案よりも望ましいもののように思われる。なぜなら、それはある種の先立つ警告と、干渉の起因についての同意に基づいた説明、そして圧倒的な武力の見込みを含むものであるからだ。

しかし国連が不適格であるとするなら、いま現在でそれが実際に望ましいものだろうか。国内社会で警察が実効力をもっている場合、その理由は、警察が自分たちの基盤である市民全体にコミットしているからであり、このコミットメントにおいて市民の（相対的な）信頼を勝ち得ているからである。しかし、国連の総会と安全保障理事会が現在までこうしたコミットメントを保持している証拠はあまりないし、国連警察に自分の生命を喜んで委ねようとする人々が今日の世界で多いこともありえない。私が挙げた事例のいずれにおいても、もし国連の承認を受けた干渉主体あるいはその国内的相当者が干渉しないことに決めたとして、その間に火事がまだ収まらず、叫び声がまだ聞こえ、殺人が続いているとするなら――そのときには単独行動を行う権利と義務が即座に復活する。何らかの行動をとるという集合的決定により単独行動は許されなくなるかもしれないが、何の行動もとらないという集合的決定により同じ結果がもたらされるわけではない。この意味で、共通の良心が衝撃を受けた場合、単独行動主義こそが不可避の拠り所となる応答である。もしいかなる集合的応答もないとすれば、誰が応答してもよい。もし誰も行動しないなら、誰かが行動しなければならない。

カンボジア、東パキスタン、ウガンダの事例では、先立ついかなる取り決めもいかなる承認を受けた干渉主体も存在しなかった。仮に国連の安全保障理事会あるいは総会が招集されていたとしても、多分多数決によって、そしてそうでなくとも大国の拒否権により、干渉に反対する決定が下されていたであろうことはほぼ確実である。それゆえ、クメール・ルージュのキリング・フィールド〔訳注2〕をやめさせる、あるいはバングラデシュの難民の波をせき止める、あるいはイディ・アミン〔訳注3〕による虐殺を阻止するための行動をとる者は何であれ、単独行動主義をとらなければならなかっただろう。すべては一国の政治的決断に委ねられていたのだ。

単独の干渉主体は行動をとる権利を有しているのだろうか。あるいは彼らが有しているのは義務なのだろうか。私はこれまで権利と義務のどちらの言葉も用いてきたが、それが必ずしも一致するとは限らない。義務を伴わない権利がありうるからである。国内社会の善きサマリア人〔訳注4〕の場合、われわれは通常、通りがかった人は、道端で傷ついた見知らぬ人や湖で溺れている子どもの叫び声に応答する義務が（法的にはなくとも道徳的に）あると言う。しかし彼らには、自分の生命をリスクに晒す義務はない(4)。もし助けることがリスクを伴うとしても、応答する権利はある。応答することは確かに良いことであり多分正しいことである。それにもかかわらず、そうする道徳的義務はない。

しかし、国と国の境を越える軍事干渉は常に干渉軍にリスクを負わせるものである。だから、おそらくこの場合でも義務は生じない。おそらく干渉する権利だけではなく、リスクを拒否してある種の中立を――たとえ殺人犯とその犠牲者との間であっても――保つ権利もある。左派の市民は自国に干渉することを強く求めるべきだろうが、最終的には干渉するのは任意である。おそらく、このようなケースでの軍事行動は哲学者が呼ぶところの「不完全」義務の一例である。誰かがその恐るべき行いを阻止すべきであるが、その者を実名で名指しすること、特定の国家を、いわば指差すことはできない。不完全義務の問題は多国間主義的解決に譲り渡すのが最善である。つまり、何らかの共通に受け入れられた決定手続きに従って、前もって責任を割り当てておくのである。

しかしここでもおそらく、こうした説明は弱すぎる。私としては、干渉は権利以上のものであり、また不完全義務以上のものであると言いたい。(5) これがR２P〔保護する責任〕の意味である。その主張するところは「どこで起ころうとも、世界の人々に対する度を越した暴力行為を予防し、終わらせる政府の義務」である。国家は行動することが「狭い意味での自国の国益に一致しない」場合であっても見て見ぬ振りをしてはならない。ほとんどの場合、干渉国それ自体の存続がリスクに晒されているわけではない。そうであるならなぜ、「誰であろうとできる者が」という準則に従って、最も能力に長けた国家に、最も近いか最も強大な国家に、義務を課すべきでないのか。大量殺人や民族浄化に直面して非干渉の立場をとることは、戦時に中立の立場をとることと同じではない。その道徳的緊急性が異なっているのである。われわれは通常、戦争がもたらす帰結については確信がもてないが、大量虐殺がもたらす帰結

〔訳注２〕キリング・フィールド killing fields　カンボジアの武装勢力クメール・ルージュは反体制派とみなされた国民を大量虐殺することによってポル・ポトの独裁を支えたが、その虐殺が行われた処刑場跡のことを指す。

〔訳注３〕イディ・アミン Idi Amin（1925-2003）　ウガンダ第三代大統領。軍事クーデターで政権を獲得した後独裁化を進め、三〇万人ないし四〇万人近くの国民を虐殺したとされる。一九七九年に反体制派の攻撃と軍の離反によって失脚し、サウジアラビアに亡命した。

〔訳注４〕善きサマリア人 Good Samaritan　『ルカによる福音書』第一〇章二六―三七節にある逸話。隣人愛の具体的内容を問う「ある律法の専門家」に対してイエスは、ある旅行者が追いはぎに襲われて放置されているところ、祭司とレビ人は何もせずに立ち去る一方、サマリア人は治療して宿屋に連れて行き、さらに治療費を宿屋の主人に渡して去ったが、この三人のうち誰が被害者の隣人だと思うか、と問い返す。そこから転じて、自己利益を顧みずに他人を助ける人間を指す。

については十分すぎるほど知っている。

ただし、もし以上の議論の論理をたどるなら、人道的干渉の義勇軍を徴募する必要があることになろう。そうすることのできる、そしてそうすべき「誰か」とは唯一国家であり、特定の個々人ではない。個人の義務は不完全義務に留まるからである。義勇軍に志願するかどうか決めるにあたって、個人は自分自身に同じテスト――誰であろうとできる者がすべきである――を課すことを選ぶかもしれないが、その選択は彼らに委ねられている。われわれは特別に徴募された国連軍であるとか、左派戦闘員からなる国際旅団を想像してみることもできようが、目下のところ、国際連合と左派の歴史においてこれらのものはありそうにない。

ここまで私が行ってきた単独行動主義の正当化は、左派から一様に疑問視されてきた。彼らは単独で行動する一国家の動機に懸念を抱いているからである。そうした国家は人類益――あるいは国境の向こう側の犠牲者の利益――というよりも、国益に基づいた行動をとりはしないだろうか。然り、多分そうであるし、より正確には、犠牲者の利益と同じく国益に基づいた行動をとるだろう。こうしたより広大な利益にはまったく出る幕がないと主張することは、それがただシニカルである以外に特別に卓見的であるとは思われない。確かに、干渉国が利益と道徳のバランスをどうとるかは、非干渉国のそれと変わるものではない。いずれにせよ、いったい多国間主義的な意志決定によるなら、人道性はより益されるのだろうか。意思決定過程に参加する各国もまた、自国の国益に基づいた行動をとりはしないだろうか。だとすると、得られる結論は結局、利害関係諸党派の間でなされる取引によって決まってくるだろう。そして絶望的な状況にある犠牲者たちはそこに参加する当事者の一員ではない。特殊利益がお互いを打ち消しあい、何らかの一般利益が後に残ることをわれわれは期待するかもしれない（これこそ実際、いかにして市民が「一般意志」に辿りつくかを論じたジャン＝ジャック・ルソーの説明、あるいはその説明の一部である）[6]。しかし、こうした取引は単に特殊利益の混合に過ぎないだろうし、それが単一の党派の利益に比べて人道性によりよく資するかどうかも、時と場合による。

行為者が単独であろうが複数であろうが、政治的動機は混合的であるのが常である。純粋な道徳的意志などというものは政治生活において存在しないだろうし、そうした類の純粋性――あるいはその装い――をわれわれは要求すべきではない。国家指導者（さらに言えば左翼諸政党の指導者）には、たとえ他国民を助けるための行動をとっているときでさえ、自国民や党員の利益を考慮する義務がある。それゆえ、ヴェトナムにはカンボジアに侵攻する戦略的理由があったのだし、東パキスタンの分離独立を支援するさいにインドは自国の国益に基づいた行動をとっていたし、イディ・アミン政権下のウガンダに兵力を派遣するさいにタンザニアは自分たちなりの理由があったと想定すべきである。しかし、こうした干渉は同時に人道的目標にも役立ったのであり、おそらくはそれもまた干渉の意図に含まれていたのである。もし近隣国家や諸国連合が人為的災厄の犠牲者を救命するための一つ以上の理由をもっているとすれば、犠牲者は非常に幸運である。動機が多様であるからといって、それが道徳的に無力であると宣告するのは愚かだろう。もし干渉が何らかの「隠れた」動機のゆえにその必要限度を超えて拡大するとすれば、それは批判されるべきである。しかしその必要限度内では、混合的動機には実用上の利点がある。

手段

干渉主体が行動をとる場合、どのような行動をとるべきか。人道的干渉とは武力行使を含んでいるのだから、それは強力に展開されなければならない。その目的とは、それが誰であれ、大量虐殺や民族浄化を実行している人間を打倒することである。もしそれらの行為が干渉を正当化するほど恐るべきものであるなら、それは軍事的勝利を追求することも正当化するほど恐るべきものであるはずである。しかしこのような単純な命題も、国際社会では容易に受け入れられることなく、しばしば左派からの批判の対象となっている。最も明白なのはボスニアの事例で、そこでは犯人と戦闘を交えることなく災厄に対処しようという試みが幾度となく繰り返された。武力は最後の手段と理解されていたが、進行中の政治紛争において「最後」は決して訪れない。最後にすることが何であれ、それをする前にすべき何かは常に存在する。こうして、そこで起きていることを報告するために軍事監視団がボスニアに派遣された。その後、国連軍が被害者に対して人道援助を行った。さらには、国連軍は援助活動家に対して一定程度の軍事的保護を提供した。その後、ボスニア人に対して若干の安全地帯を作り出すべく（失敗に終わった）努力を行った。しかし、もしも兵士がこうした類のこと以上のことを行わないなら、さらなる殺害を食い止める防波堤にはほとんどならない。むしろ、さらなる殺害にある種の背後的支援を提供しているとさえ言えるかもしれないのである。[7] 兵士は道路を警備し、医師と看護師を護衛し、増え続ける被害者と難民に医薬品と食料を届ける——その間も被害者と難民の数は増え続ける。殺人者と被害者の間に平和維持者として兵士を割り込ませることもときには有益である。一時はそれがうまく機能するかもしれないが、殺人者の勢力を弱めることにはならないため、後々のトラブルの種となる。平和維持は賞賛に値する活動だが、そもそも平和が存在しなければそうともいえない。ときには、不幸なことだが、戦争を始める方が良い場合もあるのだ。

カンボジア、東パキスタン、ウガンダ、そして東ティモールでは、干渉は地上で実施された。これは昔ながらの戦争方法である。コソヴォ戦争はその代替モデルとなっている。それは上空から行われた戦争であり、干渉軍の死傷者のリスクを（ほぼゼロにまで！）減らすよう設計された技術を用いてなされたのである。この代替モデルが主流になった理由について、ここでは長々と論じないこととしたい。それは、徴募した軍隊を、兵士にリスクを負わせる仕方で用いることが、近代民主主義国家において忌避されていることと関連している。その昔は、特に植民地解放戦争において、リスクに晒される兵士たちは「下層民」——不可視化され使い捨て可能な市民——から徴募されるか、あるいは臨時に雇用された傭兵からなることがふつうだった。今日の民主主義国家では、少なくとも原則として、そのような人たちは存在しない。あるいは存在するとしても、かつてのように使い捨て可能ではないし、共同体に明白な脅威が存在しない状況下では、グローバルな法と秩序のために、より具体的にはルワンダやコソヴォの住民のために、生命の犠牲を払う意志などほとんど存在しない。

その理由が何であれ、他国民のために犠牲を払う能力も意志もないということから、道徳的問題が生じる。完全に上空から、しかもはるか遠方から行われる戦争は、民間人を標的とした攻撃なしにはおそらく勝利不可能である。標的は必ずしも近隣民家とはかぎらないが――それは橋梁や発電所や浄水場であるかもしれないが――何にせよそれらを標的にした攻撃は、女性や子どもを含む無辜の人々の生活を危険に晒すのである。その目的は、その政府がおそらくは味方している多数派に対して危害の威嚇を用いることで、あるいは実際に危害を加えることで、自国民の少数派に向けて野蛮に振舞う政府に圧力を加えることである。この戦略はカンボジアのクメール・ルージュに対してはうまくいかなかっただろう。しかし、たとえそれがうまくいったとしても、野蛮な行為を実際に行っている勢力に対して、より精確な干渉が可能であるならば、正当ではない。戦時一般（しかもわれわれが忌み嫌うような戦争に限らない）と同じルールがここでも適用される。すなわち、非戦闘員は直接の攻撃の対象ではないのであり、「副次的被害」から可能なかぎり保護されなければならないというルールである。兵士は民間人にリスクを課すことを避けるため、自分自身のリスクを受け入れなければならない。

軍事干渉を検討している国家はどこであれ、自国兵士のリスクを低減させる技術を歓迎するだろうし、それは他方で、同じ技術が相手国民間人のリスクを増大させることがないのであれば、完全に正当化されるだろう。これこそまさに、「スマート爆弾」やドローン搭載ミサイルを支持するときに用いられる主張である。それはきわめて遠距離から発射することができ、決して標的を誤ることはない。けれどもこの主張は、少なくとも現時点では、大いに誇張されている。現在利用可能な技術的対応策は存在しないし、それゆえ次の単純な真理を避けるいかなる方法もない。すなわち、自国兵士をリスクに晒すことは決してできないと主張しておきながら、他国民に対していかなる帰結が及ぼうともその残虐な政府を攻撃するということは、正義の観点から許されない。いったん干渉が始まるなら、地上戦は——例えば、より迅速に勝利し、人命を救うためであるとか、干渉に対する何らかの特別に野蛮な応答を阻止するために——たとえ軍事的には必要でなくとも道徳的には必要となるかもしれない。

リスクなき干渉に対する道徳的反論は私には強力なものに思われるが、左派の多くはこの類の議論のすべてを拒絶する。彼らは戦争を道徳的に改善することなど、戦争を受け入れやすくすることに奉仕するだけで、より戦争を起こりやすくさせることになってしまうと主張する。しかし——例えば虐殺を阻止するために——戦争が必要であるときにはいつも、首尾よく戦った方が良いのは確実である。このことは民間人の死傷者を極少化する積極的な方策がとられるべきであることを意味する。そしてこの方策は、時には地上戦によってのみ達成されうる。思慮深い議論もまた道徳的議論を裏付ける。干渉は政治的成功のみならず軍事的成功も狙ったものでなければならない。そしてこの二つの面での成功はどちらもが、戦闘を行い死傷者を出すことを厭わないはっきりした意志を要求する。コソヴォの事例では、もしセルビア空爆が始まる前にＮＡＴＯ軍が目に見える形で登場していたなら、絶望し困窮した難民の波が生じることもなかっただろう。そうすれば戦後のコソヴォはまったく別物になっていただろう。警察活動と再建の任務はより容易になっていただろうし、その成功の見込みはずっと高められていただろう。

幕引き

全面的に作戦展開している干渉軍を想像してほしい。干渉軍は勝利をどのようなものと考えるべきか。自国に引き上げる時点とはいつか。干渉軍は単に殺害を阻止することだけを目指すべきなのか、あるいはその先のさらなる目標を目指すべきか——殺害を実行する軍事勢力や準軍事勢力を壊滅させることも目指すべきなのか、それともこうした勢力を雇用している政権を取り替えることも目指すべきなのか、あるいは政権指導者を処罰することも目指すべきなのか。干渉とは単なる戦争のことを指すのか、それとも占領のことも指すのか。これらは難しい問いなので、私がこれまで様々な機会に異なった答えを出してきたことを認めながら、私自身の応答を始めてみたい。

人道的干渉の元々の法的教義に最もよく合致する答え、左派の側に受けの良い答え、そして私が『正しい戦争と不正な戦争』（一九七七年）で擁護した答えとは、干渉軍の目的は単に殺害を阻止することだけであるというものである。(8)干渉軍の指導者は自らの動機が主として人道的であり、しかも帝国的野心を有するものではないことを、殺人者を打倒し被害者を救助するためできるだけ迅速に行動し、その後はできるだけ迅速に撤退することで実証する。その後に物事を整理し、惨事の帰結に対処し、その実行犯についてどうすべきかを決定すること——これらを外国の仕事とするのは適当でない。「そこ」がどこであれ、そこに住む住民にこそ、自らの共同生活を再興する機会が与えられるべきである。彼らが直前まで経験していた危機は、外国支配の起因とされるべきでない。政治的主権と領土保全の原則は「干渉と迅速な撤退」のルールを要求している。

しかし、次の三種類の事例にはこうしたルールの適用が不可能と思われる。第一は、おそらくカンボジアのキリング・フィールドが最良の例証となっている。それはあまりにも大規模なものだったので、再建のためのいかなる制度的基盤、そしておそらくいかなる人的基盤も残されていなかった。だからといってヴェトナムが衛星政権を設立したことが正当化されると言っているのではない。むしろそれは後年、現地で正当性を有する政治システムを創出する国連の努力が必要であったことの説明となる。(9)国際連合には殺害を阻止する能力も意志もなかった。しかし、仮にそうしていたとしても、「干渉と迅速な撤退」テストはその成功をはかる説得的な尺度とはならなかっただろう。国連は今なお殺害の爪あとに対処する必要性に迫られ続けているだろう。

第二の事例とは、エスニックな分断の範囲と程度が相当進んでおり、干渉軍が撤退するや否や殺害が再開されてしまう可能性の高い国々のすべて――ウガンダ、ルワンダ、コソヴォ、その他――が例証となっている。仮に殺害を始めた者たちが再び殺害に手を染めないとしても、今度は被害者が、同じく血塗られた復讐に手を染めるだろう。ここでは「干渉と迅速な撤退」は一種の欺瞞であり、法的美徳を政治的・道徳的実効性と引き換えにしてしまう選択肢に他ならない。もし先に挙げたような国々に干渉するリスクをわれわれが受け入れるなら、われわれは占領のリスクもまた受け入れるべきである（事実、NATO軍は今でもコソヴォで活動している）。

第三の事例とは私が以前に標準的でない事例と呼んだもの、すなわち国家が単純に崩壊してしまっている事例である。軍隊や警察が打倒されてしまったというのではなく、治安維持部隊がそもそも単純に存在していないか、効力を有していないのである。こうした国家は準軍事勢力や武装勢力――ギャング――の手中にあり、彼らは一時的に制圧されてきたにすぎない。この状況で必要なことは国家を創出することであり、それは事実上無から（ex nihilo）成し遂げられなければならない。それは短期間で済む仕事ではない。

一九九五年に私は『ディセント』誌に掲載された「救助のポリティクス」という論文において、保護領化や信託統治に反対する左派は自分の立場を再考する必要がある、なぜなら、これらの措置は時に人道的干渉の最善の帰結であるかもしれないからだと論じておいた[10]。歴史の記録を紐解けば、国際連盟のもとで保護領化や信託統治を引き受ける国が繰り返しその義務を果たすことに失敗してきたことは一目瞭然である。しかも、これらの措置が当初の想定どおり一時的であることもなかった。それにもかかわらず、こうした措置が有している目標は時に正当でありうる。すなわち、時間稼ぎをして、人道的干渉の「干渉」と「撤退」の間にある種の政治的仕事を行う権限を与えることである。こうした目標を掲げるからといって、干渉軍がいつかは出て行く必要性が消えてなくなるわけではない。その目標が現実に実現され、その必要性が最終的に充たされることを確たるものとするためのより良い方法についてわれわれは考えてみる必要がある。

おそらくここにおいて、多国間主義はもともとの干渉でそれが果たしてきた役割よりもいっそう中心的な役割を果たすことができる。なぜなら、多国間主義的占領であれば単一の国家の利益に寄与する可能性は低く、それゆえ必要以上に長引く可能性も低いからである。むしろそれよりも大きな危険とは、占領が十分に長引かないだろうということである。関係各国は自国軍を引き上げる口実を探そうとするだろう。独立した国連軍は、個々の国家の政治的決定による拘束も妨害も受けないため——もしも国連軍が時宜にかなって、保護すべき人々を保護するだろうとわれわれが確信をもてるのであれば——保護領化や信託統治の最も信頼できる実行主体であるかもしれない[11]。こうした確信が存在しないところでは、単独行動主義が正当化可能な選択肢としてふたたび登場する。

それでもわれわれは、こうした長期間の干渉がその最終地点に達したことを認識するための一方途として、「干渉と撤退」ルールに似たようなものをなおも必要としている。「現地での正当性」という発想がそのために適切なルールを一番うまく表現している。干渉軍が目指すべきなのは、現地の政治文化に合致し、あるいは少なくともそれと折り合いをつける権威の形態と、干渉からは独立した一連の当局者を探し出し、あるいは設立することである。それらはその国を統治する能力を持っていなければならないし、政府が著しく強圧的である必要がないように、十分な国民の支持を取り付けていなければならない。旧体制は国民の生命を守るというホッブズ的義務を果たしえなかった。軍事的干渉はまさにこのことを達成しうる新体制の確立に努めなければならない。そしてひとたびこうした体制が整えられたなら、干渉軍は撤退すべきである。つまり「干渉と満を持した撤退」である。

しかしこの公式も「干渉と迅速な撤退」と同じくらい現実離れしているかもしれない。おそらく外国軍は私がたった今説明したような任務を果たすことはできないかもしれない。むしろ、決して掌握することなどできないようなパルチザン闘争や党派争いへと次第に引き込まれていき、徐々に、反目しあっている他の紛争当事者と見分けがつかなくなってしまうだろう。こうした見込みはもちろん干渉の意欲を大きく挫くものである。それはしばしば潜在的干渉国の善意のみならずその戦略的野心すらも凌駕してしまうだろう。実際のところ、その国の住民が絶望的に救助の提供を必要としているような国家の大半は、救助を試みる国家に対してほとんど政治的・経済的報酬をもたらさない。そのような報酬のみが救助行動を行う現実的理由であると示唆する左派の批判は間違いなく誤っている。干渉国家の不純な野心が、よりもっともらしい目標に向けられれば、その目標の追求が彼らに任務を守らせるだろう。しかし同時に、この任務が限定的であることを強調しておくのも重要である。すなわち、いったん大量虐殺と民族浄化が終焉し、指揮権をとる人々がその再発の回避に献身するようになれば、干渉は終了である。新体制は必ずしも民主的でも、リベラルでも、多元主義的でも、社会主義的でもある必要はない。それはただ、まともな体制、殺人を犯さない体制でさえあればいい。干渉がこの最小限の形で理解されるなら、干渉を最後までやり通すのも幾分容易になるかもしれない。

干渉の起因についての議論と同様、干渉の幕引きについての最小限主義が示唆しているのは、人権の言語――これは左派が好む言語であり、またおそらくそうであるべき言語だが――を使うときにわれわれは慎重を期すべきだということである。というのも、もし権利の法的論理を（少なくともアメリカで理解されている通りに）つきつめてしまうと、大量虐殺や民族浄化を組織した人間を法廷に引き立て、人権の全項目を守ることに同意する新体制を設立するまでは、干渉軍が出て行くのは非常に難しくなってしまうからである。[12] もしこうした目標が現実に手の届く範囲にあるなら、もちろんそうするのは正しい。しかし、干渉とは政治的・軍事的プロセスであって、法的プロセスではないし、それゆえ政治と戦争にはつきものである妥協と戦術転換に左右される。武力行使とそのタイムスパンを最小化するためには、しばしばもっと切り詰められた目標を受け入れる必要があるだろう。しかしながら、「最小限」という言葉が本当に何を意味しているのかについて、はっきりと理解しておく必要があるのに、いまだそれに達していないことをここで強調しておきたい。干渉軍には装備する武器を使用する用意がなければならないし、長期間駐留を行う用意がなければならない。国際共同体は干渉軍を支援するための方法を、また干渉軍のおこなっていることが危険でありまた必ずしも良くなされるとは限らないため、それを監督し、統制するための方法を見つけ出す必要がある。そしてそれ以外のわれわれには見守り、批判する用意がなければならない。後者の課題は左派のすべての分派にとって性に合ったものだろう。

内戦に関して

私は、殺人犯がおり、犠牲者がいるという、比較的に単純な形態をとる紛争を取り上げてきた。殺人犯は、国家公務員であったり、武装勢力であったり、庶民からなる暴徒であったりするし、犠牲者はほぼすべてが非武装で無力である。しかし私が本章の冒頭に挙げたリストの最後の事例であるシリアはまったく異なっている。そこで（私がこれを書いているいま）起こっているのは内戦、より正確にはホッブズのいう「万人の万人に対する戦争」であり——非武装の犠牲者がいるだけでなく、武装した軍隊や民兵が、しかもある者は他の者より重武装して相争っているのである。そこにはまたお互いに相対峙している複数の干渉軍、列強が存在している。シリア国民はすべての殺人者を撃退し殺害を止めてくれる一国主導の干渉を望んでいただろうと私は確信している。そうはならずに、彼らが得た恐るべき教訓は多国主導型干渉の危険性である。

内戦に対する軍事干渉は、ほとんどの場合、正当とされていない。それはジョン・スチュアート・ミルがその有名な論文、「非干渉に関するいくつかの言葉(13)」の中ではじめて挙げた理由による。彼は次のように議論している。地域の勢力均衡が戦争の帰結を左右するのであれば、それが最良である。その種の自己決定は残酷と思われるかもしれないが、それがその地域の文化や、積極的であれ、受動的であれ、大部分の人々のコミットメントを反映した結果をもたらす可能性が最も高いからである、と。しかし、諸外国と軍隊が国境の外側に留まるべきであるとしても、われわれ左派には同様の制約があるわけではない。シリアの事例では、われわれは当初からアサド政権に反対する人たちと連絡を取り合っているべきだった。われわれにどんな手助けができるか、われわれの非武装ＮＧＯはどのようにその闘争に関わることができるか、尋ねるべきであった。早期には国際旅団について考える余地がまだあった瞬間もあった。

おそらく、イランとヒズボラ〔訳注5〕が最初に戦闘に加わった後、シリアに留まっていたシリアの同志や亡命中の同志が求めていたアメリカのより積極的役割について議論すべきであった。ミルの非干渉論では次のような条件が挙げられていた。すなわち、一方の側が強力な外部からの支援を受けている場合、もう一方の側を支援することは許容されるというのがそれである。しかし、アメリカは必要な支援を提供しなかった、あるいは提供してもそれは十分ではなかった。その間、われわれの同盟国、トルコとサウジアラビアが常軌を逸したやり方で干渉した。そこにロシア人が割って入った。万人の万人に対する戦争の始まりである。（私がこれを書いているいま）さらなる軍事勢力を大規模に導入することは、有益な政治的、ないしは人道的な効果をもたらす可能性があるようには見えない。

このような事例の場合に必要なのは――攻囲された都市への回廊開放、物資の移動、安全地帯の創設、医療従事者の保護などを目的とした――一種の虚飾を排した人道主義と極めて限定された武力行使である。私はボスニアの事例について議論するにあたって、まさにこのような類の干渉を、それは傷口に包帯を巻きはするが、傷口をふさぐものではないと批判した。しかし、他に打つ手のないときというものもあり、シリア戦争の凄まじさはおそらくその一例なのだ。たとえ戦争が進行中であっても（ただし、安全地帯は本当に安全でなければならない――彼らがいるのはボスニアではないのだから）負傷者は救出されなければならない。

このような戦争は、救われなければならない難民の洪水を生み出してしまう。そこで、国境付近にまともな避難所と食料を備えた難民キャンプを設置する必要がある。また受け入れ国はその費用を負担しなければならない。そして、難民が故郷に帰れることを可能ならしめるにあたり何もできないなら、彼らの再定住計画を立てなければならない。これは非干渉主義的な人道主義であり、ここでの私の主題ではないが、間違いなく左派国際主義者の関与を必要とするプロジェクトである。その関与の在り方は、左派特有の形態をとるべきである。難民キャンプで活躍している援助団体は、彼らが助けようとしている人々への心からの同情に駆り立てられつつ、素晴らしい活動を行っているが、彼らはこれらの人々をクライアントと、自分たちの援助の受動的受益者とみなす傾向がある。キリアン・クラークが書いたように、「人道的組織は自分たちが世話をしている人たちを政治主体と認識するのに慣れていない」のである。この認識は、左派が「難民救済の政治」に付け加えることができるものだ。いま一度繰り返しておく。代理主体《エージェンシー》の国際主義である。(14)

私は、アメリカに入国した（あまりにも少数の）シリアの難民にアメリカの左派が与えた支援について、すでにコメントしておいた。しかし、シリアの反政府活動を早くから支持する真剣な左派の運動も、あるいはその後の対抗干渉を支持する運動もなかった。あるいはさらにその後、厳密に人道的目的のための限定的武力行使を支持する左派の運動もなかった。祖国から逃げのびてきた人々、子どもたちにとって死活の支援物資の投入を支持する世論への真剣な働きかけもなかった。最後にまた、どの時点においても、進んでシリアの同志たちと言葉を交わし、彼らに耳を傾

〔訳注5〕ヒズボラ Hezbollah　一九八二年に結成されたレバノンのシーア派の政治組織・武装組織。反欧米・反イスラエルを掲げる。シリアやイランから支援を受けているとされる。

ける気がなかった。私たちはもっとシリアのために——そして次なるシリアのために——行動すべきであった。

総括的議論

さて、ここで時宜を得て派遣された外国の部隊が殺戮を止めうるという、より標準的な干渉に立ちもどろう。本章全体を通じて、干渉は良いものであるとする議論に対して向けられる反論に答えようとしてきた。人道的干渉について、よくなされるいくつかの批判があるが、ここでは繰り返しを恐れず、それを特定し、より詳しく説明したい。以下では、エドワード・ルトワクによるマイケル・イグナティエフ著[訳注6]『ヴァーチャル・ウォー』の書評[15]を、私にとっても応答する必要のある議論の有益な要約として取り上げてみよう。なぜなら、それは簡潔で明確、説得力に富み、しかも典型的なものだからである。ルトワクは左派ではないが、左派の側で私が極めて頻繁にでくわす議論を非常に強力に行っている。イグナティエフのこの書物は、私が示してきたものよりもいっそう強力な、人権に基づいた人道上の戦闘行為の正当化を示している。とはいえ、すべての人権侵害が「人類の良心に衝撃を与え」、軍事干渉を正当化するわけではないという点については、もちろん彼も同意するだろう。いずれにせよ、ルトワクの異論は、私が本章で行ってきた議論もイグナティエフの著作もとらえそこなっている。

第一の異論とはこうである。「Yが甚だしくXの道徳的・法的規範を侵害しているときにはいつでもXはYと戦うべきであるという方針は、果てしない戦争を正当化することになってしてしまう」。しかし、われわれが極限状況に対してのみ、大量殺人と大量の国外追放を阻止するためにのみ干渉する場合に、われわれが擁護しているのはXの規範でありYの規範ではないという考えは単純に誤りである。XとかYとかの所有格名詞が付加されるからといって、こうした事例で道徳が変わるわけではない。国際社会においてXやYのそれぞれに異なった道徳律が存在するわけでもない。その何よりの証拠が、すべての殺人者、すべての「浄化」遂行者がつく嘘は標準的かつ同一であるということである。すなわち、彼らは自分たちのしていることを否定するのであって、自分たちなりの規範をもち出してそれを正当化しようとはしない。もう一つ、別の証拠はＲ２Ｐ〔保護する責任〕への国連総会の圧倒的賛成票である。

第二の異論とはこうである。「たとえ内戦や大量虐殺、身体的虐待が生じなかったとしても、軍隊、警察、官僚の完全に通常の日常的機能には、不断の恐喝、しばしばの略奪や強姦、広範な抑圧が伴うものである」――ルトワクが言うには、これらをすべて人道的干渉の実行者は無視している。確かにそうであるし、そうあるべきである。でないと、われわれは本当にいつでもどこでも戦うことになってしまう。ただし、ここでルトワクも前提としているのは、恐喝、略奪、強姦、抑圧が間違った行いであることが、Ｘとかｙとかの自分たちなりの規範の問題ではなく、誰にとっても承認されうることだという点である。おそらく彼はここで言いすぎている。少なくとも官僚の恐喝は、時と場所に応じて異なった意味と重さを伴うからである。しかし、彼が挙げるリストの中心的行為は――私が邪推するに、ポストモダンの文化相対主義者にとってさえ――事実恐るべきものであり、同時に恐るべきものとして一般に知られている。ただ軍事侵攻を正当化するほど恐るべきものではないというだけである。たとえ厳密にどこに一線を引くべきかについては不一致があるとしても、その一点がそれほど理解しがたいものであるとは思わない。ポル・ポトのキリング・フィールドは、もし必要とあらば外国の軍隊によって阻止されなければならなかった。世界中のありふれた独裁者が用いる監獄も同様に阻止されなければならない。ただし、これは――望むらくは左派国際主義者たちの世論喚起活動に支えられて――独裁者自身の臣民の任務とするのが適当である。

〔訳注６〕マイケル・イグナティエフ Michael Ignatieff（1947- ）　カナダの政治学者、政治家。自由主義者（アイザイア・バーリンの研究書も執筆している）にして人道的干渉の擁護者であるという点でウォルツァーと立場が近い人物の一人である。

第三の異論とはこうである。「もしも道徳的ルールが恣意的に、ある者に対しては適用され別の者に対しては適用されないとするなら、そこで言われているルールの道徳性とは何を意味するだろうか」。この問いに対する答えは、ここで「恣意的に」という語が何を意味しているかによって変わる。国内社会の事例を考えてみよう。警察は速度超過する車のすべてを捕まえることはできない。〔一方で、〕もし警察が、自分やその他の誰かを危険に晒すことなく捕まえることができると考えた末、特定の速度超過車だけを追いかけるとするなら、こうした摘発は「選択や自由裁量によって決定されて」いることになるだろうし、それは「恣意的に」という語をウェブスター辞典が定義していることの一つである。しかしもちろん、そのように決定されたからといって、速度超過を取り締まる法律を実施することの正義が傷つくわけではない。他方で、もし警察が、自分の気に入らないバンパー・ステッカーを貼っている車だけを追いかけるとするなら、そしてこうしたドライバーに対する警察の扱いが法規の定めるところを超えて、交通規制を政治的「敵対者」や民族的・人種的少数者に嫌がらせをする口実としてしか捉えていないとするなら、こうした行いは「意志や気まぐれから生じたもの」であり――これは「恣意的に」のもう一つ別の定義である――、確かにこれは不正である。人道的干渉に適用されるべきなのは、第一の「恣意性」である（し、実際しばしばそうである）。人道的干渉は自由裁量に任されており、この意味で、干渉すべきか否かの決定は思慮深い計算による。それゆえ、私が認めておいたように、干渉を正当化する条件が存在しているあらゆる場合に、干渉が行われるわけではない。しかしルトワクの問いに答えるなら、そのことを認めるからといってそれは干渉を正当化するルールの道徳性とは無関係である。思慮深い理由に基づいて行為したり行為しなかったりすることは別に不道徳的なことではない。

以上三つの異論は干渉の起因に関連しているが、それももっともなことである。もし干渉の起因についてのいかなる首尾一貫した説明も可能でないとするなら、そもそも私が取り組んできたその他の問い〔望ましい干渉主体とは誰か、こうした状況に対処するため干渉主体はどのような行動をとるべきか、干渉を終わらせる時期はいつか〕に答える必要もなくなる。これらの問いに対する私自身の答えももちろん否定されることになる。ともあれ、私が明らかにしたい要点とは、こうした問いそれ自体は避けることができないということである。実際に人道的干渉を行うべき正当な起因が存在するのだから、そして何をすべきかについてわれわれは大まかにでも知っているのだから、その仕方についいて論じる必要がある。すなわち、その主体、方法、幕引きについて論じる必要があるのだ。左派に属する（右派も同じだが）多くの人たちは、昨今ではこうした議論を避け、必要とされる行動を無期限に延長したいと思っている。こうした人々が根拠としている理由は多種多様だが、そのどれをとっても、もっともな理由、あるいは道徳的理由でないように私には思われる。

【注】

（1）例えば W. E. Hall, *International Law*, 5th ed.（Oxford: Oxford University Press, 1904）, 289ff. を参照。
（2）Michael Zantovsky, *Havel*（London: Atlantic Books, 2014）, 435.
（3）この論争におけるすべての議論に関しては William Joseph Buckley, ed., *Kosovo: Contending Voices on Balkan Interventions*（Grand Rapids, MI: Eerdmans, 2000）を参照。
（4）James M. Radcliffe, *The Good Samaritan and the Law*（Garden City, NY: Anchor Books, Doubleday, 1966）の有益な論稿を参照。
（5）Daniel Statman, "Who Needs Imperfect Duties?" in *American Philosophical Quarterly* 33（April 1996）, 211-224 を参照。
（6）Jean-Jacques Rousseau, *The Social Contract*, Bk. II, ch. 3〔桑原武夫・前川貞次郎訳『社会契約論』岩波文庫、一九五四年、第二編第三章〕.
（7）これは次の書物における議論である。David Rieff, *Slaughterhouse: Bosnia and the Failure of the West*（New York: Touchstone, Simon and Schuster, 1996）.
（8）Michael Walzer, *Just and Unjust Wars*（New York: Basic Books, 1977）, chapter 6〔萩原能久監訳『正しい戦争と不正な戦争』風行社、二〇〇八年、第六章〕.

（9）Michael W. Doyle, *UN Peacekeeping in Cambodia: UNTAC's Civil Mandate*（Boulder, CO: Lynne Rienner, 1995）.

（10）Michael Walzer, "The Politics of Rescue," *Dissent*（Winter 1995）, 35-40〔駒村圭吾・鈴木正彦・松元雅和訳『戦争を論ずる』風行社、二〇〇八年、第五章に収録〕.

（11）国際連合の果たしうる役割に関しては Michael Doyle, "The New Interventionism," *Metaphilosophy* 32（January 2001）, 212-235 を参照。

（12）こうした方向性での強力な議論に関しては Aryeh Neier, *War Crimes: Brutality, Genocide, Terror, and the Struggle for Justice*（New York: New York Times Books, Random House, 1998）を参照。

（13）J. S. Mill, "A Few Words on Non-Intervention," in *Dissertations and Discussions*（New York: H. Holt, 1873）, III, 238-263.

（14）Killian Clarke, "The Politics of Refugee Relief," *Dissent*（Summer 2016）, 100. また併せて、次節で私が引く同号の次の論文も参照。Muhammad Idrees Ahmad, "What Do Syrians Want?"

（15）Edward Luttwak, "No-Score War," *Times Literary Supplement*, July 14, 2000, 11. これは、Michael Ignatieff, *Virtual War: Kosovo and Beyond*（New York: Picador, 2000）〔金田耕一他訳『ヴァーチャル・ウォー』風行社、二〇〇三年〕の書評である。

第四章　アメリカ帝国は存在するのか

二〇〇三年に始まり数多の変遷を経て今もなお続いているイラクにおける戦争は「アメリカの帝国主義」に関する議論に新たな切迫性を与えた。しかし、これは十分な議論に達していない。この用語はおきまりのように戦争の批判者によって使用され、おきまりのように戦争の支持者に拒絶されてきた。それでは、ワシントンは新たなローマなのだろうか。アメリカ帝国は存在するのか。イラク戦争は帝国主義戦争だったのだろうか。思うに、われわれは世界におけるアメリカの役割を、この昔なじみの用語が規定するよりも良く理解すべきなのだろう。アメリカによるパワーの行使に対する批判はわれわれがなすべき中心的な政治的課題だが、それが唯一の政治的課題ではない。ほかの国家だけでなく、近年では非国家組織のパワーも批判される必要がある。またときには、われわれはアメリカにパワーを行使して欲しいと思うときもあるだろう。

それでも表題の問いに対する最も安易な答えは次のようなものである。「もちろんアメリカは帝国である。アメリカは世界市場の構築に重要な役割を果たしていないだろうか。われわれは——世界銀行、ＩＭＦ、ＷＴＯなどの——規制機関を制御していないだろうか。世界のほとんどの国家がアメリカの法人と企業の利益追求に開放されていないだろうか。財界を重視する政府を持つ『友好的』な国家は地球上に散りばめられていないだろうか」。

しかし、帝国は政治的な支配の形態であり、市場の支配と利益の搾り出しが政治的な支配を必要としているかについてはまったくもって明白でない。おそらく、以前はそうであった――ヨーロッパの帝国や中米におけるアメリカの歴史が示しているように。しかし、今日の自由市場主義者の中心的な主張は政治的な支配が必要ないというものであり、この主張は左派のマイケル・ハートとアントニオ・ネグリの、[訳注1]難解だが極めて人気のある著書『〈帝国〉』の中で次のように支持されてきた。「グローバル化された資本に〈帝国〉が授ける保証のうちに、人口のミクロ政治的な管理運営そして／あるいはミクロ行政的な管理運営は含まれてはいない。指令の装置は、行政管理が機能する場である局所的な空間や特定の生の時間的継起に接近する術を持ち合わせていない。つまりそれは諸々の特異体やその活動にまで統制の手を及ぼすことはしないのである」。[1]これは難渋なので翻訳したほうが良いだろう。今日の「帝国」はかつてのような意味を持ってはいないということだ。二一世紀の帝国は土地を占有せず、中心など存在せず（ワシントンでさえそうではない）、しっかりと制御できる衛星国政府に依存しない。今日の「帝国」はポストモダンな存在なのである。

ハートとネグリの議論は、イラク戦争は石油を求める戦争から始まったと主張する人々への応答として（時間関係は逆だが）読むこともできよう。実際は、左派が今まで何度も言ってきたように、天然資源の支配は「ローカルな空間へのアクセス」や領域や人口の「ミクロ行政」を必要としない。それは植民地や衛星国家を必要としない。世界市場は豊かな国家が貧しい国家の資源を獲得し、使用することを許容する――それは政治と無関係ではないものの、政治的な支配に依存することなしにという意味ではあるが。もし市場が富者の役に立つものでなければ、われわれはそれに対して今ほど批判的ではないだろう。

現代のマルクス主義者の幾人かは、今日われわれが有しているのは「自由貿易のインフォーマルな帝国主義（あるいは植民地なき帝国主義）」であると論じる。しかし、この議論は、『マンスリー・レヴュー』誌のジョン・ベラミー・フォスター〔訳注2〕による論稿に示されているように、帝国主義と資本主義との事実上の同一視を含意する。つまり、帝国のパワーは「複雑極まりない資本主義の発展のあらわれ」であるにすぎない。その政治的な形態は、フォスターに言わせれば、ただ「副次的に」しか重要でないのである。(2) このような議論が正しいわけがない。帝国主義が資本主義のあらわれでしかないとしたら、またそれが独立して特定の政治的な意味を持たないとしたら、「帝国主義」は政治分析において有用な用語ではない。その場合、帝国主義は、啓発の用語としてではなく、弾劾の用語としてしか役に立たない。私は帝国主義が政治的な支配のシステムであると想定したい――必ずしも直接的な支配である必要はなく、帝国のパワーが自身の欲するものを帝国によって作られ、支えられ、資金援助されるような政府から獲得するという、多少強い意味での支配でさえあればいい。

アメリカはこの意味で政治的に支配的なのだろうか。われわれ（アメリカ人）は軍事的に強力であり、しかも圧倒的にそうである。イギリス帝国最盛期の海軍でも、今日のアメリカ空軍の火力の足元にも及ばないし、その火力をこれほど世界中に素早く効果的に送り込むこともできなかった。しかし、火力が帝国の支配へとつながるかは明白では

〔訳注1〕マイケル・ハート Michel Hardt（1960- ）　アメリカの哲学者。ネグリとの共著多数。アントニオ・ネグリ Antonio Negri（1933- ）　イタリアの哲学者、活動家。多くのテロ活動を主導した疑いで一九七九年に逮捕、起訴される。ところが裁判中の一九八三年に獄中からイタリア議会選挙に立候補して当選した。議員の不逮捕特権を得て釈放されたがすぐにその特権を剥奪されたため、フランスに亡命。一九九七年には自主的に帰国して収監されるも、処遇が緩和され二〇〇三年に釈放されている。著書に『マルチチュード』、『叛逆』など。

〔訳注2〕ジョン・ベラミー・フォスター John Bellamy Foster（1953- ）　アメリカの社会学者。マルクス主義の理論的研究や環境社会学で知られる。『マンスリー・レヴュー』の編集長。著書に『独占資本主義の理論』や『破壊されゆく地球』など。

ない。たとえ火力から切り替えて地域同盟やローカルな協力体制に移し替えたとしても、今日では問題となる。「ひとは銃剣でもって何事もなしうるが、ただその上に坐ることはできない」という古諺は真実をついている。今日の軍事技術も同様に坐り心地の良いものではない。アメリカ人が多くの最新兵器に投資をしてきたにもかかわらず、アメリカはときに国際的な闘技場において著しい弱さをさらけ出しており、われわれは政治政策を強制するどころか、その支援を勝ち取る能力すら欠いている――もし戦争に突き進めば支援が得られようが、われわれに挑んでくる者が出てくるたびに戦争に打って出られるわけではない。いずれにせよ、われわれが戦争に勝利することができても、それで事態が好転するわけではない。われわれはヴェトナムの共産主義者を敗北させることに失敗し、アフガニスタンのタリバーン〔訳注3〕やイラクにおけるスンニ派やシーア派の私兵を打ち破ることができていない。現代の非対称戦争は、十分に武装した植民地征服部隊がほぼ必ず勝利するような過去の植民地戦争とはまったく違う。フィリピンの叛乱でのわれわれの残酷な破壊から長い年月が経つが、アメリカのハイテク軍は、市民の中に隠れ、彼らの言いなりになったり、彼らを恐れたりしている民間人からの支援を受けて戦うローテク戦士に対する戦争に勝利できたことはなかった。

アメリカの外交官たちのやり方もうまくない。彼らの弱さが印象的に露呈したのは二〇〇三年、トルコ政府がその領域内でイラクへの進入路を開くことを拒否したときのことである。この新しく選出されたトルコ政府は、アメリカがそれに公然と関与した民主主義的な手続きを通して選ばれており、トルコをわれわれの意志に屈服させる政治的に賢明な方法をわれわれは持ち合わせなかった。

同様に記すべきものとして、イラク戦争への国際的な反対がある。左派のプレスでわれわれが繰り返し適確に告げられたように、もし全世界がわれわれに反対しているということが真実であるならば、世界大のアメリカ帝国というのはありえるだろうか。市井の人々だけでなく、われわれと親密な関係にある国家や同盟国、そしてわれわれの帝国領とみなされている地域をも含む、世界中の政府のほとんどがわれわれに反対したのである。もし、九・一一後、わずか二年しか経っていない主要戦争〔訳注4〕前夜、メキシコやチリのような国家が国連でわれわれの側に投票するよう期待できないのであれば、われわれはどのような帝国を有しているといえようか（むしろメキシコやチリはわれわれに友好的な政府である。南の「勢力圏」と考えていたところ〔中南米〕に明確に反友好的で、反米的な政府がどのくらいあるのか考えてみてほしい）。さらにはアメリカは自ら選んだ体制をイラクに押し付けることが結局はできていない――決定的な軍事的勝利のようなものによってもたらされた優位をアメリカの外交官たちがこの地で束の間だが得たにもかかわらずである。これはドワイト・マクドナルドがヴェトナムを念頭に置きつつ「不器用な」帝国主義と呼んだもののもう一つの例である。しかし、あまりに不器用な帝国主義はその名に値しない。

ヘゲモニー

「帝国」という用語は、今日の世界に存在し、存在しうる何かを描くためにあるのだとしたら、大幅な修正を必要とする。マイケル・イグナティエフの「軽い帝国」のような用語の魅力はそれゆえである(3)。しかし、おそらく同時代のグローバルな政治について考えるためのより良い方法がある。それは「ヘゲモニー」という類縁理念に関連するア

〔訳注3〕タリバーン Taliban　アフガニスタンやパキスタンで活動するイスラミズム組織。ソヴィエト連邦のアフガニスタン侵攻以後内戦が続くアフガニスタンで、一九九四年ごろから台頭した。九六年には首都カーブルを制圧し、二〇〇一年ごろまでにアフガニスタンの大部分を支配するに至った。アメリカの攻撃によって大きく勢力を失ったが、早くも〇三年以降再び勢力を盛り返し始めて現在に至る。

〔訳注4〕主要戦争 major war　大国同士の戦争を指す。それにいたらない規模の紛争を「地域紛争（regional conflict）」と呼ぶことがあるようである。

イディアを描くことである。今日の一般的な用語法では「ヘゲモニー的」という用語は「帝国主義的」の単なる遠回しの表現であるが、両者には次のような異なった点もある。「ヘゲモニー」は今も昔も統治の緩やかな形態であり、帝国よりも権威主義的ではなく、また他者との合意に、より依存する。ヘゲモニー理論の第一人者であるアントニオ・グラムシが〔訳注5〕――国内の政治闘争という文脈で――書いている次の言葉を考えてほしい。「ヘゲモニーの事実はその影響力が及ぶであろう集団の利益と傾向とを考慮することを前提とし、またある種の均衡、つまりヘゲモニー的な集団がその一体性をある程度犠牲にするであろうことを前提にしている」(4)。ヘゲモニーは部分的には力に依拠するが、またより重要なのはそれが理念やイデオロギーにも依拠することである。もし支配階級が力にしか依拠できなくなれば、その支配は危機に直面する。この危機を避けるために、妥協する準備が進められなければならない。

あるグラムシ論の中で、スチュアート・ホールはヘゲモニーの「多次元的な」性質をより幅広く分析している(彼も国内政治について書いているのであるが)。

ヘゲモニーの時期を「主導する」ものは伝統的な言葉で「支配階級」と表現される者たちでは決してなく、歴史的なブロックである。(…)歴史的なブロックの中の「主導する」要素は経済を支配している階級の一派でしかない(…)。ある特定の譲歩と妥協とによって味方に引き入れられ、社会的集合体の部分を形成するサバルタンと被支配階級の階層は、それと「ブロック」内で結びつけられるのである(5)。

マイケル・ベルーベはこの非常に抽象的な一節に有益なコメントをしている。「その趣旨は明白である。優位はその性質上、単に押し付けられることでも支配的であることでもない。また同意は単に支配階級および精神的生産手段の彼らによる独占によって作り出されたのではない」(6)。支配階級の政治はそのほとんどが内向きであり、派閥と策略の所産である。それに対して、ヘゲモニー的なシステムにおける政治は、議論と譲歩を通して「ブロック」に引き入れなければならないような独立した行為主体の相互関係に関与する。それゆえ、ヘゲモニーの理論は、われわれの複雑な日常感覚に肉迫する政治生活観を提供する。

国際社会の中で同様の分析がどれくらい当てはまるかは必ずしも明確ではないが、ヘゲモニーは帝国主義の理論が許容するよりも複雑な理解を要求することは確かであろう。私はそれに代わる十分に展開した理論を持っているわけではなく、議論の取っ掛りを持っているに過ぎない。また私は、イラク戦争を始めたアメリカの最近の支配者が「その一体性をある程度犠牲にすること」や「譲歩や妥協」の必要を、実際に受け入れてきたと示唆するつもりはない。それはたとえ彼らがそうしたときでさえ――二〇〇三年にトルコ、あるいはオバマ政権がより自覚的にISISに対する、今なお継続中の戦争時に再びトルコと、またサウジアラビアと妥協、譲歩したときでさえ――そうである。ジョージ・W・ブッシュ大統領の単独行動主義は妥協なき支配への企てであったが、それは不可能であると判明した。しかし、単独行動主義はアメリカのパワーの自然な形態ではなかった。第二次世界大戦以来、われわれ〔アメリカ人〕は国際組織の形成に主要な役割を演じてきたし、われわれは同盟交渉を行ってきた。われわれはイラクのクウェート侵攻のような重要な出来事に対処するにあたって、また核拡散や地球温暖化のような危険な政治的・環境的趨勢に〔渋々ながらであったが〕対処するにあたって、同盟国と協議することを厭わなかった。一国のみで行動したいという願望は二期目のブッシュ政権の新機軸であった――その願望は長続きせず、あるいは〔トランプ大統領を生

〔訳注5〕アントニオ・グラムシ Antonio Gramsci（1891-1937）　イタリアのマルクス主義思想家、革命家。イタリア共産党の結成に携わったが、一九二六年にムッソリーニ政権によって逮捕され、収監される。獄中で執筆された膨大な量のノートは今なお多くの思想家にインスピレーションを与え続けている。三七年、釈放直後に死去。

んだ」二〇一六年の選挙にいたるまでは長続きしないものだと思われていた。それは恐怖の産物というよりは尊大さとイデオロギー的熱狂の産物であり、ブッシュ大統領の批判者たちの多くが抱いたものと同じ程度に不正確なアメリカのパワーに関する見方を反映していた。現代の世界で帝国の支配は無用な試みである――しかし、それでも危険な試みである。

アメリカの事例では次の三つの理由で帝国の支配は無用である。第一に、アメリカ国民は時代錯誤な帝国主義を好まない。われわれには、帝国の経済的コストを払うつもりは徹頭徹尾ない――そして、帝国が「人口のミクロ行政的な管理運営」に介入しようとすれば高くつくのである。つまり、利益を得るのはベクテル社とハリバートン社〔訳注6〕であり、コストを負担するのは、長期的な負担を嫌うアメリカの納税者である。またアメリカの父母たちは血のコストを支払うことを嫌うだろう。われわれは「現地人」や外国人傭兵による帝国軍を持たない。われわれは一度も帝国総督府を設けることはなかったし、われわれは支配することになる国々の言語や慣習を学びさえしない。

アメリカがアフガニスタン全土に法と秩序をもたらせなかったこと、ペンタゴンが地方の武装勢力と結んだ契約（それは履行されなかった）、我が国の政府が〔首都〕カーブル以外での国家建設に真剣な投資をしようとしなかったこと、これらすべては帝国的支配の能力や決断力を示すものではなく、ヘゲモニーの妥協的な特徴を示すものである――そして素人じみたアメリカの努力を示すものでもある。われわれの努力はまた、ヘゲモニー的な支配の格別立派な形態を生み出すこともなかった。つまり、それは責任を欠くヘゲモニーであり、またたくまにヘゲモニーとは縁もゆかりもないものになってしまった。アメリカのアフガニスタンでの活動を帝国主義戦争と考える者は誰でもその結果に驚いたにちがいない。アメリカは人員と物資を失い、帝国的な支配を通してふつう得られる報賞を手にすることは一切叶わなかった。またソ連との冷戦が終われば多くのものを手にできたかということも不明確である。九・一一後、戦争を行う防衛上の理由はあるが、帝国主義的な理由を見つけるのは非常に困難である。

エレン・ウィリスはアメリカが侵攻後、アフガニスタンでよいことをすることができたはずだと強く主張する――そして、これに付け加えたいが、タリバーンに権力を与えることになったわれわれの役割を勘案すれば、アフガニスタンに支払うべき負債すらあった。ウィリスは以下のように論じる。

私が苛立っているのは（…）われわれがアフガニスタンで行動を起こしたことではなく、われわれの行動が不十分だったことである。われわれは地上戦を行い、カーブルを占領すべきだった。われわれは武装勢力から武器を取り上げ、一般市民を守り、支援物資の分配を監視するための多国籍軍を組織するべきだった。われわれは世俗主義者を新しい政府のための協議に加えるよう要求し、また女性の基本的権利を法の新しい構造に埋め込むよう要求すべきだった。もしこれが「帝国主義」――この言葉を今風にでたらめに使うとして――ならば、私はそれを支持する。私はこれが安定した平和の必須条件であると信じる。(7)

私はここで実際にウィリスが帝国主義のプログラムを支持しているとは思わない。むしろ彼女の主張する多国籍軍の組織は譲歩と妥協の外交を必要とした。彼女が求めたのは決して物質的な利得ではなかった。これこそアメリカの左派が支持することができ、また支援すべきであったヘゲモニーの形態なのである。実際の戦争遂行、およびその後の国家建設に資金が不足がちであったことには左派の批判が必要であったが、これらのどちらかを帝国主義的だと称す

〔訳注6〕ベクテル社 Bechtel とハリバートン社 Halliburton　アメリカの多国籍企業。前者はインフラ整備を請け負う世界有数のゼネコンであり、後者は主にエネルギー事業を扱っている。またハリバートン社は、アメリカの政治家ディック・チェイニーが副大統領就任以前にCEOを務めていたことでも知られる。

ることはわれわれがしてきたことの何が間違っていたのかを理解するうえで誰の役にも立たなかった。

アメリカの帝国主義が無用でありそうな第二の理由は、われわれの民主主義への公的コミットメントによって帝国的支配の正当化や運営が非常に困難になることにある。そのコミットメントが明らかに偽善であるときにも（長年われわれは韓国やトルコのような国家の非民主主義的な政府を支援してきた）、長期的にはわれわれは民主的変革を促進あるいは容認し、少なくとも黙認する傾向にある。確かに冷戦の絶頂期、われわれはイラン、グアテマラ、そしてチリの民主主義的な選挙による政府を黙認することを拒否した。そして将来、急進的なイスラミストが共産主義者よりも選挙で勝つ恐れのある、例えばエジプトのような国家の黙認を拒否する可能性もある。しかし、われわれにとって、たとえ彼らが「われらの」独裁者だと言い張っても、独裁者を支援することは困難である。それはアメリカのパワーにある種の正当性の危機を生み出す――それはヘゲモニー的ではあるが、帝国的ではない支配のもう一つの特徴ではある。

帝国が無用であることの第三の理由は、野心に燃える強国の帝国主義的政策に反対することのできる政府が現れてきた現状にある。その際、野心に燃える強国は、賢ければ交渉し、妥協するだろう。それを拒否したり、帝国主義的計画を全面的に展開したりすることは、今日の世界では大小様々な国家からの強い反発にあい、またあらゆる場所の人々の間で反発は正当だという感覚が強いために、その計画は間違いなく失敗するだろう。

ラドヤード・キップリング〔訳注7〕が帝国を「白人の責務」と呼んだとき、彼は同時代のイデオロギー的な語彙に基づいて「権力は責任を伴う」という単純明快な事実を述べた。しかし、ヘゲモニーの責務は一国で背負いきれるものではない。それらは共有されなければならない。合理的な統治を行うヘゲモニー的強国は、貿易を規制し、ならず者（あるいは非友好的な）国家に対処し、侵略と戦い、虐殺を止め、あるいは国家建設といった非常に困難な事業を単独で行うことはない。それは同盟を望み、連合を組織するのである。それらは明らかに自発的な連合となるだろうが、その自発性は協議、説得、そして妥協によって勝ち取られなければならない。二〇〇〇年代のはじめ、あたかもその指導者たちが世界をことごとく自らの手で運営したいかのように、アメリカ政府は真剣な協議、説得、妥協という必要な過程をすべて避けようとした。この野心は帝国主義の理論が提供するいかなる説明よりもイラク戦争をよりよく説明する。しかし、アメリカの指導者たちは、協議、説得、妥協の用意があるときでさえ――オバマ大統領が悟ったように――世界をうまく運営することができない。オバマ時代の終わりに、彼の批判者の多くはアメリカがもはやヘゲモニー的でないと断定した。われわれは例えば中東での責任から逃げ出した。それは右翼からの批判であったが、それが正しいかもしれないとの思いは左派の多くの者を喜ばせたはずである。実際、世界におけるアメリカの地位をうまく描き出すのに、ヘゲモニーはいまだに有用である。

勢力圏について

私は第一章でモンロー宣言を南米での民族解放を擁護するものとして描いたが、それは一九世紀末にはアメリカ大陸全体での排他的なヘゲモニーとしての役割を主張するものになった。セオドア・ローズヴェルト〔訳注8〕はそれに古典的な

〔訳注7〕ラドヤード・キップリング Rudyard Kipling（1865-1936）　帝国主義時代のイギリスを代表する作家。イギリス統治下のインドを舞台とする作品で知られる。『ジャングル・ブック』など邦訳多数。

〔訳注8〕セオドア・ローズヴェルト Theodore Roosevelt（1858-1919）　第二六代アメリカ大統領（在任一九〇一―一九〇九年）。大統領在任中は共和党所属。トラスト（企業合同）の摘発や環境保護などの革新政策を行った。外交では、パナマ運河建設などラテンアメリカ諸国への干渉を積極的に行った。これは「棍棒外交」と呼ばれる。

再解釈を提示した。すなわち、彼はアメリカがラテンアメリカ諸国による「目に余る慢性の悪行」に干渉する権利を主張した(8)。さらにアメリカは「悪行」の唯一の仲裁者となったのである。しかしローズヴェルトは文字通りの帝国的支配を主張したのではなく、アメリカ大陸がアメリカの「勢力圏」となったと主張したのである。他国はすべて締め出されるべきであり、アメリカのみが干渉できる。だが当然、他国が締め出されることはなかった。イギリスは——今日の中国のように——一九世紀を通して経済的・政治的に関与していたし、アメリカは彼らを力づくで締め出すことはなかった（なぜならそのようなことは不可能だからだ）。しかしアメリカ政府は一八六〇年代のフランスのメキシコ干渉を妨げ、その一〇〇年後のキューバの共産主義政権に対するソ連の軍事的支援を妨げた。確かにモンロー宣言は外国だけでなく、われわれが異質、あるいは敵対的と考えるイデオロギーへの反対をアメリカに容認するものと解釈されてきた。

左派は通常これに批判的であった——しかし、常にそうだったのではない。シモン・ボリバル〔訳注9〕と彼の仲間たちの擁護は〔モンロー宣言が出された〕一八二三年の段階でアメリカの左派として通っていた者たちに支持されえたはずであるし、また多くの左派は、一八六七年に彼らがそうしたように、フランスに支援されたマクシミリアン一世〔訳注10〕を不安定なメキシコの王座から排除する努力を支持したはずである。また事実上、すべての左派は一九五九年のカストロの革命を支持したのだが、その多くが、キューバへのロシアのミサイル配備を反帝国主義政治の事例であると想定などできないと感じていた。われわれの多くはまた、トルコにアメリカのミサイルを配備することにも反対した——この点では一貫していた。しかし、配備されたミサイルの撤去はヘゲモニー国の敗北ではなかった。むしろ、それは二つの勢力圏の相互承認として記述した方がよいだろう。

政治的「リアリスト」は勢力圏を、軍事的で経済的パワーの自然な産物として受け入れる。アメリカは中米およびカリブ海諸島に軍事力を行使しうる。アメリカ以外はそれをなしえないために、その地域はわれわれの勢力圏となる。ロシアはかつて東欧に軍事力を行使しえたし、今、再び行使することができる（彼らは二〇〇八年のグルジア〔訳注11〕で、より最近ではウクライナで行使した）。ロシア以外はそれをなしえず、またそれに伴うリスクを引き受けることを嫌う。それゆえ、「リアリスト」は世界のこの部分がロシアに属していると論じるのである。勢力圏の承認は政治的安定を生み出し、世界が日常業務を続けることを可能にする。トランプ政権はその初期段階で、列強がより劣った国家を支配することを互いに承認し合っている、この種の政治へと引きずり込まれてしまっているようだ。

この相互の承認が、いつ戦い、いつ戦わないかに関する単なる慎重な議論であれば、それは決定的な影響力を持つ。アメリカも欧州連合も二〇〇八年にグルジアの南オセチア地方や二〇一六年にウクライナのクリミアを守るため戦おうとはしなかったし、それへの対応として軍事行動を起こすことはなかったはずである。一九五六年のハンガリーや一九六八年のチェコスロヴァキアのために戦争に打って出る国家はなかった。軍事力は実務上、最終決定権を有している。同様に、ロシアは一九六〇年にキューバのために戦うことを断固として拒否した——戦うことを拒否することがキューバの共産主義転覆へとつながらなかったことは記す価値があるのだが。一九八九年まで、ロシアは東欧において帝国を運営し、各衛星国家を形成し、支配していた。中米とカリブ海諸国におけるアメリカのヘゲモニー

〔訳注9〕シモン・ボリバル Simón Bolívar（1783-1830）　革命家、軍人、政治家。ベネズエラなどのラテンアメリカ国家を独立に導いた。解放者（El Libertador）と呼ばれている。

〔訳注10〕マクシミリアン一世 Maximilian I（1832-1867）　ハプスブルク家出身のメキシコ皇帝（在位一八六四—一八六七年）。メキシコの王党派とフランスのナポレオン三世の支援の下、メキシコ皇帝に即位した。

〔訳注11〕二〇〇八年、南オセチア紛争でロシアと対立したグルジアは二〇一〇年頃から英語読みの「ジョージア」を正式国名とするよう各国に要請し、二〇一五年以降は日本の外務省も「ジョージア」を正式国名としている。本書はこの歴史的経緯を踏まえ、二〇一四年以前の話題については「グルジア」と表記している。

がそのようなものであったときもあるが、それは多くの場合、そうではなかった。アメリカに対立する政治家たちは何度もわれわれの裏庭で繁栄を謳歌してきたのである。

左派にとって、少なくとも理想的には、軍事力は最終決定権を有するものではない。それはわれわれの道徳的あるいは政治的な立場を決定するものではないのである。グルジアやウクライナについての論争に加わった西側の著述家の多くがこのことを理解しているが、奇妙なことに、左派には勢力圏に関して「リアリスト」と同様の態度を採る者もいる。彼らはロシアの勢力圏を擁護する。つまり、彼らはそれが安定と平和を創り出すと主張し、例えばウクライナの独立と領土保全に対する西側の強力なコミットメントがロシアの安全保障上の利益を脅かすと論じる。(9) 民族解放、国家主権、そしてヘゲモニーについてすでに行った議論を心に留めつつ、私は勢力圏に関するリベラルな左派のより良いアプローチを描き出したい。その最も容易な方法は、アメリカの勢力圏とはいかなるもので、どこに存し、それをわれわれ（左派）がいかに考えるべきか問うことである。

アメリカの勢力圏は明らかにグルジアやウクライナを含んでいない。しかし、同じく明らかなようにどのような「リアリスト」の説明の中にも、――当然、そこに含まれるものとして――グアテマラ、キューバ、ニカラグア、そしてパナマがある。だがしかし、アルベンス政権〔訳注12〕を転覆させるためにアメリカが一九五四年にグアテマラに干渉したときに、グアテマラが結局われわれの勢力圏であり、われわれのやりかたを適用することが世界の安定と平和に最も資すると議論した左派の人物は、私の記憶にない。また水泡に帰したキューバのピッグス湾事件〔訳注13〕のときのような議論を、左派の誰かがしていたかも私は知らない。地理的に広がりがあるにもかかわらず、チリもまたわれわれの勢力圏にあると（モンロー宣言以来）広く考えられていたが、アジェンデ政権〔訳注14〕の転覆が勢力圏内でのアメリカの正当な軍事力の行使であると論じたのは、冷戦下の右翼好戦家くらいのものであった。リベラルや左派は正しくも、ともにそのような種類の政治力行使を批判してきた。ポピュリストの政治に反対する左派でさえ、中南米におけるポピュリスト政権を掘り崩すための、そのほとんどが失敗に帰したアメリカの努力を支持しなかった。アメリカの勢力圏におけるヘゲモニーは、ここ十数年来、一貫して保持されてきたわけではないが、一貫して左派から批判されてきた。それにもかかわらず、影響力の行使は政治生活の標準的な特徴である。われわれは皆、可能な限り影響を及ぼそうとする。では、影響力はどのように働くべきだろうか。それはいつ正当化されるか。ヘゲモニー的パワーに何ができるか——そして一体いつ、左派はそれに対して否と言うべきか。

これに関する一節がマルクスの『経済学・哲学草稿』にある。この一節は日常の社会生活に焦点が当てられ、私が知る限りでは、国際政治の議論において援用されたことはない。マルクスは次のように書いている。世界に対するわれわれの関係を「人間的な」関係であると想定してみよう。「愛を交換できるのは愛とだけであり、信頼を交換できるのは信頼とだけである。芸術を楽しみたいなら、芸術的教養をつんだ人間にならなければならない。他人に影響を及ぼしたいなら、実際に励まし援助することで彼らに働きかける人間にならなければならない(10)」。私はこれが政党、

〔訳注12〕アルベンス政権　一九五一年に発足したハコボ・アルベンス・グスマン（Jacobo Arbenz Guzman, 1913-1971）を大統領とするグアテマラの政権。前政権を引き継ぎ、革新的な政策を進めようとしたが、農地改革をめぐって、特に地主やカトリック教会等保守勢力から反対を受けた。また土地接収をめぐりアメリカ政府とも対立した。

〔訳注13〕ピッグス湾事件 Bay of Pigs invasion　一九六一年、ＣＩＡの支援を受けた在米亡命キューバ人部隊が、カストロ政権打倒を目指してキューバに侵攻した事件。部隊はピッグス湾（現地呼称はコチノス湾）に上陸したものの、カストロ軍の包囲によって反撃を受け部隊は壊滅した。このキューバ侵攻作戦の失敗をケネディ大統領は認めた。

〔訳注14〕アジェンデ政権　チリの大統領サルバドール・アジェンデ（Salvador Allende, 1908-1973）は史上初の自由選挙による社会主義政権樹立に成功し、農地改革や企業・銅鉱山の国有化を進めた。しかしアメリカと結んだピノチェトら保守軍部のクーデターの最中に死亡した。

社会運動、あらゆる種類のＮＧＯ、そして国家にもまた当てはまると提案する。もし、これらの組織が他国の人々に影響力を行使したいのであれば、彼らを励まし援助しなければならない。これは物質的な援助、政治的支援、イデオロギー的な説得を意味する。「人間的な」関係というマルクスの観念は、強制、操作、転覆を除外する。これら三つを除外することで、影響力は地理的範囲に限定されない――あらゆる個人、あらゆる政党や運動、あらゆる国家もあらゆるところで影響力を持つことができる。

　われわれが自国や他国に、ひとかどならない影響力の行使を求めるような――虐殺、民族浄化、あるいは宗教的迫害の――そういう事例は確かに存在する。大国は恐るべき事態がみずからの勢力圏で（そこにおいてのみではないが）起こるのを阻止する特別な責任を間違いなく有している――それゆえ、私が第三章〔ウォルツァーは「第四章」と誤記〕で擁護した人道的干渉の権利と義務とを有しているのである（それはどのような「悪行」に対しても適用さるわけではないが）。しかし、影響力は主に有用性と説得に依拠すべきものである――それは自己決定の権利が地理上の位置にかかわらず、すべての国家と国民に拡張されることの別の表現である。左派の外交政策はただ「人間的な」影響力を狙うべきである――そして、同様の政策は国家にとっても、ヘゲモニー国家にとってさえも正しいのである。

　もしロシアがウクライナにおいて影響力を行使したいならば、ウクライナ人にとって有用で、説得的である必要がある。他に方法はない。それこそ、私が思うに、リベラルと左派の立場なのである。「リアリスト」は軍事力の関数として影響力を捉えようと懸命になっているようだが、そして政治指導者たちも、少なくともしばらくはこの種の影響力に順応をしなければならないのかもしれない。しかし、われわれリベラルと左派は武力を背景にした影響力を、道徳的に正しいものとして、政治的に確証度の高いものとして受け入れはしない。われわれの党派と運動は他国でも積極的であるべきである――労働組合を結成し、政治活動家を育成し、民主的制度を強化するべきである。われわれはそれが可能なあらゆるところで、帝国の影響力を解体し、「人間的な」影響力を促進するために働かなければならぶときに意味していることを定義するもう一つの方法である。

ない。それはコーカサスでもチリにおいても同様である。その働きこそ実際、われわれが自分たちを国際主義者と呼ぶときに意味していることを定義するもう一つの方法である。

左派とヘゲモニー的支配

ヘゲモニーという観念によって示唆されるアメリカのパワーに関する、より穏当な理解から生じるような左派の政治とはどのような種類のものか。二〇世紀前半のイギリスでは、左派は「小英国主義者」だった――つまり、彼らは植民地の独立を支持していた。当時、すでにアメリカは、少なくとも公式的には、独立にコミットしており――つまり、すべての現存する諸国家の主権にコミットしていた。しかしイラク戦争後、アメリカの右翼でさえミクロ行政には興味を抱くことがなくなった。われわれはまた、公式的には民主主義にコミットしている。左派ができることの一つは、このようなコミットメントが言葉の上だけでなく実行の上でも尊重されるべきであると主張することである――それは善良で道徳的な行動方針が、ヘゲモニー的パワーと妥協するときにおいても、またその行動方針がヘゲモニー的パワーを必要とするときにも、そのいずれにおいてもである。

私はこれらの可能性の一つ目から始める。世界の安定のためにアメリカ政府が自国の利益と傾向に反してまで承認し、従う準備ができる利益と傾向とはどれくらいあるのか。アメリカが受け入れることを厭わないのはいかなる均衡で、どのような集団のものか。かつてレーニンは「インテリゲンツィアの役割とは、インテリゲンツィア出身の特殊な指導者を不要にすること」であると記した[11]。彼は本気でこう言ったのではなかったが、この思想は有用である。民主的なヘゲモニー国家の課題は、われわれ自身の役割を脱中心的なものに変え、権力の行使をより合意に基づくものに変えること、つまり、若きマルクスが語った意味でより「人間的な」ものに変えることである。

私はオバマ政権がこのことを達成するよう努力したと思う――ただし、とても成功したとは言えないが。より良い均衡や、より妥協的ヘゲモニーを達成し、民主的な政府をより効果的に擁護するという目標が、左派の反対派の政治を通してのみ達成しうると想定するのはたいていの場合、賢明であろう。左派は次のような想定に立って行動すべきである。すなわち、われわれにはアメリカ国民に提案すべき外交政策があり、それはアメリカ政府の典型的な外交政策の特徴と多くの点で異なる、あるいは対立するものであるという想定がそれである。それゆえ、アメリカの左派は自己制限的なヘゲモニーの支持者とならなければならない。私はウィリアム・アップルマン・ウィリアムズによって唱導された自己充足性の支持を意図しているわけではない（第一章を参照）。自己充足性は基本姿勢の一形態、つまり、海外への関与を避け、自国での生活を改善するものである。そうではなく、自己制限は海外での積極的活動の始まりであるべきである。明らかにラテンアメリカはその始まりの場所であり、その有用な事例が二〇一五年から二〇一六年までのキューバとの和解である。キューバとの外交関係の再構築は左派が長年支持していたものであり、それは、キューバの体制に批判的であった左派にとってでさえそうであった。それは勢力圏における適切な影響力の行使を求めた事例である。積極的活動としての自己制限とは、ＡＢＭ条約〔訳注15〕のような文書に署名し（そしてそれを守ること）、環境に関する京都議定書とパリ合意を強化し、そして国際刑事裁判所に参加することをも意味する。それは国際貿易で互恵的関係を促進することを意味する。つまり、世界の貧しい国々からの輸入に対してより広く門戸を開き、他の富める国家が同じように行動するよう促すことを意味する。このような指し手のすべてがヘゲモニーの修正や等しく適用された普遍的な規則が受容されることを含んでおり、そして、それゆえ一体性の犠牲に等しいものとなろう。しかし、グラムシが示唆したように、このような犠牲はヘゲモニー的パワーを取り除くものではない。つまり、それらは人類にとって有用な方法でヘゲモニーを修正するものであるが、それらはまた知的保全〔訳注16〕の一形態をも表しているのである。

左派がそれのために働くべき自己制限のもう一つの例は、アメリカの軍事力を世界中で行使することに関して、その透明性を高めること——そして、その軍事力の民主的コントロールを高めること——である。いわゆる対テロ戦争は主に警察活動であり、その中のいくつかはおそらく秘密裡になされるべきものである。しかし、この業務に従事するための規則は隠されてはならないし、左派はこれらの規則が外国で適用されることについての議論に、自国での議論と同様に参与しなければならない。警察が監察と批判を必要とすると考えることは左派がとりがちな立場であり、警察活動がときに支持を必要とすると考えることは左派としてはとり難い立場である。同様のことは、対テロ戦争が遠隔の地のテロリストの集団や個人に対する先制攻撃を含む実際の戦争になったときにも当てはまる。監察と批判は常に必要であるが、ときに支持も必要となる。

おそらくアメリカのヘゲモニーが最も印象的に表れているのは、われわれが世界中に軍事力を展開できる唯一の国家であるということである。しかし米軍の配置は——あたかもそれが当然であるかのように——民主的な審査や議論に服してはこなかった。確かに、私が第一章で描いた反米主義の近道を採用し、すべての米軍の展開を終わらせるよう要求する左派は存在する。疑いなく、反米主義には一理ある。九・一一後の数年、それはアメリカの国内での銃に対する執着が海外での武力行使に対する執着に影を落としていたかのようだった。アメリカは戦争が要求する政治的・外交的作業への真剣なコミットメントを欠いたまま、アフガニスタンとイラクで戦争を遂行した。未だに反米主

〔訳注15〕ＡＢＭ条約 Anti-Ballistic Missile Treaty　一九七二年アメリカとソ連の間で締結、発効した戦略弾道弾迎撃ミサイル・システムの開発、配備を制限する条約。二〇〇二年にアメリカは脱退した。
〔訳注16〕知的保全 intelligent maintenance　ＩＴ業界用語で、ビッグデータを解析してトラブルの発生を高い確度で予測することをいう。「予知保全」とも訳される。

義の近道の立場をとることは、区別の政治を拒否することを意味する。それでも世の中に真の敵が待ち受けており、そしてそのうちのいくつかは、アメリカだけでなく人類の大部分——特定の民族集団、様々な種類のマイノリティ、世俗的な民主主義者、フェミニスト、宗教的異端者、無信仰者——の敵なのである。このような傷つきやすい人々は、世界的なヘゲモニー国の助けをあてにしている——そして、彼らが必要とするものはときに励ましや援助以上のものである。彼らに援助をしたくない右翼の「リアリスト」は多数存在するが、左派はこのような連中と隊列を組むべきではない。

ヘゲモニー的パワーは果てしない戦争を必要としているのだろうか。これは対テロ戦争に対する通説的な批判であるが、私は不適切だと思う。この戦争の大部分を占める警察業務は確かに果てしない——おそらく犯罪に対する戦争ほどには文字通り果てしないものではないが。われわれは宗教的狂信が衰退し、鍵となる政治的紛争が解決に近づくさまを想像しうる——そうなれば、テロリストの攻撃はかなり減少するだろう。しかし、今は終着点を見出すことができないし、終着点があるはずだと主張することは無意味である。そうではなく、左派は、アメリカ軍の各々の海外活動に関する民主的な議論の必要性を主張すべきである。そして、これらの議論に参加するとき、われわれは海外の同志——民主主義者、世俗主義者、フェミニスト——の視点を考慮する必要がある。彼らはこれらの活動を支持するかもしれないし、支持しないかもしれない。

同じ議論はアメリカ政府とアメリカの私企業とによる武器の大規模な輸出に関しても当てはまる。これもまた、民主的な審査と規制に服するべきである——そして、再びここでも区別の政治が適用される。兵器の輸出がすべて悪いわけではない。フランス、イギリス、そしてアメリカが武器をスペイン共和国に売るべきだという一九三〇年代の国際的な左派の要求を思い出してほしい。脅威となる隣国から自衛するために、兵器を必要とする国家がある。しかし、われわれは隣国に脅威を与えている国に絶対に武器を提供してはならない。またわれわれは自国民を抑圧するような政府に武器を提供するべきではないことも明白である。

ヘゲモニー的パワーは、それがどのような――物質的、政治的、そして軍事的――形をとろうと、世界で善をなすための力となりうるし、あるいは少なくとも多くの悪に対抗する有用な力となりうる。左派のなかには、今日よりも各々の国家が、パワーにおいても富においても対等な平等主義的世界秩序を夢見る者もいる。そして反米主義のなかにはその夢から生じるものもあるだろう。しかし、アメリカのヘゲモニーへの反対は、ヘゲモニーそのものへの反対ではないし、またそれはリアリスト的見地からしてもありえない。なぜなら、他のヘゲモニー国が登場してくるだけであり、それが必ずしもより良いものとはかぎらないからである。知性ある左派はアメリカの軍事力がうまく行使されているか確認する努力をすべきである――これは軍事力の行使の仕方に区別を設けることを意味する。例えば、国連にルワンダの虐殺への対応を求め、また殺戮を止めるための軍事行動の後方支援を提供することで、アメリカが果たすことができたにもかかわらずそうしなかった役割を考えてほしい。あるいは、コソヴォへの干渉におけるアメリカの役割を考えてほしい――これは典型的な事例ではなかったが、干渉を主導することができる国が他に存在しなかったという意味で重要な事例である。あるいは、もしわれわれがアメリカの企業を意固地に守ることに関与しなかったならば、中米の経済的発展においてわれわれが果たしていたであろう役割を考えてほしい。あるいは、われわれの政府が外国人をすすんで敵視するものでなければ、世界的な難民危機に対処すべくわれわれが現在果たしているであろう役割を考えてほしい。

グアテマラやチリのような場所でのアメリカの軍事活動に反対することに慣れたアメリカの左派は、それに代わる可能性を承認することを学ぶべきである。これは国益をあまりに狭く捉え過ぎるアメリカ政府に人道主義の事業に関与するよう促すことになるかもしれない。あるいは、帝国の傲慢さと野心の悪臭漂う政府の政策に対して制限を要求したり、ただただ反対したりすることになるかもしれない。われわれはまた、ヘゲモニー的パワーの有益な行使が他国の支援に基づき、またパワーの自己制限が他国とのバランスを取る作業を必要とすると主張しなければならない。われわれは世界的な政治的分業を支持しなければならない。

ここで再びグラムシの均衡の理念を考えてみようと思うが、それが採る国際的な形態はヘゲモニー国とライバル国との旧態依然たる勢力均衡であろう。中国とロシアは世界のいくつかの地域で、〔ヘゲモニーのライバル国という〕この役割を果たしている――ただし、それは自身の傲慢さと野心とを臭わせるやり方であるが。確かに彼らはアメリカのヘゲモニーを制限しているが、左派の観点から言うと、アメリカとEUとのパートナーシップの形態のなかに、グラムシの均衡を想定する方がより有益である。アメリカが必要としているのは、アメリカにイエスも言えればノーも言え、あるときはアメリカとともに、またあるときは独自に行動のできるパートナーである。しかし、もしそのようなパートナーシップが樹立され、維持されるべきならば、ヨーロッパ諸国は現在の分裂状態を解決し、統合の脅威となるポピュリストとナショナリストの運動を打倒しなければならなくなるだろう。だがいま現在、欧州連合は世界情勢の責任を引き受ける、あるいは責任を共有する準備ができていないようである。

しかし、われわれは責任の共有に期待しなければならない。われわれはヘゲモニー国が行う作業のいくつか（この内のいくつかは必要な仕事である）をヨーロッパ諸国が引き受けるよう望まなければならない。彼らが責任を引き受ければ引き受けるほど、ヘゲモニー国が交渉し、妥協する余地が多くなるだろうし、均衡が平等に移行する機会も増えよう。ヨーロッパがもし――例えば――アメリカの関与なしに旧ユーゴスラヴィアの危機を強力かつ実効的に処理できていたならば、アメリカは今日そうであるよりもヘゲモニー的ではなかっただろう。

強力で実効的な外交政策を支持する左派がヨーロッパに存在したならば、アメリカの左派は確かに助けられるだろう。時を遡ること一九八〇年代、イギリスの社会主義者マイケル・ラスティン〔訳注17〕は、ヨーロッパは軍縮交渉において「牙を抜かれた」参加者である限り、アメリカに面と向かって自立を主張できないだろうと論じた。ヨーロッパ諸国は自国の防衛責任を負い、「自国軍の兵力と指揮との両面」で協力する必要がある。(12) ラスティンの議論はヨーロッパの防衛のみを念頭に置いたものであった。しかし、一九九〇年代のユーゴ内戦の後、ヨーロッパの左派はまた、ヨーロッパ内での、あるいはどこか別の地での大量殺戮と民族浄化とを阻止しうる、アメリカからは独立した軍の創設を支持するべきであった。その支持はまさに今、ヨーロッパの左派内部で反対派の政治を必要とするだろう。

もう一つの種類の反対派の政治は国際市民社会の中から現れるかもしれない。私がすでに述べたことではあるが、国家が今日の世界で唯一の行為主体ではない。世界経済で主な役割を演じる多国籍企業は、ハートとネグリの脱中心的な帝国の中心的な主体である。多国籍企業は帝国的な向こう見ずさに反対するが、それらはヘゲモニー的パワーへの反対の源泉ではなさそうである。ここでの私の目的にとってより重要なのは、普遍的な価値や集団の利益を守り、世界政治において現在進行形で規定されるべき役割を果たす、新しくかつ増加しつつある非政府組織である。ハートとネグリは、「道徳的干渉が〈帝国〉による干渉の最前線部隊［となっている］」ボスニアやコソヴォで人権NGOが果たした役割を引き合いに出しつつ、これらの組織が有する反対派としての可能性を否定した。(13) しかし、これらの特定の干渉の道徳的必要性、ならびにこれを一貫した帝国主義理論に当てはめることが極めて困難であることを考慮すると、この議論は根本的に間違っていよう。ヒューマン・ライツ・ウォッチやアムネスティ・インターナショナルのような組織は——彼らがかつてソヴィエト連邦とその衛星国のケースに介入したように——帝国の周縁のみならずその中心にも干渉可能である。今日、これらの組織は「ヘゲモニーの影響力が及ぶ」国家やアメリカ内の人権侵害に取

〔訳注17〕マイケル・ラスティン Michael Rustin（1938- ）イギリスの社会主義者。同じくイギリスの活動家であるジョージ・クラークと親しく、クラークが発行した雑誌『人民と政治』に寄稿している。またイギリスの文化理論家スチュアート・ホールとは家族ぐるみの親交がある。

り組むことができる。彼らはマルクスの言う「人間的な」影響力の格好の事例となっている。

世界市場がアメリカのヘゲモニーの主要な地盤であるために、世界貿易機関のような規制機関を乗り越え、あるいはそれに対抗するNGOを想定しなければならないし、資本の力を押しとどめることを目的とするNGOを想定しなければならない――かつて一九世紀と二〇世紀に社会民主主義が国内で行ったやり方にならってである。一九九九年シアトルでのWTO閣僚会議に対する抗議デモは、そのような政治活動がいかなるものなのかを最も鮮明に示したが、それに続く目立ったものはそれ以降、ずっと現れていない。国際市民社会が人権擁護や環境保護主義者の集団、あるいはその他の単一争点集団だけでなく、大規模な再分配の野望を持った世界大の運動にも場所と機会を提供するかは、われわれにはいまだに分からない。この点に関してハートとネグリは私よりも楽観的であるが、私が第二章で提起した問題――越境的な社会民主主義は可能なのか――はヘゲモニー的パワーの未来について、決定的に重要な問いであることは確かである。

同時に、われわれが国際社会の新たな均衡や国際市民社会における新たな社会運動を模索しているからといって、われわれが帝国属州の反乱を組織しているのではないことを理解する必要がある。われわれが構築するべき異なる種類の政治は、ヘゲモニー支配の現実のパワーに順応しうると同時に、その特徴的緩慢さにも順応しうるものである。イラク戦争直前の数カ月、マーティン・ウォーカー〔訳注18〕はこの緩慢さを「仮想帝国」の名のもとに描いている。私が探し求めている均衡は仮想的でも帝国的でもないために、私はこの名前があまり好きではない。しかし、ヘゲモニー国の側から書かれたものであるにもかかわらず、つまりこれ以上、批判が求められるべき場所は他にない場所で書かれたのであって、ウォーカーの描写はわれわれが新しい現実を理解する手助けとなりうる。彼はブッシュ政権の高圧的姿勢を予期しそこなったが、オバマ大統領の外交スタイルは予期していた。彼によれば、仮想帝国は「自国以外での国際秩序に対するある程度の礼節を示しつつも」、それに対する優越を維持する。同盟国は主権国家にふさわしい尊敬をもって扱われる。（一九八九年以後のロシアのような）かつての敵は新しい友となるよう手を差し伸べられるが、これが失敗したときは、「冷たく」、すなわち軍事的緊張を高めることなく外交的・経済的に適当にあしらわれる。仮想帝国の支配者は自国の利益、そしてときには他国の利益を守るために残酷になりうるが、しかし同時に、彼らの政策は諸外国、企業、そして多くの異なる利益集団からの――そしてまた、まがうことなく左派からの――「議論と説得に開かれている」。アメリカ仮想帝国は「新しい野獣」であり、「それは世界がこれまでに見たことのないようなものである」(14)とウォーカーは結論づける。われわれがその野獣をどのように呼び、またどのように論じようとも、われわれはその新しさを理解した方がよさそうだ。

「アメリカを再び偉大にしよう」とする右派からのいかなる努力も、ヘゲモニー的支配の不安定な特徴や、それが妥協と懐柔を常に必要としていることを露呈するだけであろう。一方で、アメリカは政治的・経済的に完全に制御されているし、われわれ左派は事情を完全に理論的に把握しているのであって、われわれがなすべきことは（われわれが諳んじている）レーニンの帝国主義論を適用することであるという自信に満ちた左派の主張――これもまた、政治的失敗への第一歩なのである。

【注】

（1）Michael Hardt and Antonio Negri, *Empire* (Cambridge: Harvard University Press, 2000), 344-345〔水嶋一憲・酒井直樹・浜邦彦・吉田俊実訳『〈帝国〉――グローバル化の世界秩序とマルチチュードの可能性』以文社、二〇〇三年、四三四頁〕.

〔訳注18〕マーティン・ウォーカー Martin Walker（1947-）イギリスのジャーナリスト、作家。『ガーディアン』紙の記者を長く務め、その間冷戦に関する著作などを執筆。また作家として『警察署長ブルーノ』のシリーズを世に送り出している。主著に『黒いダイアモンド』、『緋色の十字章』など。

（2）John Bellamy Foster, "Imperial America and War," *Monthly Review* 55（May 2003）, https://monthlyreview.org/2003/05/01/imperial-america-and-war/. しかし、フォスター自身の政治への取り組みは本物であった。

（3）Michael Ignatieff, *Empire Lite: Nation-Building in Bosnia, Kosovo, Afghanistan*（New York: Vintage, 2004）〔中山俊宏訳『軽い帝国：ボスニア、コソボ、アフガニスタンにおける国家建設』風行社、二〇〇五年〕.

（4）Chantal Mouffe, ed., *Gramsci and Marxist Theory*（London: Routledge and Kegan Paul, 1979）, 86-87.〔ウォルツァーの引用箇所は間違っており、正確にはp. 181。〕

（5）Stuart Hall, "Gramsci's Relevance for the Study of Race and Ethnicity," in *Stuart Hall: Critical Dialogues in Cultural Studies*, ed. David Morley and Kusan-Hsing Chen（New York: Routledge, 1996）, 424. またホールの政治に関する卓越した議論に関してはMichael Bérubé, *The Left at War*（New York: New York University Press, 2009）, 160-207を参照。

（6）Bérubé, *The Left at War*, 172.

（7）Ellen Willis, "Why I'm Not for Peace," *Radical Society*, April 2002, 14-15. またBérubé, *The Left at War*, 156-159も参照。

（8）Theodore Roosevelt, "Roosevelt Corollary to the Monroe Doctrine," December 6, 1904, *Teaching American History*, http://teachingamericanhistory.org/library/document/roosevelt-corollary-to-monroe-doctrine/.

（9）例えばDan Kovalik, "Russia and the New Cold War in Historical Context: Part II of Conversations with Russian Scholar Stephen Cohen," *Huffington Post*, July 13, 2016（updated）, http://www.huffingtonpost.com/dan-kovalik/russia—the-new-cold-war_b_7784832.html.

（10）Karl Marx, *Early Writings*, ed. T. B. Bottomore（London: C. A. Watts, 1963）, 193-194〔村岡晋一訳「経済学・哲学草稿　第三草稿」、『マルクス・コレクション　I』筑摩書房、二〇〇五年、四三四頁〕.

（11）V. I. Lenin, *What the "Friends of the People" Are*（Moscow: Progress Publishers, 1951）, 286〔「『人民の友』とは何か、そして彼らはどのように社会民主主義者とたたかっているか？」、『レーニン全集　第一巻』大月書店、一九五三年、三一六頁〕.

（12）Michael Rustin, *For a Pluralist Socialism*（London: Verso, 1985）, 249, 252.

（13）Hardt and Negri, *Empire*, 36〔『〈帝国〉』五七頁〕.

（14）Martin Walker, "America's Virtual Empire," *World Policy Journal* 19（Summer 2002）, 13-20.

第五章　グローバルな正義と国内正義

序論で述べたように、国内正義は左派の第一の関心事であった。それはわれわれが常に最も力を入れて従事してきたプロジェクトである。国外に目を向けるとき、われわれは国内で取り組むような問題に注目しがちである。苦汗労働工場、組合潰し、ワンマン経営者の問題などがそれである。だが、われわれはまた、広く国際社会にわたるより広範な分配問題や甚だしい不平等についても考える必要がある。そして、われわれは——後に説明する理由によって——国内で目指すのとまったく同種の正義を国外で目指すことはできない。では、左派の人々にとって国外の正義とは何を意味すべきなのか、そしてそれにはどのような取組みがなされるべきなのか。

グローバルな正義はグローバルな理論を必要とするように思われるだろう——すなわち、なぜあらゆる場所で直ちに、まさにこの方法で正義が実現されるべきなのかを説明するような、正義とは何かに関する哲学的ないしイデオロギー的に根拠づけられた単一の説明である。多くの左派の人々は——そして多くのリベラルも——そのような理論、より正確には、正しい社会、平等、自由、国際貿易、相互扶助、その他諸々に関する包括的で説得力のある物語を模索している——その物語は何度も繰り返し説かれることだけが必要である。世界のどの国に対しても、誰に対してであっても画一的に適用され、そして回り道せず一途に実現されることを要求するものだからである。よく知られているようにこのプロジェクトにはいくつかの困難がある。第一に、その物語にはその名において権威的に行動することのできる名宛人がいない。近代国家の支配階級やその民主主義的に選ばれた政府と並ぶ正義のグローバルな行為主体など存在しない。マルクス主義者はかつて国際的な労働者階級やプロレタリア独裁がグローバルな行為主体になるだろうと考えたが、いま現在、そのようなものが可能であると考えうる根拠はない。また、その正当性が広く認知されており、そのたった一つの真実の物語を採り入れ、それが描くプロジェクトを追求しうる行為主体や国家、NGOの代わりを務めるものも存在しない。国連安全保障理事会のメンバーには明らかにそうした努力を払う意志も能力もない。

第二に、単一の包括的な物語があるべきだということに同意している者でさえ、結局はそれぞれの異なる物語を語っているだけである。古参の左派は一つのイデオロギー的に正しい立場が存在すると信じていたものの、それが何であるかについて合意できたためしがなかった。物語には、世界市民型と国家主義型、革命型と改良型、宗教型と世俗型すら存在する――そして、それぞれの物語には、それが唯一の真実の物語だと主張する語り手（と哲学者）がいる。

第三に、われわれが伝えるいかなる物語もそれを聞くすべての人に同じような仕方で理解されるという――あるいは語り手が意図した仕方で理解されるという――確証がない。その物語が、全員での共同生活を分かりやすく、それゆえ魅力的なものとしうる利点が何であり、どこが理想的なのかを示すことにつながることはないだろう。共同生活のあり方は多種多様に多く存在するが、その種の共同生活は存在しない。文化の多様性や国家の多元性に鑑みれば、ある一つの正義観が世界のどこでも説得力ないし強制力を持ちうるなどとは考えにくい。グローバルな独裁者（その者がもし十分に開明的であるとして）、あるいはイデオロギー的前衛がその強制を執行するかもしれない。しかし、いかにしてその強制的支配が、それがたとえ正義という大義に適うものだとしても、それ自体として正当なものとなりうるかは理解しがたい。

しかしながら、世界の富と権力の広範な不平等、そしてそれに伴う貧困、栄養不足、疾病は、グローバルに適用されるべき批判を切実に求めている。あまりに多くの人々が自然災害や政治的暴力に対して極端に無防備であることも同様である――このことは第三世界のみならず、第一、第二世界においても当てはまる。さらに、その批判は、文化的な差異が決定的に重要であるという考えを是認することができない。それはわれわれが現在耐え忍び、そしてほとんど受け入れているような人間の苦痛がまったくの不正であるということを主張しなければならない。目を背けず直視してみると、事態は残酷である。過度な富裕とひどい貧困、力を持つ少数者と無力な多数者、独裁者や武装勢力と彼らの深刻な被害者たち、多国籍企業と抑圧された労働者たち、大邸宅に住む者と劣悪な環境に住む者、高級料理を食べる者と生ごみを漁る者。こうした両極分解はおぞましいものであり、左派の観点からすれば非道なものである。だが、その生活条件や日常茶飯事化した死により、左派からの、そして誰からもの単一の一貫性をもつ道徳的政治的応答を必要としているのは、彼らから遠く離れたより過酷な末端にいる人々である。われわれが貧困、飢餓、疾病、そして大量殺戮や民族浄化に反対するグローバルな運動を支持するには、不平等が絶対的に不正であるということに、あるいは人権の完全な一覧表に、さらには配分的正義の全面的な理論に必ずしも同意している必要はない。

疑いなくこれらの人災は、少なくとも部分的にはその地域特有の原因やその地域特有の行為主体による産物である。だがそうした人災はまた、政治的文化的境界線を横断する貨幣、労働、商品の流れによってますます特徴づけられている国際経済の産物であり、同様の境界線を横断する武力行使や軍需品の移送によってますます特徴づけられている国際政治の産物でもある。われわれは（左派に限らず誰もが）特定の国や文化や宗教の内部で起こっていることに耳を傾ける必要があるが、まずもってひとえに個別具体的な人間の苦痛に寄り添う必要がある。ここではグローバルな衝撃の方が地域的な差異よりも優先される。

それではグローバルな両極分解の最悪の極点にいる人々が耐えているひどい不正にどのように取り組むべきか。われわれは絶望的に貧しく絶望的に弱い人々の切迫した要求をどのように考えるべきか。われわれは彼らのためにどのような方策を推し進めるべきか。最初に認識すべきことは、その「われわれ」の範囲がどれくらい広いかである。グローバルな正義は左派でなく人類のプロジェクトとして始まる。左派に特有の任務はその後に来るのである。

したがって、グローバルに受け入れられる包括的な理論が近い将来に登場する見込みはないということ、そしていま現在、そのような理論を実践に移しうるような、グローバルに効力を発揮しうる行為主体は存在しないということを認めよう——そして「いま現在」というのが絶対的に必要な暫定規則である。われわれが時代の要求に応えるために必要とするものは最小限《ミニマル》である。すなわち、他者はわれわれと同様であるという認識、彼らの苦痛に対する同情、そして広く共有された少数の道徳的諸原理である。これらの集積をあえて理論と呼ぶなら、グローバルな社会が不完全であるのと同じように、不完全な小理論である。この小理論は少しのことしかできず、それらをなすにしても粗っぽく即席のやり方でしかできない。その実現は多くの異なる行為主体の組織化されていない活動にかかっているのである。この〈いま現在の正義〉という最小限《ミニマリスト》の記述には二つの側面がある。一つ目は人道的なものであり、万人の任務である。二つ目は政治的なものであり、左派の任務である。私はこの順番でそれらを考察する。〈いま現在の正義〉が一度実現されたら（仮にそれがされるとして）、その後何がなされるべきか、われわれの喫緊の課題を超えたところにどのような種類の正義があるのか、そして正しい制度や慣行はどのように発展され維持されうるのか——これらは相まって、文化的政治的差異という現実に適合した、かなり複雑な種類の大理論《マキシマリスト・セオリー》を必要とするものである。そうした現実や長い目で見た正義の追求については後に述べるとしよう。

人道的プロジェクト

われわれの大部分は、人間が苦しんでいるのを見たとき、自然と感情移入をし、その人を助けたくなる――ルソーが『人間不平等起原論』において述べたように、哲学によって堕落してしまっていない限りは。アメリカの哲学者ジョン・ロールズはその種の堕落に強い反感を表明した人物であるが、彼は困窮している人々を救済する自然的義務――「相互扶助の義務」――が存在することを主張した。[1] 彼は正しいと私には思われるが、この義務の根源は仲間意識の内に、つまり「他者」がわれわれと同じ人間であるとの直観的認識の内にあるに違いない。壊滅的な洪水や地震が起きたあとに数多寄せられる援助を説明するのはこの自然的感情移入である。反応はその市民の名において活動する政治的共同体(国家)からだけでなく、自発的結社(NGO)を通じて活動する普通の人々からも来る。だが、その始まりは諸個人の抱く感情である。感情がいかにして義務を生み出しうるのか。それはわれわれが感じるものの一つに、われわれがこのように感じるべきだということがあるからに違いない。すなわち、われわれは助けたいと思うべきなのである。

われわれは洪水や地震を自然災害と考えるが、それらの影響が悪意ある、または怠慢な人的行為主体によってしばしば悪化させられることを知っている。同様に、社会生活の災害の多くは、かつては自然の所業と思われていたが、最近は直接ないし間接の人的作用にその原因を探し求める傾向がある。これらすべての場合において、その苦痛の原因が自然であれ人間の行為であれ、仲間意識から行動し、人道的な仕方で応じるのは正しい。だが、人間が関わる場合はいつでも、それを引き起こした主体を特定するために因果連関を辿る必要もある。われわれは悪意や怠慢の来歴を調査し、その連関の中にある――われわれを含めた――あらゆる人々の責任を考慮しなければならない。その主体の名前が一度分かれば、自然的義務は当然、政治的義務によって補われるか、あるいは政治的義務へと変化することになる。

だが、まずは人間の苦痛を和らげる自然的義務から始めなければならない。われわれはいくつかの理由から、あまり効果的にこれを行うことができない。その理由というのは、あまりにも多くの苦痛が存在すること、あまりにも多くの異なる原因が存在すること、そして単一の組織だった救援の試みが存在しないことである。それでも、個別事例において、われわれはできる限り助けるべきであるし、これらの事例は洪水や大虐殺といった単一の出来事を超えて、深刻な貧困、ホームレス、風土病、そして現在も進行中の迫害や抑圧を含む広がりを持っている。この章では主に貧困に着目する。というのは、貧者は他のあらゆる種類の災害によって最も苦しむ者だからである。ハリケーン・カトリーナがニューオーリンズの街の大部分を破壊したとき、アメリカ人はこのことをかなりはっきりと目撃した。最も低い土地に住み、最も整備の遅れた堤防によってしか守られておらず、最も大きな住宅被害を受けたのは、最も貧しい住民たちであった。われわれ皆が知っているように、これはよくある話である。疾病で最初に死ぬのは弱者や栄養不足の人々である。地震や火災は粗末な家屋や安アパートに住む人々にとって最も致命的である。暴力が階級の境界線をまたぎ越す民族浄化のような災厄でさえ、逃亡資金のない人々に対して最も悲惨な影響をもたらす。貧困は人間の苦痛の主要な条件と考えられる——それは第一の人道的危機であり、われわれの救済の自然的義務の第一の対象である。

また、われわれは単純な人道的理由から救済すべきなのであって、これを行うための正義論を必要としない——もっとも、経済と政治の因果関係に関する妥当な理論は役に立つだろうが。われわれはまた、デイヴィッド・ミラー〔訳注1〕が述べているように、所与の事例における責任、あるいは少なくとも主要な責任の割り当てに関する理論的説明が役に立つことも認めるだろう(2)。だが、たとえ誰が行うべきかに関する合意があったとしても、いまここで具体的に何が行われるべきであるか、まったくもって明白でないことがしばしばである。われわれには最善の救済策が何であるかを議論し、役に立ちうる方策の組み合わせを見定めようとし、適切な行為主体にそれらを実行させる義務がある。これらの行為主体はＮＧＯの場合もあれば、宗教共同体に属する場合もあり、国連の支援を受けている場合もあるだろうが、グローバルな国際社会における最も効果的な行為主体は現存する諸国家である。それはわれわれの人道的な取組みでさえ政治的行動を必要とすることを意味する。われわれは国家当局の関与や国庫の支出を迫らなければならないのである。

われわれはこれらの取組みを人道的なものと考えるので、それらに参加する義務は全人類に及ぶ。個人の義務、そして国家を含む結社の義務は、ただ救援能力にのみ比例する。それは普遍的義務であり、私はわれわれがそれをそのようなものとして経験するものと考える。われわれは同民族や信仰仲間の場合により深い共感、あるいはより差し迫った緊急性を感じるかもしれない。そしてミラーが述べているように、彼らを救助ないし救援する（主要な）責任を割り当てる一つの根拠になるのがそのようなつながりである。左派にそう考える者がいるようだが、隣人や親類に対して特段の義務を感じることは不正なことではない。そうだとしても、苦痛を目撃することは、その被害者が誰であろうとそれに応じる義務を伴う。このような義務を感じない人が多くいることは私も知っているが、われわれの中にもそれを感じる者が十分いるし（そしてそのわれわれ自体の人数も多い）、われわれは単に個人としてのみならず、人類全体の成員として、人類全体のためにさえ義務を感じる。われわれはオックスファム［訳注2］や国境なき医師団、ヒュー

〔訳注1〕デイヴィッド・ミラー David Miller（1946- ）　イギリスの政治哲学者。とりわけナショナリズムに関する研究で著名で、リベラル・ナショナリズムの代表的論客である。ウォルツァーの政治論集である『政治的に考える』の編者でもある。

〔訳注2〕オックスファム Oxfam　一九四二年にイギリスのオックスフォードに設立された国際協力団体。第二次世界大戦後のヨーロッパにおける戦後復興や、難民支援、自然災害に対する支援をはじめとして、貧しく弱い立場に置かれた世界中の人々に対する幅広い支援活動を行っている。

マン・ライツ・ウォッチに寄付したり、津波の被災者を助けるために合衆国政府に海軍〔そのときはありがたいことに、海軍が近くにいた〕の派遣を要請したりするとき、自分たちがすべきことをしているだけなのである。

個々人が自分の時間、精力、金銭をどのくらい費やす必要があるかを正確に言うことは私にはできない。また、彼らのそうした資源をどの災害に当てるかを選ぶ方法を教えることも、私にも他の誰にもできはしない。政府資金の割当ても難しい選択を要する。あれをするよりもこれをすべきであるということの論拠——例えば、事例の緊急性——は確かにあるが、確固とした理論的手引きがあると期待してはならない。だが、どのくらいやるべきか正確に特定できないとしても、個人や国家が今以上にやるべきであると主張することはおそらく可能であり、そしてそれがもし可能であるとすれば、そう主張することは必要でもある。したがって、世界中の貧困を終わらせるためには最も富める国のGDPのほんの数パーセントだけで事足りるというトマス・ポッゲ〔訳注3〕の議論は有効である。(3) もしそれが本当なら、他のいかなる資源活用が道徳的に必要とされていようが、それらの〔貧困を終わらせるための〕資源活用を支持する強力な論拠が存在することになる。

大虐殺や民族浄化などの人間がつくり出した災害の場合や、政治的な飢餓〔つまり国家がからむ理由で引き起こされたり持続されたりする飢餓〕の場合は、必要な応答の中に武力行使が含まれるときがある。第三章において、私は左派の反対に対して人道的干渉を弁護した——もっとも、それを左派のプロジェクトとして主張したつもりはないが。それはあらゆる形態の人道主義と同様に普遍的な義務である。大虐殺を止める義務は誰にでも、つまり効果的に行動することのできるいかなる国家にも多国籍連合にも課される。諸個人はそのような事例においては行動できないし、前述の通り、NGOは継続中の殺戮を実際には助長してしまうような仕方で負傷者を救援することもある。ここでは強力な国家行動が必要とされる。その目標は大虐殺を止め、それから残忍でない政治体制の設立を助けることである。繰り返しになるが、軍事干渉の指導者たちは彼らの取組みを導く最善政体論を必要としない。彼らもまた、最小限の目標達成を目指すべきなのだ。軍事力もまた、大部分の人道的危機においては必要ではない――普通の難民危機においては必要ないし、貧困の危機においては確実に必要ない。そこでは物資を送ったり訓練を受けた人員を派遣したりするような非暴力的な応答が役立ちうる唯一の応答である。

左派の政治的プロジェクト

危機が自然災害であれ作為の（あるいは不作為の）所産であれ、人道的応答は同じであるべきだ。われわれの自然的で普遍的な義務は苦痛を除去することである。できる人は誰でもすべきである。それは責任の完璧な割り当てではないが、不可欠な端緒である。人間によって引き起こされる苦痛について考察すると、われわれはより特定の諸義務を擁護したくなるだろう。世界の貧困や、貧困につきものである災厄の多くは、略奪的な支配者、腐敗した一握りの独裁者、そして残忍な武装勢力によって引き起こされる。これらは政治的略奪、経済崩壊、内戦、そして大量亡命を引き起こす行為主体である。しかしながら、彼らは単独の行為主体ではない。というのは、彼らの多くはより遠隔地において、より顕在化しにくい政治的経済的アクターによって援助され、支持されているからである。頼れる同盟国を求め、武器を売り警察を訓練することを申し出る国家。安い労働力を探したり規制を逃れようとしたりしている企業。公務員を買収し、その地の法律に縛られない暮らしを送っている実業家。略奪された金銭を預金させたがっている銀行――これらもまた人災の原因なのである。

〔訳注3〕トマス・ポッゲ Thomas Pogge（1953- ）ハンブルク大学で学んだ後、ハーヴァード大学でジョン・ロールズの指導のもと博士論文を執筆。カントやロールズについての研究を中心として、グローバルな正義を主張する。

これらの行為主体のいくつかはアメリカのために行動している——例えば、国民の安全を守ったり、安い消費財や(リスクがありうるとしても)一攫千金の投資機会をアメリカ国民に提供したりしている——ので、彼らの行動の責任はアメリカ国民の全体に及ぶ。この議論は他の裕福な大国の国民にも当てはまる。それに関連する道徳原理は、相互扶助の原理と同じくらい明確である(そしてそれが無視されることも同じくらい頻繁にある)。すなわち、自分が加担してしまった他者に対する危害は——その加担が作為によるのか不作為によるのかにかかわらず——自分で後始末をつけようとしなければならないということである。この修復作業はとりわけ左派のプロジェクトである。

人災における共犯関係の例は、一例だけを使って私の議論を例証するのが恣意的に思われるほど多い。『最も貧しい10億人』の著者であるポール・コリアー〔訳注4〕は、西洋の政府や企業がどのような仕方で、世界で最も生活が苦しい人々の深刻な貧困を継続させているかを叙述している。彼はわれわれに、貧しい国々が石油や他の鉱物資源から大幅な収益増を得た場合に西洋の銀行が果たす役割を考えてみるように求めている。金銭の多くはしばしば採掘会社と馴れ合うことで現地エリートによって吸い上げられ、西洋の銀行に送られる。それから、その銀行はどうするのか。「基本的に、彼らはそれに関して沈黙を決め込んでいる。これは顧客情報秘匿法の必然的帰結であるのか。否、そうではない。もしその金銭がテロリストとの関係を疑われたとすれば、(…)そこでわれわれは銀行にそれを取り締まるよう要請する。だが、もしそれが最底辺の十億人の一般市民から奪われたものであるとすれば、まあ、それはお気の毒であるというだけのことだ」とコリアーは書いている(4)。事実、膨大な額の金が奪いとられているのである——それは、もしその資金が上手く使われていれば、少なくとも最貧国の深刻な貧困を減少させるには十分なほどの額である。

私は銀行制度改革のために努力する自然的義務がわれわれにあると想定しているのではない。しかしそうすることは、その銀行の所在国に住み、自身もそのサービスから利益を得ている左派にとって義務的な作業である——そしてわれわれは同胞市民たちをその作業に協力させようとしなければならない。銀行役員や監督省庁の義務は間違いなくより実質的であり、より容易に特定できる。一般市民の義務はそれほど強くなく、とらえどころがないが、それでもなおわれわれにいくつかのことを要求する。さらに似たような義務が多く存在するように思われる。すなわち自分たちの政府が略奪的な体制を援助するのに反対すること。自国が焚付け、あるいは干渉した内戦によって荒廃した国々の政治的経済的再建を支援すること。貧しい国々の製品を差別的に扱う貿易政策を改めること。労働賃金を切り詰める「底辺への競争」を阻止すること。自国に拠点を置く強大な多国籍企業が他国で活動するとき――たとえそれら他国の政府があまりにも弱体であったり腐敗したりしているために規制制度を維持できない場合でも――、最低賃金を支払い、環境を保護し、安全準則を守り、独立の労働組合を承認することをそれらに要求することである。

要するに、われわれは、自由放任主義の三位一体、すなわち資本、商品、そして労働力の自由な移動を奉ずる近年の貿易協定と経済同盟に明らかな、新自由主義型のグローバル経済に反対しなければならない。左派の多くの人々、特にグローバルな正義の唯一真なる物語に関わっている人々は、開かれた国境が正しい世界秩序の鍵となる特徴であると信じている。おそらくそうではあるものの、それは国内の自由放任主義によって初めて必要となった全領域にわたる社会民主主義的な規制を展開しうる世界政府をこの国際秩序が含んでいる場合のみである。そのような政府は今日存在しないし、そのうちいつか存在するようになるという見込みもない。移動の自由の三位一体は資本主義の楽園だが、それはあまりにも多くの人々を無防備な状態で資本主義の地獄に引き渡すことになる。われわれはその引き渡しに一役買っているので、なすべき任務があるのである。

〔訳注4〕ポール・コリアー Paul Collier（1949- ）イギリスの経済学者、アフリカ経済の専門家。世界銀行の開発研究グループ・ディレクター、アフリカ問題についてのイギリス政府顧問などを務めた。著書に『収奪の星』、『民主主義がアフリカ経済を殺す』などがある。

なすべきことのリストはとても長く、またそれゆえ左派はわれわれの精力をどこに向けるべきかという難しい選択をしなければならないだろう。多くの行為主体——さまざまな種類の政党、社会運動、労働組合、宗教集団、NGO——がこれらのような問題に取り組んでいるということはリベラル・デモクラシー諸国における組織的生活の特徴である。グローバルな市民社会は似たような組織を有しており、民主主義国家において資金を調達し、そして、自分たちの活動家にとって危険がないわけではないものの、独裁者によって支配された、あるいは敵対するギャングや熱狂的セクトによってズタズタにされた国々で働くことができる。われわれはまったく多様な仕方でまったく多様な国々において自分たちの義務を果たすことができる。

しかしながら、次のように反論されるかもしれない。そのプロジェクトが成功を収めるために十分な数の人々が行動を起こすことはありえない。政治的プロジェクトとしての修復的正義は、グローバルな包括的正義に劣らずユートピア的である。たとえわれわれの支持する資源移動が包括的正義論によって要求されているより小規模なものだとしてもなお、比較的裕福な国々の市民たちの間で広い支持を集めるにはその規模は大きすぎるといった反論がそれである。それはそうかもしれないが、私は資源移動が標準的な包括的理論と正しいイデオロギー的立場が要求するよりもはるかに小規模なのではないかと考えている。等しく重要なことに、それらはたとえ資源移動それ自体が反対にあうとしても広く受け入れられる相互扶助と政治的責任の原理から導き出されるということがある。このことは闘って勝利することのできる——あるいは部分的に勝利することのできる——政治的な闘争があることを意味している。〈いま現在の正義〉という大義は前進されうるのだ。

だがそれでは、より包括的な正義もまったく同じ手段によって前進されうるのではないのか、左派はより大きな目標を目指すべきではないのかと批判者は続けるだろう。略奪的支配者の打倒、荒廃した国土の再建、銀行改革、フェアトレード、多国籍企業の規制——これらすべてもまた包括的正義論によって必要とされるのではないだろうかと。

おそらく必要とされるだろうが、もしこれらすべてが多くの国家やNGOによって達成され、それらが独立に様々な成功を収めるとしたら、包括的枠組の出番など事実上なくなるかもしれない。実際、〈いま現在の正義〉の成功それ自体が、包括性をより困難なものとするのだ。

最後の点はもう少し説明が必要である。人道的側面と政治的側面の双方における〈いま現在の正義〉の目標の一つは世界中の人々に自分たちのために行動するのに十分な資源を提供することだ。これは私が第二章で代理主体《エージェンシー》の国際主義と呼んだものである。例えば、大きな被害を及ぼした洪水の後の救援は多かれ少なかれいつも通りの生活を取り戻すことだけでなく、将来の洪水を防ぐための治水技術者や国家当局との連携を可能にすることを目指すべきだ。独裁者や武装勢力の略奪した金銭を銀行に手放させるとき、われわれはその金銭を教育や開発に投資することのできる国家の出現を望んでいる。フェアトレードを擁護するとき、われわれは仕事や安全を供給できる地域経済の創出を目指している。内戦や大量殺戮後の政治的再建を支援するとき、われわれはその全市民の生命を保護する意志があり、またその能力があるような体制を創出しようと努めている。被災者援助の自然的義務と政治的義務には次のような必然的帰結がある。すなわち、われわれは幾度も災害に対処しなければならなくなるような仕方でそれらに対処するべきではない。われわれは人々がより上手く自助できるようになるのを助けるのだ。

現代世界における自助の決定的な行為主体は国家である――私はその国民によって制御され、国民のために行動し、彼らの権利や利益を守るまともな国家のことを言っている。国家の活動を監視し、報告し、規制する国際的な機関があればよいのだが、現在そのような機関は存在しない。国際連合は時折この役割を自らが担っていると主張し、そのいくつかの機関は世界に暮らす人々の生活の質を実際に改善することができているが、現存するような国際連合に自国民の福祉を自発的に委ねる国家当局は存在しないだろう。ヒューマン・ライツ・ウォッチやアムネスティ・インターナショナルのようなNGOは精査や報告を行っているが、彼らは規制する力を持っていない。〈いま現在の正義〉はグローバルな秩序における主権国家や準主権的国家の内部で、あるいはそれらを通じてしか作用しないのである。

もしこれらの国家が平和と安全の維持、洪水と飢饉の回避、教育と福祉の提供、経済発展の計画、外国の投資者の取締りに成功すれば、それらは世界をより正義にかなったものにするだろう。だが、もしグローバルな正義という大義が単一の包括的理論によって表現されるならば、それらの成功が必然的にその大義を推し進めることはないだろう。このことは二つの理由による。第一に、資金を顕著に救援や修復のために拠出して、そうして先に述べた成功に貢献した国々に住まう人々は、今度は自分たちの社会の問題に焦点を合わせる資格があるように感じるかもしれない——供出される資金は人それぞれだが、誰もがそれをなしえたとするならば。第二に、地域に注目することにより配分的正義が単一の画一的制度へと収斂するようなことはないだろう。その代わりに立ち出でてくるのは、多くの異なる国家における自由な政治、福祉、税制、経済規制、公的および私的所有の多くの異なる型だろう。

国内正義のための闘争

それでは、われわれは〈長い目でみた正義〉をどのように考えるべきか。(5) 救援と修復は今日の世界よりもはるかに平等主義的な世界を創出するだろう。左派はそれを超えて普遍的で絶対的な平等に執着する必要はないように思われる。もしあらゆる場所の人々がありふれた自然災害や社会生活上の災害から保護されるのであれば、もし略奪型の政治や経済が統制されるのであれば、もし良識が地球上に広まれば、われわれは文化的差異、政治的闘争、経済競争をあるがままにまかせ、それらが生み出すものを生み出させてよい。

私はそれらが生み出すものは何でもすべてが正しいとも十分に良いとも、あるいはそもそも良いとも言っていない。われわれは依然としてたゆまぬ社会批判を必要とするだろうし、さらに重要なことに、繰り返される政治的闘争を必要とするだろう。しかしこれら〔社会批判や政治闘争〕は今に地域的なものとなり、世界中で繰り返されるようになろう。聖書の有名な一節にはこう書かれている。「正義を、ただ正義のみを汝は追い求めなければならない」（申命記第十六章二〇節）。だが「汝」に当てはまるのは、一度世界が経済的充足とまともな政治を達成したならば、全体としての人類というよりはむしろ複数の人間共同体である。多くの追求あれ。百の花を咲かそう。共同体や文化、宗教が、様々な社会財の相対的価値と各々に適切な配分的基準とについて相異なる考えを持つことは、人間の創造性の証しである。同じ共同体や文化、宗教の内部でさえ様々な優先順位や理解が存在するだろう。差異と不一致は人間生活の普遍的な特徴である。しかしながら、人間の不一致に特殊なかたちを与える共通の参照領域、共通の歴史や文学、そして共通のコミットメントがある。これら共有財は高度に分化した文化的制度や宗教的制度を通じて政治共同体の内部で再生産される傾向にある。共有財が政治的な境界線を越えて広がるとき――欧州連合という事例においてそうしている、あるいはしていたとかつてわれわれが考えていたように――正義の追求も同じような仕方で広げられるべきである。仮に共有財が地球上に広がるとすれば（それが何であるかについてわれわれが合意に達しうるとして）、われわれは画一的で包括的な正義をひとえに追求しさえすればよいことになるだろう。だが地域的な広がりは今日まれであり、グローバルな広がりは存在しない。いくつかの社会財に関してその出現のかすかな兆しが見える――政治権力の民主主義的配分に対して昨今至るところでなされているリップサービスのように。だがリップサービスにはあまりにもコミットメントが不足しており、他の社会財に関するグローバルな理解には見解の相違が著しい。

グローバルな正義は緊急の必要に対する、最も暮らしむきの悪い者の苦痛、自然災害や人間の略奪行為の被害者、貧者や弱者に対する応答であるべきだ。それらが持つ二つの不可欠な側面は危機の際の相互扶助と国境を超えた不正に対する政治的責任である。いま現在というのがその時間的制約である。しかしながら、貧困や無力さによる窮迫を脱した人々の間での社会財の長期的な配分——これは彼ら自身の任務であるべきである。それは国内正義の問題である。そしてそれに対する時間的制約はない。任務はずっと続いていくのである。いかなる所与の時点においても左派が（そして誰もが）関わり続けるのみなのだ。

われわれが自己決定や解放の政治について考えているのと同じくらい、国内の配分的正義について考えることを私は提案する。それぞれの集合的自我は自分のことを自分で決めなければならない。またそれぞれの解放はある特定の人間集団の解放であり、その人間集団による解放である。そのプロセスは反復的である。以前の決定を模倣する自我もあれば、それとは対照的に決断することを選ぶ自我もあるかもしれない。だが何をするにしても、彼らは自分自身でそれをなさなければならないのである。同様に、古い左派の格言によれば、「労働者階級の解放は労働者階級それ自身の手によらなければならない」。あるいはまた、民族解放は抑圧された、あるいは従属的なそれぞれの民族の任務でなければならない。たとえその解放プロジェクトが世界中から、例えば抑圧的国家の反体制派の市民から支援を得るときでも、民族解放の闘士は自分たちの民族にとって解放が何を意味するかを外部の支援者に決めてもらおうとは思わない。ただ自分たちの人民だけが正しくそれをなすことができるのだ。同様に社会財の配分はその財を創出し、尊重し、配分する人々によって決定されなければならない。彼らは自分自身で正義のために何が必要であるかを突き止めなければならない。彼らは間違いうるだろうか。まず「彼ら」が曖昧である。確かにその中には間違える者もいるだろう。時には彼らの多くがそれを間違えるということもありうる。しかしながら、彼らの全員がいつでもそれを間違えるということはありえないと私は思う。

間違える者がいるという事態はどのように起こるのだろうか。二つの仕方が主に重要である。国内正義の第一の失敗は、配分の基礎となる共有された理解が実はその地域のエリートが強弁しているほどには広く共有されていないときに起こる。例えばそれほど昔のことではないが、エリート集団は、奴隷が彼らの境遇を受け容れ、彼らの主人を愛しているのだと主張して奴隷制を擁護した。奴隷制は伝統的で親切な制度であるというのだ。もっと最近では似たような連中が、女性は広く流布しているジェンダー・イデオロギーに自らコミットしており、そしてそこから帰結する仕事、賃金、敬意の配分を受け容れていると主張して女性の従属を擁護した。これらの記述に合った個々の奴隷や女性はいたであろうが、多くはなかったと思われる。極端に力の不均衡がある世界では、否認や抵抗は婉曲的でほとんど目につかない形をとるかもしれないが、それでもそれらは本物である。

抵抗は認識しにくいため、国内的配分を批判する左派の中には、それらに異なる意義を割り当ててはいるものの、エリートの主張を繰り返す者もいる。彼らは、被抑圧者は抑圧者のイデオロギーを信じ込まされていたため、自分たちが抑圧されているということに気づいていないと主張する。彼らは虚偽意識の被害者なのである。対照的にこれらの批評家は抑圧を真に理解しており、正しいイデオロギー的立場を保持し、必要な政治的応答を知っているという。彼らは不正の存在と政治的応答の必要に関してはしばしば正しいだろう。しかし彼らは通例、自分たちが代弁していると主張している人々のことを見誤っており、もし正義が被抑圧者自身の任務でなければならないとしたら彼らがするに違いない種類の応答を捉え損ねている。前述の通り、虚偽意識論は政治権力の甚だしく不平等な配分に繋がりがちな前衛政治の方へと向かっていく。

繰り返しになるが、解放の任務は解放される必要のある人々の任務でなければならない。それ故、解放の定義は彼ら自身のものであるべきだ。他の人々は彼らのことを助けることはできる——彼らはしばしば助けを必要とするだろう——が、彼らの未来を決めるのが他人であってはならない。他の人々は彼らの努力を批判し、解放された生活に関する異なる見方をとるよう彼らに促してもよいが、これは批判にとどまるものでなければならない。決してそれが支配に変わってはならないのである。解放闘争がどのように進むべきか、あるいは解放された生活がどのようなものであるかに関する単一の公式見解など存在しない。

国内正義の第二の失敗は、ある高く評価された社会財が他の財の意義を顧みずに他の財を強奪するために使われるときに起こる。旧ソヴィエト連邦の国家権力は教育、医療、住居の配分を支配していた。共産党員であることは、表向きは単にイデオロギー的コミットメントと政治的任務を示すものであったが、それは職業上の昇進のためには必要かつ十分な基準であった。同様に、多くの西洋諸国においては、市場の成功と蓄財が表向きは非売品とされている社会財――公職や刑事裁判を含む――の配分を支配している。イラン・イスラーム共和国では永遠の生をもたらすと言われている宗教的コミットメントが現世における政治権力と法的権威をもたらす。

これらの配分的正義の歪みに抗うことができるのは強奪された財への関心と理解を持った人々のみである。教育の自律を守るのは教師や生徒たちである。医療施術の保全を要求するのは医者、看護師、患者である。信者たちは国家による統制からの宗教団体の独立を擁護する。通常の市民は宗教による統制からの国家制度の独立を擁護する。市民は自分たちがその公平性を認めることができ、その優先順位を受け容れることができるような福祉制度を要求し、あるいは自らの票が価値を持つような投票制度を要求する。左派はこれらすべての努力を支えるべきである。これらは正義を追い求める日々の闘争であり、必然的に特定の時と場所において特定の人々によって闘われる地域的闘争である。われわれはそれらが他の国々でどのように進行するかを観察し、他国から学ぶ――あるいは学ばない。

これらの闘争において、国家は目的であり手段でもある。われわれが政治権力と公職はいかにして正しく配分されるかについて論ずる点においてそれは目的である。これら二つは他のものと同じように社会財である。だが、国家は、福祉を供給し、公平な裁判と自由な選挙を保障し、金銭によって何が買えて何が買えないか、そして権力者の影響力にいかなる制限が付されるべきかを決定する配分を行う手段でもある。これらの国家権力の手段としての使用が民主主義的に決定されると想像してみよう。それらは人々の意見によって、地域特有の常識や慣習的信条によって、歴史的記憶によって、そしてイデオロギー的討論によって形づくられ、つくり変えられるだろう。そこから帰結する配分は、たとえある包括的理論がそれらは誤っていると宣言したとしても正当性を有するであろう。そして、たとえそれらが正当性を有しかつ正しい（すべての社会財が、それらを創出し配分する人々が感じ取る意味に従って配分される）としても、その帰結は決して最終的なものとはならない。差異と不一致は我が道を行くもので、配分の議論は繰り返し更新されるだろう。あれこれの配分におけるよりいっそうの平等にコミットする左派はこれらの議論に参加しなければならないだろう。

グローバルな正義の原初的形態である救援と修復も決して終わることはないが、少なくともそれらを導く諸原理に関して大ざっぱな合意が成立するということは想像できる。われわれは現存するすべての国家が自助でやって行けるような世界を想像することができる。そうなれば相互扶助と修復的正義がときどき、場所ごとには必要となるだけである——必要となればいつでもすぐに現れる。そのように想像するのは容易であるが、しかしわれわれは依然としてそのような世界から遠く隔たっており、人々がいま現在必要としているグローバルな正義からかけ離れている。しかし、たとえそうした世界の実現がはるか彼方だとしても、貧困や無力による急迫から解放されている人々はすでに国内正義の追求と、それが必要とする社会財および社会的価値に関するたゆまぬ議論に参加している。ここで私が唱道している政治的プロジェクトを表現する方法の一つは、すべての人々が最後まで決して得ることのない正義を追求することができるように、彼らがいま現在必要としている正義を持つべきだと述べることである。

【注】

（1）Jean-Jacques Rousseau, "A Discourse on the Origin of Inequality," in *The Social Contract and Discourses*, trans. G. D. H. Cole (New York: E. P. Dutton, 1950), 226〔本田喜代治・平岡昇訳『人間不平等起原論』岩波文庫、一九七二年、七四頁〕; John Rawls, *A Theory of Justice* (Cambridge: Belknap/Harvard University Press, 1971), 338-339〔川本隆史・福間聡・神島裕子訳『正義論』

紀伊國屋書店、二〇一〇年、四四七―四四八頁〕．

（2）David Miller, "Distributing Responsibilities," in *Journal of Political Philosophy* 9:4（December 2001）, 453-471.

（3）Thomas Pogge, *World Poverty and Human Rights*（Cambridge, UK: Polity Press, 2002）, 204-205〔立岩真也訳『なぜ遠くの貧しい人への義務があるのか――世界的貧困と人権』生活書院、三一三―三一四頁〕．

（4）Paul Collier, "Why the Poorest Countries Are Failing and What Can Be Done About It," in *WIDER Angle*, no. 2（Helsinki: World Institute for Development Economics Research, 2007）, 2. Collier, *The Bottom Billion*（Oxford: Oxford University Press, 2007）〔中谷和男訳『最も貧しい10億人――最も貧しい国々のために本当になすべきことは何か？』日経ＢＰ社、二〇〇八年〕も参照。

（5）ここでの私の議論は、*Spheres of Justice: A Defense of Pluralism and Equality*（New York: Basic Books, 1983）〔山口晃訳『正義の領分――多元性と平等の擁護』而立書房、一九九九年〕の中で展開した議論と一貫するよう意図されている――私はこの本の中では〔まだ〕基本姿勢の虜となっていたため、国内正義についてしか論じていない。

第六章　世界政府と強弁の政治

世界政府はたいていの場合、左派のユートピア、来るべき時代についての夢想である。しかし、現に主張されているその中には、悪夢と呼ぶべきものもある。世界大の暴政――イマヌエル・カントのいうところの「世界王国」、彼によればこれは「魂のない専制政治」でもある――は、間違いなく世界政府の一形態であって、しかもおそらくは最もありうる形態である。[1] 世界国家は、初期近代のヨーロッパにおいて個別国家が形成されたのと同じ道をたどれば、すなわち絶対王政を端緒とすれば、おそらく形成されるだろう。独裁はどこででも悪夢である。しかし、複数の主権国家からなる社会の大きな利点は、どんな場合でも独裁に代わる選択肢が存在することである。他の体制の中には、魂を持つものもあるかもしれないのである。政治亡命者に避難所を提供できる国、そして自由主義的で民主主義的な支配のモデルあるいはそれに近似した国が存在する。ある国で発禁処分を受けた書物を、別の国で公刊することができるかもしれない。今日の世界秩序の大きな利点は、その多元主義である。まかり間違っても、私はこの秩序を単一の全包括的国家に取り替えようとは思わない。それにもかかわらず、多元主義的秩序でさえも、何らかの統治機構、相対的に安定した実務と意思決定プロセスを必要とする。そして、現状よりも優れた統治が行われる世界を想像することが可能なのは確かである。そのような世界には何が必要だろうか。

先のいくつかの章でほのめかしていた一風変わった提案から始めよう。より優れた統治が行われる世界は、第一に、国家建設と国境画定の完了を必要とする。主権国家体制の超克を云々する人々は、たいてい、承認された国境を持ち安全が保障された国家で暮らす人々である。国家を持たない人々（例えばパレスチナ人、クルド人、チベット人）、セクトの私兵や荒くれ傭兵から国境や住民を守ることのできない略奪国家や破綻国家で暮らす人々——このような人々は誰一人として、政治の超克や世界政府に関心を抱いていない。彼らには違う夢がある。彼らは自前の国家を、人身の保護、経済の管理運営、福祉、教育といった主権がもたらす普通の利益を提供することのできるまともで実効性のある国家を欲している。現代世界における最悪の紛争、最も甚だしい人間の苦痛は、国家の不在や国家の破綻から生じている。

このことは明白であると私には思われるが、左派の多くは国家、とりわけ現代世界で最もありふれた国家形態である国民国家を敵視している、あるいはそう言い張っている。彼らは国民国家の偏狭さ、ショーヴィニズム、そしてそれが時に解き放つナショナリズムの激情を非難する。これは、左派の歴史の初期から存在する真に普遍主義的な論法であった。例えばローザ・ルクセンブルク[訳注1]はある草稿で、ポーランド人、ウクライナ人、リトアニア人、チェコ人、ユーゴスラヴィア人、ユダヤ人、そして「コーカサスの新たな一〇〇の民族」を等しく嘲笑した。彼女が見た光景は、「朽ちていく死体が一〇〇年の墓穴から這い登り、（…）国家を形成せんとする激しい衝動を感じている」というものでしかなかった。[2] しかし近年になると、左派は（正しくも）インド、インドネシア、スリランカ、ヴェトナム、アルジェリア、ガーナ、ローデシア、アンゴラ、バングラデシュ、その他多くの地での民族解放と新国家形成に共感してきた。今日では、われわれは（これもまた正しくも）パレスチナの民族解放に共感している。われわれの多くはベネズエラ、ボリビアおよび他のラテンアメリカ諸国のポピュリスト的ナショナリズムに熱狂している（本当は慎重であるべきなのだが）。われわれは、ＥＵとその銀行家に対抗して国益を主張したギリシアに強力な（そして正当な）支持を示した。われわれは（誰もがそうしたように）アラブの春、そしてエジプトやチュニジアのような国で行われた、既存の国民国家を改造する努力を歓迎した。それは決して既存の国民国家を超克する試みではなかった。

これらすべては、左派が国民国家に示す敵意という通則に対する例外である。ここで興味深いのは、通則に対する例外のほうがはるかに、通則の適用事例よりも数で勝っていることである。重大な適用事例はイスラエルにおけるユダヤ人国家に対するものである。大半の左派において、シオニズムに対する反感が民族問題に対するイデオロギー的に正しいとされる立場を規定している。通則にのっとっていると思われる他のいくつかの事例もある。その一例は、左派に蔓延するクルド人の民族解放運動への無関心であり、もう一つの例は、多くの左派がグルジアとウクライナの地域的ナショナリストたちに反対し、ロシア帝国主義を弁護しようとしたことである。(3)

左派はまた、自国のナショナリズム、頑迷固陋な他所者嫌いと反移民を掲げる政治家を敵視する。しかしそのような敵意は（アメリカでもどこでも）基本姿勢とぴったり一致している。海外のナショナリズムに対する大方の見解は、イスラエル国家に対するある種のイデオロギー的憤激と次のような要求に突き動かされているようだ。つまり、この国家は二つの民族から構成される国家、より正確に言えば、ポストナショナルな「すべての市民の国家」――つまりそのうちの誰のものでもない国家――に取って代わられるべきであるという要求がそれである。(4)こうした憤激の原因を説明しようとするつもりは私にはない。左派の反ユダヤ主義、「愚者の社会主義」の長い歴史は、その説明の一部

〔訳注1〕ローザ・ルクセンブルク Rosa Luxemburg（1871-1919）ドイツの女性革命家、経済学者。ポーランド革命運動に関わった。ドイツ社会民主党左派の一員であり、スパルタクス団、ドイツ共産党の設立にも携わった。一九一九年一月に仲間とともに武装蜂起したが鎮圧され殺害される。著書に『資本蓄積論』。

にすぎない(5)。ヨルダン川西岸地区とガザをイスラエルが占領したことに対する反感が、イスラエルのみを敵視する政策に支持が集まることの大きな原因となっている。しかしそれは、こうした政策やその単純なものの見方の起源を説明してはくれない。占領が終結し、イスラエルに隣接するパレスチナ国家が樹立されれば（これは国際主義的左派の正当な目的である）、現在イスラエルの正当性を認めない人々も正当性を承認するはずだとは、とうてい思えない。

それでも、左派の人々の間には極めて多様な立場が存在する。ここで私が擁護しようとするものもその一つである。それはすなわち、国家を必要とする人々すべて、すなわちユダヤ人も含めたすべてのための国家を支持する立場である。

破綻国家の国民を援助するには、国家主権の原理を侵害する軍事干渉という形態が必要になるかもしれない。しかしこうした干渉の長期的目標は、主権を樹立する、あるいは強化することである。これが国家建設の意味である。中央権力が崩壊していたり、武装勢力が支配していたり、相争う宗教セクト同士がお互いの構成員を虐殺しあっていたりする場所でどうやって国家を建設すればよいのか、誰にも分からないとしても、殺戮が止めばすぐさま干渉諸国が用意しなければならないプロジェクトは、何らかのローカルかつ正当な権威を創設することである。どんな難題が待ち構えていようと、干渉諸国は、過度な強制力を用いずに統治できるほど国民に支持された政府を持つ実効的な国家を目指さなければならない。これは最低限の目標であって、主権国家体制を超克するような目標でないことは間違いないが、現実的で必要な目標である。

私が想像するのは、主権国家体制が完成した後にやってくる世界平和ではなく、ローカルな平和——限られた場所での断片的な平和——である。新国家やまともな国家の創設こそが左派が為さなければならない作業である。われわれはこれを人権の保護とみなすことができる。けだし、実効的政府が存在しなければ人権が重大な危険に晒されるのだから。われわれが知っている世界、われわれが数年後に知ることになるはずの世界では、まともな国家というのが、人権を保護するための最良の行動主体である。ヒューマン・ライツ・ウォッチやアムネスティ・インターナショナルのようなNGOは、色々な国の慢性的不正を報告し、そうした国が内部で改革を行うことに期待をかける。しかし彼らは、現在進行形で権利を侵害されている人々を保護することができない。彼らは体制転換を目指して働く（彼らは認めたがらないだろうが）。しかし彼らが変えようと望む体制は、国家体制であり、そうでしかありえない。

われわれはまた、主権国家体制の完成という作業、より優れた統治が行われる世界に向けて必要なステップを、資源の再分配と考えることもできる。なぜなら、より裕福でより強力な国家だけが国家建設のコストを負担できるからである。こうした国家はしばしばかつての帝国主義国家や植民地主義国家であるため、彼らが負担しなければならないコストは必ずしも人類愛に基づくものではない。このコストはしばしば道徳的に強制される。それは、私が最終章で記述する修復的正義から派生するのだから。国民の安寧と安全保障に関心を抱く真の独立国家が外国からの支援を受けて創設されるときにその負債が支払われるのが普通である。国家建設は帝国主義や植民地主義の逆である。それはこの両者を拒否することである。完成された主権国家体制は、それゆえ、より正しい国際社会となるだろう。

この完成作業のモデルとなりうるのが、宗教的寛容を唱えるジョン・ロックの議論である。独立と実効的政府を切望する人々は、宗教の自由と政治的保護を切望した一七世紀の反体制派プロテスタントに似ている。ロックは『寛容についての手紙』で次のように記した。「ただこの一つのことだけが確立されれば、良心のためのあらゆる不満や騒乱の根拠が取り除かれることになるでしょう」[(6)]。ロックにとって「この一つのこと」とは、宗教的寛容——あらゆる信仰者に開かれた自由な教会であった。現代の「この一つのこと」は、あらゆる市民に開かれた、まともで実効性を持つ国家である。そして今日における不満と争いの根拠は、民族の独立と人身の安全の欠如である。これらを一掃すれば——すなわち、世界のあらゆる国民に独立（あるいは何らかの機能的等価物）と安全を提供すれば——世界はより平和な場所になるだろう。またしてもこれは明白だと思われる。

ロックは続ける。「治安を脅かすような暴動のために人々が集合するのは、ただ一つ、抑圧のゆえにほかなりません」[7]。民族に対する抑圧は、宗教的抑圧と同じ「集合させる」効果を持つ。しかしここでわれわれはこう付け加えなければならない。無政府状態と無法状態、実効的政府の不在、内戦、もっとひどいのは、ホッブズのいう「万人の万人に対する戦争」――これらは、たとえ正統派からの迫害や独裁が同程度の動員効果を持たず、「暴動」が想定されるほど治安を脅かすものではないとしても、それらと同じくらい抑圧的になりうるのであると。良心の痛みがなくなり、民族の願いが聞き届けられ、日常生活がそこそこ安全だと人々が感じるようになれば、平和が訪れるだろう。

しかし痛みのない良心は、満たされた民族や安全な住民よりもはるかに想像しやすい。われわれは良心の平穏というものをある程度経験している。自由主義国家はロックのいう寛容を日常の現実にし、これにはロックが予言したことにとても近い結果が伴っているからである。宗教が（ある程度の）リベラルな市民たちの真剣な関心事であり続ける限り、意見の不一致と争いごとは残る。しかし一七世紀を騒がせたような争いは、国家が宗教的迫害を断念し、何らかの政教分離の措置を講じたところではどこでも、克服されている。

民族の従属と国家の破綻がすべて乗り越えられれば、同じ結果が生じるだろうか。この第二の政治的転換が第一のそれと同じ仕方で実現されることはありえない。同一の領土において、宗教集団はすべて寛容の対象となることができる。しかし、もし人々が皆安定した国境の内側で政治的自律や主権を獲得しようとするなら、彼らはそれぞれ固有の領土を必要とする。民族自決は、宗教の自由とは異なり、物理的空間とその空間内での武力行使の独占を必要とする。しかし、明確に画定された国境に囲まれるこの空間は、一朝一夕に得られるものでもなければ、自然に（または神意によって）特定集団の人々に割り当てられるものでもない。この空間は何らかの仕方で取得されなければならず、この取得にはしばしば異論が唱えられるだろう――異論を唱えるのは帝国主義的な国家だけでなく、自国の市民の安全に配慮する他国もである。そうなると不満と争いは終わらない。ある国民にとっての自由はしばしば他の国民に対する抑圧なのである。

もし左派の国民国家に対する敵意が事実、一貫していたとすれば、以上の点がその敵意の原因だと言えたかもしれない。しかし左派の敵意は一貫しておらず、より重要なことだが、そうであってはならない。民族紛争に巻き込まれている人々は通常、だからといって国家建設と主権を得る希望を捨てるよう仕向けられたりはしない。そして左派が応答しなければならないのはこのような人々なのである。解放闘争も、大国による干渉も、相争う私兵集団と対立しあうセクトの闘争も、あらゆる内戦も、必ずしも無限に続くものでもなければ、際限なく破壊をもたらすものでもない。独立と安全保障を求める主張を弁護するのに役立つ歴史的実例がある。ノルウェーとスウェーデン、チェコ共和国とスロヴァキアの分離は、二国家共存という解決策の有用な実例であり、ソヴィエト連邦の崩壊は多国家共存という解決策の有用な実例であり、東ティモールとコソヴォの創設は成功した（外国による援助を伴う）分離独立の有用な実例である。もう一つ別の例に、内戦後のナイジェリア統一の回復がある。加えてわれわれは、たとえ成功例を見つけることが難しいとしても、破綻国家の再建を想像することができる。独立と安全は、局所的なものだとしても、ロックの議論が約束する平和に似たものをもたらす、あるいはもたらすだろう。

よき境界あってのよき隣国。(8) 分離独立、分割、解放、用心棒私兵の鎮圧と政治的連合の保全――国家建設と安全保障を目指すこれらのプロセスは、ある種の世界大の組織に向かう道筋を示唆している。

その道筋自体は血塗られたものである。様々な民族からなる人々が、同じ領土を取り合ってひしめき合っているため、よき境界など想像もつかないというケースがあることも私は認める。この場合、何らかの連邦制度、もしくは自治領を抱えつつ平和を維持できるほど強力な中央政府に期待がかかる。いずれにせよ、主権国家体制の完成は追求するに値する改革である。民族解放運動と形成途上の政府はこれを追求するだろう。しかし他の国家もこれを追求し、外部から援助したり、場合によっては破滅的な内戦や大虐殺を止めるために直接干渉したりしなければならない。目標は比較的安定した国境を持つ国家からなる世界、ある程度の規模の人間集団が決して排除されない世界である。これはユートピア的なプログラムだろうか。そのような世界が現存しないという意味では、イエスである。様々な民族が続々と国家建設と安全保障を現に獲得しているという意味では、ノーである。このプロセスが平坦ではなく、時に暴力的であり、それと並んで逸脱事例（国家なき民族、多民族国家）が生まれているが、これらのいずれも、このプロセスから手を引くことの十分な理由とはならない。

主権の後に

主権国家体制の完成は決して歴史の終点ではないと即座に付け加えておきたい。歴史に終焉はない。この体制の完成に向かう道に難題が待ち構えているからこそ、次のプロセスはすでに始動している。そしてこのプロセスは同じように主権の理念によって縛られているわけではない。その最初のプロセスは、国内における分権化である。この動きに敏感な政府はしばしば、特定地域に集中する何らかのエスニック・グループに自治権を保障することによって、平和と安定を確保し、分離運動を食い止めようと試みる。しかし、政治的慎慮のみが分権化を擁護する理由なのではない。それはまた、文化的自己表現と民主主義的自己統治が行われる新たな空間を開拓する道でもある。

主権の部分的委譲は、ある程度の領土保全を成し遂げてきた少数民族や宗教的少数派の必要に見合ったものだろう。なぜなら、彼らは離散の民というほどではないが、完全な独立を必要とする（あるいは欲する）ほど、同胞市民たちと異なっているわけではないからである。彼らの目指す目標にはある程度の自治権で十分である。少なくとも、彼らの大多数が目標と定めているものと照らし合わせるならば。場合によっては、分離独立と国家主権を自分たちに要求する、より急進的な集団も存在する。しかし、こうした集団がどのくらいの頻度でテロリズムに訴えかけるかで、彼らがどの程度、大衆の支持を受けているかが分かる。こうした事例では、集団のアイデンティティと人身の安全を守るためには、主権の完全な取得というよりもその委譲で十分である。より正確に言えば、それで十分だと想定するのは妥当である。主権の委譲で十分であるかどうかは、おそらく、新たな国家よりも旧来の確立された国家において試されることになるだろう――例えばウェールズ、ケベック、カタルーニャ、バスクの自治権がそれにあたる。新たな政治エリートたちは、分権化が彼らに大変役立つとしても、国家建設という厄介な仕事のせいでそれを不審に思う。彼らは手にしたばかりの権力を他の人々と分かち合いたがらない。イラク内のクルド人居留地の事例は、バグダードの新たな支配層に広がる不審の念と自治権付与の明らかな有用さの双方を示す有用な実例を提供している。古参エリートは、自分たちの権力の一部を簡単に手放しがちだが、それは手元に残った権力を面倒なく保持するためなのである。

主権国家体制の完成に続く第二の、より重要でリスクの高いプロセスは、主権国家間にまたがる新たな連邦組織や経済連合や政治連合の創設である。欧州連合は分かりやすい実例であって、その推移、またその勝利からは多くを学ぶべきである。最も重要な教訓は、もし強力で民主主義的な政治連合を伴わない、あるいはその政治連合によって統治されないならば、経済連合はおぼつかないということ、そして、政治連合の構築は、先行して存在している国家への忠誠心が故に著しく困難だということである。EUは社会民主主義的政府を持たないまま、新自由主義的経済を売りにしている。そのためEUは、ギリシアのような極めて弱い構成国を公平に扱うことができず、そして同時にそのような構成国内の弱者を公平に扱うこともできず、膨大な数の人々が、資本、商品、労働者の自由移動に置き去りにされた。かつて、正義は国内政治を通じて処理される問題であった。今や国内政治の一部はEUによって引き継がれ、EU政府に取って代わられている。しかしEU政府は、その名高い規制をもってしても、新自由主義的経済を制御することもなければ、馴致させることもしていない。

旧来の国民国家もEUの中で生き残っている。もしその諸国に、移動の自由に対して何らかの制約を課す、もしくはその逆効果に対する何らかの防禦を確立することが許されなければ——二〇一六年のイギリスのEU離脱投票で初めて見られたように——その国々の怒れる市民たちの中にナショナリズムのバックラッシュが生まれるだろう。私が筆を執っているこの時も、ポピュリズム運動、ナショナリズム運動、反EU運動は多くの国で勢力を拡大させつつある（そしてアメリカにおけるドナルド・トランプの大統領選出は、大西洋を越えてこれらの運動にお墨付きを与えた）。左派は、国民の感情を馴致し、ナショナリズムの熱狂を打ち負かす何らかの方法を見つけなければならない。EUのような組織を、世界市民主義的《コスモポリタン》観点からというよりも国際主義的観点から考えることはその一助となるかもしれない。この観点の違いは重要である。国際主義は、諸国民の存在を所与の条件として受け入れ、国境をまたぐ責務と連帯を創出することに努める。対照的に、世界市民主義はグローバル主義的なイデオロギーである。それは国境の撤廃を目指すが、現状の世界でそうするのは、あまりに行き過ぎた一歩であることはほぼ間違いない。

EUのような連合に対する左派の直接的な懸念を表明する方法はもう一つある。国民国家は依然として、左派が政治的勝利をおさめることのできる唯一の政治空間である。それは社会民主主義と福祉国家の本拠地なのである。事実、国民国家と福祉国家は両立する——そして国民国家が同質的になっていくにつれて、その福祉システムは強力になっていく。それにもかかわらず、左派は、われわれが有効に作業できる政治空間を拡大していこうと積極的に試みていかなければならないはずである。マイケル・ラスティンは一九八五年、「拡大したヨーロッパの次元における政治的任務の魅力」を説明した。彼はそのような任務を、社会主義者にとっての好機とみなした。その任務とは政治的境界を超える組織を形成し、すでに国営企業と政府の間に存在している「極めて強力な紐帯」に匹敵する紐帯を築き上げることである。(9) あまりに多くの社会主義リーダーたちが、新自由主義的経済理論に毒されてこの野望を放棄してしまった。それが、左派がそのような新たな紐帯を創出したり、経済発展の約束を実現したりすることができなかった理由の一部である。広大な政治空間にまたがるそのような活動がもしなされていれば、より多くの資源が再分配できるようになっていただろう。これが欧州連合を支持する左派の者たちがもともと抱いていた希望であって、ＥＵを右翼のポピュリストやナショナリストから守るべく左派が結集したいのなら、このことが思い出されなければならない。

われわれはまた、ＥＵの大きな成果、すなわちヨーロッパを戦争の領域から平和の領域へと転換させたことを忘れてはならない。これは、主権の限界とその危険、双方の（未完成とはいえ）重要な超克である。それが主権の限界の超克だというのは、この連合がより大きな権力を生み出し、より強力で、そのためより安全な地位を世界経済と国際政治の舞台で生み出しているからである。主権の危険の超克だというのは、ＥＵ政府は難しい政策決定を行い構成国間の根強い衝突を処理する機構を提供しているからである。こうした機構は今日、民主主義的でもなければ安定したものでもない。ＥＵがその多様な市民から――とりわけ、様々な理由からして離脱を望む最も豊かな構成国や最も貧しい構成国から――どんな忠誠心を調達するのかも明らかではない。しかし連合と同盟は今や、主権国家という枠組みを超える可能性を秘めた希望に満ちた動きとして存在している。われわれがしなければならないことは、適切な距離を見出すことである。この枠組みを超えすぎてはいけないのである。

アラブ連合共和国や一九七〇年代の東アフリカにおける経済連合の失敗、アフリカ連合やアラブ連盟のような地域共同体〔訳注２〕の今日における脆弱性を忘れるつもりはない――これは、国家という枠組みが依然として、世界の大半の民族

〔訳注２〕アフリカ連合 African Union　アフリカ五五カ国、地域が加盟する地域機関。これは地域機関としては世界最大級のものであり、地域の政治的、経済的統合の実現ならびに紛争の予防・解決を目的としている。一九六三年発足の「アフリカ統一機構」から発展。アラブ連盟 League of Arab States　一九四五年発足のアラブ地域における地域協力機構。本部はエジプトの首都カイロにあり、現在二一カ国で構成されている（シリアは資格停止中）。

に訴えかける第一の資格を有するということを示している。そして、ソヴィエト連邦の崩壊から分かるように、主権国家体制の完成は重大な解体作用を生じさせてきたし、これからも生じさせるはずだということを否定するつもりはない。チベット人国家の建設と台湾独立の完全承認、現在は無理だが私のプロジェクトに不可欠の目玉であるこの二つは、さらに解体作用が生じることを示している。だからこそ、主権国家体制が完成し解体の約束が果たされた時、ただちに新たな同盟と統合のプロセスが始まらなければならないと論じることが重要なのである。

実際これがヨーロッパの物語である。第二次世界大戦後の国際環境は、ソ連ブロックの西側にある国家すべての独立を保障しそれらの国に対する安定した国境を築き、ヨーロッパ統合を現実の可能性にした。統合は、従属民族、脆弱な国家や破綻国家の歴史の工程表には載っていない。地図上にしっかりと引かれた直線のみが、貿易、コミュニケーション、政治によって破線に変容させられうる。国境の両側に傭兵と私兵を配置した崩壊寸前の境界線がまず修復されなければ、その国境を安全に超克することもおぼつかない。

それゆえ、もしわれわれが（例えば）アフリカ統合の何らかのヴァージョンに関心を抱くならば、統合はまず、実効的な国家体制を作るところから始めなければならない。ヨーロッパが戦後の最終決算を必要としたように、アフリカもポストコロニアルな最終決算を必要としている。そのためには、アフリカの人々の感覚が今のところ分割に強く反対するとしても、既存の国家のいくつかの分割（スーダンに見られるように、それがいかに血塗られていようと）が必要となるだろう。もしくは、できれば国内の政治プロセスを通じて、さもなければ外国の支援によって、既存の国家を併合していくことが必要となる。しかし、アフリカ人の大半が依然として、主権国家体制が提供するはずの便益を求め続ける限り、この体制が超克されることはないだろう――その便益とはつまるところ、正当な強制力であると承認された警察力によって維持される法と秩序である。

われわれは統合プロセスが進展し成熟していくことを待望し、このプロセスを推進することに努めているが、左派とその他の人々が追求するべき別の国際主義的なプロジェクトが存在する。それはすなわち、気候制御、核軍縮、世界規模での公衆衛生といった死活的に重要な目標を促進する制度や規制を多国間条約によって創出することである。主権国家という枠組みはそのような制度の邪魔にしかならないというのは、かなりよく見られる左派の議論である。ジョナサン・シェル〔訳注3〕は『地球の運命』のなかで、「国家主権」によってわれわれは「人類絶滅の危機」に直面していると論じている。アンソニー・バーネット〔訳注4〕は、マーガレット・サッチャーが手を染めたフォークランド紛争〔訳注5〕を批判する素晴らしい議論の末尾で、同じ警告を発している。「国家主権がもたらす制度と情念がはびこり続ける限り、イギリスでもどこでも、世界は、その破滅をもたらすことになりかねない人々によって支配され続けることになるだろう[10]」。

このような議論は、アルジェリアのような国々で行われた民族解放の擁護と完全に両立する。そこで標的にされているのは主として、大国の主権だからである。それにもかかわらず、このような議論は正しくないと考えておいたほうが良さそうである。というのも、主権国家のみが、ＥＵのような自己制約的な連合に加入したり、核不拡散条約のような条約に署名したりすることができるからである。軍縮と気候制御は、主権国家、とりわけ最も強力な主権国家

〔訳注3〕ジョナサン・シェル Jonathan Schell（1943- ）　アメリカ合衆国のジャーナリスト。極東アジア史が専門。核兵器根絶を訴える活動を行う。著書『地球の運命』、『核のボタンに手をかけた男たち』など。

〔訳注4〕アンソニー・バーネット Anthony Barnett（1942- ）　イギリスの作家、活動家。学生時代には労働組合の活動に積極的に参加した。二〇〇一年に設立されたオープン・デモクラシーの共同設立者。

〔訳注5〕フォークランド紛争 Falklands War　一九八二年に勃発したイギリスとアルゼンチンの紛争。大西洋上のイギリス領フォークランド諸島の領有権をめぐる争いであり、イギリスはアメリカ合衆国やＮＡＴＯの支援を受けた。イギリスとアルゼンチンの国交が再開され、正式に戦争が終結したのは一九九〇年のことである。

によって実現する。なぜなら、グローバルな野望を持つ社会運動が出発点にするのは主権国家だからである。国際主義的な左派が主権に制約を課す努力を始めなければならない地点は、主権国家なのである。

私は第四章でヘゲモニーを論じた際、制約の重要性を力説しておいた。この議論は、ローカルなヘゲモニーの一形態とみなされうる主権にも当てはまる。ヘゲモニー国も主権も、自己に制約を課することはできるが、より良い世界にとって必要な制約を彼らが受け入れる可能性が最も大きいのは、それらが闘志あふれる左派によって圧力をかけられる場合である。しかし闘志にあふれる左派もまた、知性にあふれる左派でなければならない。そのような左派は、主権国家は戦争を始めることができるし、それはときには(フォークランドやイラクの場合のように)愚かで犯罪的であることを理解しているが、それらがまた平和を作ることもできるということも理解している。現在のところ、他の政治主体はどれ一つとしてそのようなことはできないのである。

強弁

世界政府が存在しないとなると、主権国家間でどのような統治機構が存在しうるのか、もしくは存在するべきなのだろうか。グローバルな水準ではわれわれに何ができるのだろうか。われわれがすでに行ってきたことは、見た目よりは些細なことである――まして多くの人々がそうだと強弁するよりも些細なことではあるが、取るに足らないものではない。われわれにはグローバルな憲法、国連憲章がある。グローバルな権利章典、一九四八年の世界人権宣言がある。グローバルな議会、国連総会がある。グローバルな執行委員会、安全保障理事会がある。グローバルな司法組織、国際司法裁判所と国際刑事裁判所(ICC)がある。グローバルな銀行システム、国際通貨基金(IMF)と世界銀行がある。グローバルな貿易規制機関、世界貿易機関(WTO)がある。労働者の権利を保護するグローバルな機関、国際労働機関（ＩＬＯ）がある。しかし、これらの憲法も権利章典も、これまで強制力を持って施行されてこなかった。議会決議は勧告でしかない。執行委員会は暗礁に乗り上げるのが常である。国際裁判所は国家の法体系と競合することができない。国際銀行も貿易機関も、近年の世界的不況において目立った積極的役割を演じなかった。そして、ＩＬＯのことは聞いたことすらない人がほとんどである。

　これらのグローバルな制度のうち最も重要な三つ、すなわち安全保障理事会、国際裁判所、ＩＭＦはより注意深く考察し、実際のところそれらが何であるのか、そしてそれらがどのようなものでありうるかを問うてみよう。

　安全保障理事会。安全保障理事会は国際連合の執行機関であるが、それ自体は、世界政府のまがい物でしかない。理事会は実効的な組織ではない。五つの常任理事国の拒否権は通常、麻痺の主要な原因とみなされる。しかし理事会の怠慢には、それほど取り上げられないが長期的観点からするとおそらくより重要な別の理由がある。理事会の構成国はそれぞれ、自国の国益のことしか考えない。世界の進むべき道に対する重大な責任感は決してなく、限定的な責任感がわずかにあるだけである。世界は、国内社会の（ある程度の）政治エリートたちが自国の運命や自国の市民の幸福に責任を感じるのと同じ仕方で誰もが責任を感じるような政治単位ではない。民主主義国家では、そのエリートたちは、少なくとも原理的には、責任感をもって行動することを強制されうるし、もしそうしなければ公職から罷免されうる。国際社会や国際連合では同様のことはできない。ルワンダやダルフールにおける人災に直面しても、理事会の構成国は、自国の偏狭な利害の計算に基づく立場を取る。これらの立場が最も危険に晒されている人々にとって何を意味するのかは、さして重要ではない。彼らは何の権力も持たず、グローバル共同体の同胞市民というよりも被害者とみなされてしまうのである。彼らが同胞市民とみなされるようになるまで、安全保障理事会は彼らの有能な代理人にはなろうとしない。これこそ、危険に晒されている人々がただちに自前の国家を必要とする理由である。

　安全保障理事会が戦争を予防したり、これと戦ったり、これを終わらせることができないということは万人の知るところである。あれこれの問題（私がよく持ち出す例は九・一一攻撃である）を理事会に提議せよという左派がよくする要求は、何もしなくてよいという、知らず知らずの要求に等しい。これが強弁の政治である。この政治は実に素晴らしい働きをする。ある危機を国際連合に持ち込むことは、目を閉ざして背を向けているにもかかわらず、行動していると強弁する一つの方法である。干渉する力を十分にもつ国家の政治指導者たちは（その市民たちも）、国連による干渉を要請し、自分たちでは何もせず、その結果生じた災厄に対する責任から逃れることができるのである。

差し迫った緊急事態においては少なくとも、危険に晒されている人々を救出すべく行動できる理事会というのを想像することは可能である。そのような理事会はおそらく常備軍を備えているだろう。理事会には、危機が現に進行しているにもかかわらず行動を躊躇する国から兵士を徴募する必要などないのである。一九九四年、ルワンダの国連軍指揮官は、直属の兵士が五〇〇〇人増派されれば殺戮を止められると考えていた。しかし安全保障理事会は（一つにはアメリカの反対のせいで）この指揮官に行動に出る権限を与えることに同意できなかった。[11] アメリカ軍をモデルにした、ないしはそれに少し劣るハイテク軍は必要ないし——それゆえまた、世界国家軍のようなものも決して必要ない。ルワンダやダルフールのような場所で国連が収めた若干の成功例は国連のイメージを変えるかもしれない。しかし成功を収めるには、大国も小国も、今日まったくもって欠けている責任感を持つ必要があるだろう。また、世界のどの部分にいるのであれ、危険に晒されている人々に政治的な発言権を与える何らかの方法が必要であろう。

いま現在、成功を収めた軍事干渉は、私が第三章で論じた実例の場合のように、近隣諸国における虐殺やテロルを止めることが自国の国益に適うと考える国家が行った干渉である。あるいは、スレブレニツァの人々の保護に失敗するという恥辱を味わったあとにＮＡＴＯがコソヴォに干渉したように、道徳的に恥をかいた国家や国家間同盟が行う干渉がそうかもしれない。国連が干渉に賛成する可能性は万に一つもなかった以上、これらの干渉は一国が単独で行うものでなければならなかったが、干渉に続く政治的再建（国家建設）は、国連から授権された委任統治や信託統治のもとで指揮されることができたはずである。直接に国連職員によって実施された一九九三年のカンボジア選挙は、将来の再建作業のモデルとして役に立つだろう。ある程度の成功例があれば、信託統治や国連の直接関与というアイディアは、干渉それ自体の後になってからではあるが、広まっていくだろう。

国際裁判所。国際裁判所は、当事国が争訟の解決を望む場合にのみ、これを解決できる。二〇〇九年の国際刑事裁判所〔ICC〕対スーダン大統領の訴訟は、今日のグローバルな正義の性格に関して――そしてその隠れた危険について、多くの教訓を与えてくれる。(12) 国際刑事裁判所は、ダルフールで人道に対する罪を犯したという事由でオマル・アル＝バシール〔訳注6〕を訴追したが、これはいつか、国際司法システムの発達と人権の擁護における重大な先例と認められるかもしれない。しかし二〇〇九年、ICCは実在しない世界政府の司法部として行動していた――これが強弁の第二の例である。ICCの判決は執行されえないだろうし、その判決が人々を危険に晒す場合、裁判所は彼らを保護することができないだろう。アル＝バシールが救援組織をスーダンからの国外追放に処したとき、彼はダルフール住民に、ICCが彼に対してとった行動の報復を行っていたのである。彼は意図的に人道の危機を引き起こしていた、より正確に言えば、すでに存在していた危機を激化させていた。そして裁判所にできることは何もなかった――そして世界政府の他のいかなる執行機関にも、その名においてできることは何もなかった。多大な犠牲を払った先例が将来持つことになるかもしれない価値というのを私は認識している。しかし直近で生じた結果は深刻なものであった。存在しないのにグローバルな正義の実効的なシステムが存在するかのように強弁することは、道徳的にも政治的にも無

〔訳注6〕オマル・アル＝バシール Omar Hasan Ahmad al-Bashīr（1944- ）スーダンの政治家、軍人。一九八九年のクーデターによって軍事政権を樹立し、政権の座に就く。二〇〇三年以降のダルフール紛争における集団殺戮への関与を理由に国際刑事裁判所から逮捕状が出されている。

責任であると私には思われる。

　それでもやはり、国際連合によって授権された軍事干渉と協調することによってのみ行動する国際裁判所というのを想像することは可能である――ただし、この裁判所は、訴追された犯罪人を確保し、訴追が招くかもしれない政治的報復の一切から他の人々を保護することができなければならない。旧ユーゴスラヴィアに対処した法廷はおそらく、限定的ではあるが有益な実例を与えてくれる。この法廷が完全に機能する世界政府の司法部であったという強弁はありえない。しかしハーグで行われたような成功した訴追は、矯正的なグローバル正義のシステムのようなものへと世界を動かす。いま最も差し迫って必要なのは、（比較的に）まともで実効性のある国家でなされた司法を、破綻もしくは崩壊した国家に対する国際的に権威を付与された裁判行為の形式で補うことである。

　ＩＭＦと世界銀行。二〇〇八年の大不況まで、世界政治の運営よりも世界経済の運営のほうが、サクセス・ストーリーと思われていたかもしれない。確かに、国際通貨基金と世界銀行には、地球のあらゆる住人の幸福に対してある程度の責任感をもったエコノミストたちがいた。しかしこの責任感は、特定のイデオロギー、すなわち新自由主義あるいは「ワシントン・コンセンサス」〔訳注7〕によって形成されたのであって、この住人たちが感じている需要や切望に対する反応によって形成されたのではなかった。彼らを批判する者たちは、この新自由主義というイデオロギーが富裕国の小規模集団の利害を反映していたと言うかもしれない――だがもし本当にそうであるなら、富裕国は自らの利害を勘違いしていたのだと思われる。ＩＭＦによって推進された政策は、一時的に世界の経済成長を促した。しかし、少なくとも一九九八年のアジア金融危機以降、多くの国々で――中心と周縁、都市と農村、技術エリートと非熟練労働者の間で――甚だしい不平等を生み出すことによって、ＩＭＦの政策もまた不安定を助長してきたということは明らかであった。非常に裕福な層と絶望的に貧しい層の間で分断が大きくなっていく光景をわれわれは目の当たりにしてきた。安定した経済成長には、ますます多くの人々が生産者および消費者として世界経済に関与するようになることが必要である――そして逆にそのためには、より平等なグローバル社会が必要なのである。

民主主義国家には、甚だしい不平等に対する救済策がある。怒れる人々は社会運動、労働組合、政党を組織して、経済的ヒエラルキーに挑戦し、市場を統制し、富を再分配しようとする。社会民主主義は自由放任型資本主義を修正する。しかし、私が論じてきたように、国内社会でしかそのようにはならず、国際社会ではまだそうはならない（そしてEUでもそうはならない）。主権の衰退と国境の開放がより平等な世界につながるだろうと想像する世界市民主義的左派は、また別のタイプの強弁の政治に加担している。いま現在、不平等に反対するキャンペーンは主権国家においてのみ行われる。そして、このようなキャンペーンが交渉、妥協、そして新たな社会制度を可能にするのが見られるのは、主権国家においてのみである。国内の政治指導者は組織された有権者たちを代理し、彼らに対して責任を負う。そして企業家は組織された顧客たちを代理し、彼らに対して責任を負う。しかしＩＭＦは、いかなる組織された有権者・顧客たちの支持にも拘束されない。たとえＩＭＦの理事たちがグローバルな福祉に対して責任を感じたとしても、彼らの責任感は政治的には実行されないし、実行可能でもない。彼らは、自分が責任を負っている人々に対して応えないのである。

彼らに応答させるようにする手持ちの、あるいは容易い手段は何も思いつかない。そのためにはまたしても、まだ発見されていないある種のグローバルな空間における左派政治が必要であろう。いま現在、個別国家における政治的作業のみが、おそらくは個々の富裕国のみが、ＩＭＦ、世界銀行、ＷＴＯの政策変更を強いることができる。選挙で選ばれたアメリカ、日本、ＥＵ、その他いくつかの国の指導者たちは、世界経済を牛耳る官僚たちにプレッシャーを

〔訳注7〕ワシントン・コンセンサス Washington consensus　新古典派経済学の理論を共通の基盤として、アメリカ政府やＩＭＦ、世界銀行などの国際機関が発展途上国へ勧告する政策の総称。構造調整政策をその柱とする。

かけることができる。しかし彼らは、自国民からの要求に応じてのみ、そうするだろう。社会民主主義的なＩＭＦ、より進んだ世界的平等にいたる道は、国家の政治を経由する――そしてこれがまた、軍縮と気候制御をもたらす道なのである。われわれは、国境を越えて協力し、より大きな平等を（例えば国際的な労働組合や新たな社会運動によって）追求することを期待できる。なんといっても、われわれが今日耐えている不平等を生み出す政策を形成する際には、財界エリートたちが広く協力しあっているのだから。しかし、エリートたちは国際社会で簡単に力を発揮することができるが、一方大衆行動のための空間はこれから見つけられなければならない。

左派の暫定的プログラム

以下は、世界政府ではなく、世界におけるより良き統治を目指す左派の暫定的プログラムである。第一段階は、世界のあらゆる人々にまともで実効性のある国家を提供することである。これが容易いことではないことは分かっているが、しかし、段階的、漸進的、局所的に実現することは可能である。最も重要なのは、国家を持つことの価値が承認されることである。世界の最も貧しく最も抑圧されている人々が最も必要としているものが主権国家体制への完全な参加であるというのに、この体制の超克を云々するいい加減な議論があまりに多すぎる。

国家の樹立が達成され、国家が安定していくにつれて、国家にはまた、自治権委譲と同盟を組み合わせることも必要となる。この第二のもの、つまり同盟を育むことがおそらく、次のより重要な段階である。国境をまたぐ経済的協力と政治的協力は主権の便益を大幅に増やすことができるし、それはまた、主権国家体制の超克と世界政府に近づく手がかりを提供することもできる。例えば、早くから行われているＥＵ内部での資源の再分配は、社会民主主義的なＩＭＦによってなされうる作業を示唆している。同様に、ＥＵ諸国による軍事活動の協力――例えば即時展開軍の形成（もしいつか本当に即時展開されることがあれば）――は将来の国連安全保障理事会のモデルを提供できるだろう。

第三に、われわれは、表に出ない規制を加え、緊急時には実効的に行動し、国家の破綻や無能力によって開くギャップを埋めることのできる国際機関――安全保障理事会、ＩＣＣ、ＩＭＦなど――を強化することを目指さなければならない。これらの機関がそれ以上のことをやるべきだとは思わない――しかしこれだけでもその恩恵は甚大であろう。

まともで実効性のある国家で暮らす人々には、世界国家や常設世界政府は必要ない。しかし彼らもそれ以外の何か、私がこの本で何度か言及したがほとんど議論していないものを必要としている。彼らは、われわれ皆がすでに必要としているように、グローバルな市民社会を必要としている。ここにおいてこそ、国境をまたがる政治のための空間が見つかるだろう。ここにおいてこそ、ヒューマン・ライツ・ウォッチやアムネスティ・インターナショナルのような集団、いわば国内で生まれた集団が海外における人権のために世論を動かすことができる。ここにおいてこそ、環境問題が取り上げられうるし、国境に左右されない危険に対処することを国家は余儀なくされうる。ここにおいてこそ、国際的と自称する組合が真に国際的になり、世界に散らばる未組織低賃金労働者たちとの連帯を表明できる。そしてここにおいてこそ、新たな世代の活動家たちが発言の場を見出すだろう。

発達したトランスナショナルな市民社会において政治がどのように機能するのか、正確なところはわれわれには分からない。どのような動員が可能なのだろうか。どのような議論と熟議が可能なのだろうか。疑念を抱き懸念する理由は有り余るほど存在する。これはよく知られた政治空間ではなく、友好的な政治空間ではないかもしれないのだから。しかし、もしわれわれが――いま現在でも――主権国家体制終焉後に、まともな世界政治を期待するのなら、われわれにはアクティヴで開かれた市民社会が必要である。そこでは人々は多種多様な言語を喋り、多種多様な政治的忠誠心をもち、いたるところからリクルートされ、お互いに関与し合うことができるのである。この関与は自国でまず始まるだろう。しかしそれは、国境を越えた先に進むべき道を見出さなければならない。これが、より良い世界統治に向けた第四ステップである。

これがプログラムの全貌である。第一に、市民の安全を提供する主権国家体制の漸進的完成。第二に、平和の領域を創出しだんだんと広げていく国家間の政治的同盟を時間をかけて進めること。第三に、既存の国際機関の改善。そして第四に、個々人が国籍に関係なく政治参加する空間の創出。これが革命的なプログラムだと強弁する気は私にはない。どの部分も漸進的にしか達成されえない。事実、友人のある歴史家は、これはとても古臭いプログラムのように聞こえる——第二次世界大戦直後に自由主義者と左派を鼓舞した世界秩序のヴィジョンのようなものだ——と私に忠告してくれた。第二次大戦直後の時代は楽観主義の時代であった。そして今日のより暗い時代にあっては、われわれがかつて達成することに期待していたものを思い出すことが役に立つかもしれない。

【注】

（1）Immanuel Kant, "Eternal Peace," in *The Philosophy of Kant*, ed. Carl J. Friedrich（New York: Modern Library, 1949）, 454〔宇都宮芳明訳『永遠平和のために』岩波文庫、二〇〇九年、七二頁〕.

（2）Jack Jacobs, *On Socialists and "The Jewish Question" after Marx*（New York: New York University Press, 1992）, 80. 少なくとも「革命的ナショナリズム」に対しては、より同情的な見方もあった。John Schwarzmantel, *Socialism and the Idea of the Nation*（New York: Harvester Wheatsheaf, 1991）を参照。

（3）しかしクルド人、とりわけシリア系クルド人は、左派からある程度支持された。Meredith Tax, *A Road Unforeseen: Women Fight the Islamic State*（New York: Bellevue Literary Press, 2016）を参照。

（4）この憤激を肌で知るには、ＢＤＳ（ボイコット、出資引揚げ、制裁）運動のウェブサイトを訪問せよ。左翼シオニストの応答については、Cary Nelson, ed. *Dreams Deferred: A Concise Guide to the Israeli-Palestinian Conflict and the Movement to Boycott Israel*（Bloomington: Indiana University Press, 2016）を参照。

(5) このフレーズはドイツの社会民主主義者アウグスト・ベーベルのものとされ、一八九〇年代の社会民主主義者の間では広く使用されていた。Richard J. Evans, *The Coming of the Third Reich* (New York: Penguin, 2005), 496.

(6) John Locke, "*The Second Treatise of Civil Government*" and "*A Letter Concerning Toleration*," ed. J. W. Gough (Oxford: Basil Blackwell, 1948), 156-157〔加藤節・李静和訳『寛容についての手紙』岩波文庫、二〇一八年、九七―九八頁〕.

(7) Ibid. 158〔同上、一〇二頁〕.

(8) 一九一四年に初めて公表された、ロバート・フロストの「塀直し」を参照。ニューイングランドの村を描くこの詩において、フロストの議論は私の議論とは異なるけれども、私の言いかえは国際社会には当てはまる。〔フロストの詩集『ボストンの北』に収められている「塀直し」という詩には、「よき塀あってのよき隣人」(Good fences make good neighbors.) というフレーズが登場する。詩のなかでは頑固な隣人がこのフレーズを繰り返すことによって、反語的に、本来塀など必要でないことが暗示されているが、ウォルツァーが自らの議論がフロストの議論と異なると言うのはそれが理由だろう。ロバート・フロスト(川本皓嗣訳)「塀直し」、亀井俊介・川本皓嗣編『アメリカ名詩選』岩波文庫、一九九三年、一一七、一一九頁。〕

(9) Michael Rustin, *For a Pluralist Socialism* (London: Verso, 1985), 256-257.

(10) Jonathan Schell, *The Fate of the Earth* (New York: Knopf, 1982), 218〔斎田一路・西俣総平訳『地球の運命』朝日新聞社、一九八二年、三一一頁〕; Anthony Barnett, *Iron Britannia* (London: Allison and Busby, 1982), 148.

(11) Samantha Powers, *A Problem from Hell: America and the Age of Genocide* (New York: Basic Books, 2002), chapter 10〔『集団人間破壊の時代――平和維持活動の現実と市民の役割』、第十章〕における説明と強力な批判を参照。

(12) Gwen P. Barnes, "The International Criminal Court's Ineffective Enforcement Mechanisms: The Indictment of President Omar Al-Bashir," *Fordham International Law Journal* 34:6 (2011), 1583-1616.

第七章　左派と宗教——イスラームの場合

今日ポスト世俗化の時代と呼ばれるものにおける宗教の復興を、同胞の左派が理解しよう、あるいは理解を避けようと苦闘してきたのをイラン革命〔訳注1〕からほぼ四〇年間にわたって、私は見てきた。われわれはみなずいぶん前にマックス・ヴェーバーの「世界の脱魔術化」という真理——科学と理性の勝利が近代の必然的な特徴であるという信念——を受け入れた。中立国家、宗教の私的領域への撤退、普遍的寛容といった何らかの形での世俗主義が勝利を収めることは確実であるとわれわれは考えた。宗教的信仰が緩やかに消え去っている、あるいは少なくとも信心深くありつづける人々は政治の世界から離れているとわれわれは考えたために、宗教について思い悩むことをやめた。そして、ニック・コーエンが書いたように、われわれは「啓蒙主義者たちが知っていたこと、過激な信仰はすべて、暴政の可

〔訳注1〕イラン革命 Iranian Revolution　一九七九年二月、イスラーム社会の復興を目指した勢力が、脱イスラーム化などの近代化政策を実施していた専制君主を追放し、政権を奪取した社会変動。その後、指導者アーヤットラー・ホメイニーがイラン・イスラーム共和国の国家元首に就任する。

能性を孕んでいる」ということを忘却した[1]。

今では、あらゆる主要な世界宗教は重大な復興を経験しており、復興した宗教は、かつてのわれわれの考えとは逆に、アヘンではない。それは非常に強力な興奮剤なのだ。しかし、宗教的興奮剤はどこでも同じであるわけではない。一九七〇年代後半以降、とりわけ最近の一〇年間においてそれはイスラーム世界で非常に強力に効いた。パキスタンからナイジェリア、そしてヨーロッパの各地においてイスラームは今日、少なくはあるが相当な数の人々に対して過去の国際旅団のような組織に加入し、宗教的理由で人を殺し、死ぬことを鼓舞している。宗教一般の復興、特にイスラミズムによって、左派はある種の試練の時を迎えている。われわれは暴政の可能性を認識し、それに抗うことができるだろうか。

われわれのうちにはこの試練を乗り越えようと試みている者もいる。しかし、大半は積極的にそうしない。多くの左派がイスラミストの狂信を認めてそれに立ち向かおうとしない理由の一つはイスラーム嫌いのレッテルを貼られることを恐れているからである。確かに、左派はいかなる場合もムスリム移民を狙ったナショナリズム運動やポピュリズム運動に立ち向かわなければならない。ヨーロッパで、そして今ではアメリカで再起しつつある右派に対し、左派は屈することなく反対しなければならない。しかし、このことは啓蒙以来続いてきた、宗教的狂信に対する左派の古典的な闘争を放棄する理由にはなりえない。他の多くの場合と同様に、われわれは二正面戦を繰り広げなければならないのだ。

多くの左派が狂信に対する戦線に立とうとしないことに、他にも同程度に重要な理由がある。「敵の敵は味方である」と考えるすべての人にとって、左派の反米主義はイスラミズムに対してそれを弁護したり擁護したりするような反応を生み出している。信仰の力に対して左派が抱く不信は、宗教的狂信に対する唯物論的な説明を求める態度をもたらす。すなわち、貧困、抑圧、そして帝国主義が狂信の根本原因であるにちがいない――そして、それらのみが左派が反対する対象でなければならないというわけだ。文化相対主義のラディカルな主張者はさらに、宗教的暴政へのあらゆる強力な批判を控える傾向にある。結果として、多くの左派は今日の狂信者を批判し、積極的に反対するまっとう極まりない論拠について考察することをためらってきた。

左派が共有している宗教観も、単一の宗教観も存在しないが、本章で私が論じる人々は左派の側に重要な勢力を構成している。その勢力は多様だが、イデオロギー的に一つにまとまっている――そして私がより共感する他の勢力によって異を唱えられているのだ。私は多くの例を示すが、それはここでの議論がこれまでの章で論じてきたどれよりも新しく、奇妙なものだからである。実際、宗教はこれまで外交政策をめぐる左派の議論において姿形もなかった――一八二〇年代におけるギリシアの反乱に対するアメリカの急進派の好意的な応答（そこではギリシア正教が悩みの種であったかもしれない）から、二〇〇三年のイラク（そこではスンニ派とシーア派の派閥主義が確かに悩みの種であった）に関する議論までである。今日、宗教はわれわれの政治的意識の中心に存在しなくてはならない。

私自身、あらゆる形態の宗教的好戦性を等しく恐れてはいる。私はインドの狂信的ヒンドゥトヴァを、イスラエルのメシア主義的シオニストを、そしてミャンマーの暴徒化した仏僧を恐れている。しかし、私が最も恐れているのはイスラミストである。それは私がイスラームについて何らかの偏見をいだいているとか、その文化的偉業への敬意を欠いているからというわけでなく、今この瞬間（常にそうではなく、未来永劫そうであるわけでもないが）イスラーム世界こそがとりわけ熱にうかされ燃え上がっているからである。

これは、反ムスリム的立場だろうか。これは敵意と憎しみから生まれたのだろうか。大雑把な類推（類推とはすべて大雑把なものであるが）を考えてみよう。一一、一二世紀のキリスト教が十字軍的な宗教であり、キリスト教は当時、ユダヤ教徒やムスリムにとって危険なものであり、彼らが恐怖を抱いたのももっともであったと私が言ったら、私は反キリスト教的であることになるだろうか。私は、十字軍的な熱狂がキリスト教にとって本質的ではないことを知っている。それは歴史的な偶然であり、十字軍の時代がキリスト教史において到来し、二〇〇〇年かそこらの後には過ぎ去ったのであった。スルタンであり、軍事指導者であったサラディン〔訳注2〕は、十字軍の終わりを手助けしたが、そうでなくても十字軍はひとりでに終わっただろう。同時代の多くのキリスト教徒は十字軍に反対した。今日であれば、われわれはこれらのキリスト教徒を穏健派と呼ぶだろう。また、当時のキリスト教徒の大半は、十字軍の戦争に興味を抱いてはいなかった。彼らはイェルサレムに進軍せよという説教を聞いて、夕飯を食べに家に帰ったのである。それでも長きにわたってキリスト教徒たちの人的、物質的、知的な資源は十字軍に集中されたのである。

『イスラーム嫌いと帝国の政治』において、ディーパ・クマールはキリスト教十字軍を西洋におけるイスラーム嫌いの最初の例としている。(2) クマールの最初の著作は一九九七年におけるUPS社のストライキに関する労働者の側に立った研究であった。今や彼女はより野心的に、イスラームへの非合理的な恐怖の世界史的説明を試みており、その始まりは十字軍にあるのだ。私が知る限りで、彼女の著作のどんな痛烈な批判者もクマールをキリスト教に敵対的であると糾弾してはいない。彼女への非難は、敵意、あるいはすくなくとも党派心に関しては可能かもしれない。確かに彼女は正確に十字軍の目的を聖地の「奪還」としているが、それ以前のムスリム側の侵略にほとんど言及しないのである。しかし、イスラーム嫌いの長大なリストに――そしてユダヤ嫌いのより長大なリストに――十字軍を含めることはおそらく理にかなうことであろう。十字軍戦士は残忍で恐ろしい宗教的過激派であり、そう主張することは反キリスト教的ではない。

同様のことが、今日のイスラミストについていえる（そしていわれるべきである）――ジハード〔訳注3〕の暴力は、イスラーム神学が要求しているものではなく、宗教的暴力に反対する多くのムスリム穏健派がおり、そしてたいていのムスリムは、無信仰者や異教徒を来世の運命に委ねておくことに満足しているにもかかわらず、である。「剣のジハード」に加え、「魂のジハード」があり、広く知られているようにムハンマドはこのうち「魂のジハード」をより重要なジハードであると宣言した。このことを私も承知している。そして、イスラーム世界が一枚岩ではないことも私は理解している。新聞を読めば、誰でも狂信的イスラミストが全部同じものではないことがわかる。いくつかの主要な例だけでも、アルカイダ、タリバーン、イラクとシリアのイスラーム国（ＩＳＩＳ）、ハマス、そしてボコ・ハラム〔訳注４〕は同じものではないのだ。彼らの間に重大な神学的不一致があってもおかしくはない。また、インドネシアやインドの数百万ものムスリムが昨今の狂信に比較的無関心でいることも記しておくべきであろう。東南アジアのイスラミスト・ネットワークであるジェマー・イスラミアの追従者がインドネシアに存在し、本当かどうか定かではないが無信仰者に対してテロ攻撃を仕掛けていると信じられているにもかかわらずである。

これらの留保にもかかわらず、剣のジハードは今日非常に強力であり、ムスリム世界の大部分における無信仰者、異端者、世俗的なリベラル、社会民主主義者、解放された女性たちにとって脅威である。この恐怖はまったく合理的である。他のあらゆる宗教的狂信者を恐れることも同様に合理的であるが、イスラミストを恐れることを困難だとし

〔訳注２〕サラディン Saladin（1137-1193）　アイユーブ朝の創始者。十字軍と戦い、八八年間占領されていた聖地エルサレムを奪回したイスラームの英雄。サラディンとは、ヨーロッパでつけられた呼称であり、アラビア語では「宗教の正しさ」という意味のサラーフ・アッディーンと呼ばれる。しばしばキリスト教徒からもその寛大さは称賛された。

〔訳注３〕ジハード jihad　神のために自己を犠牲にして戦うこと。アラビア語の原来の意味は、「定まった目的のための努力」であり、クルアーンでは第九章二〇節「己の財産と生命をなげうって奮闘したものは、神の目からは最高の地位にある」などで言及されている。また自己の信仰を深める内面的努力を「大ジハード」、「内へのジハード」と呼び、武器をとる戦いを「小ジハード」「外へのジハード」と呼ぶ。

〔訳注４〕ボコ・ハラム Boko Haram　二〇〇二年に結成されたナイジェリアのイスラミスト組織。西洋的価値観（とくに西洋式教育）の排除・ナイジェリア北部へのシャリーア導入を目指して武装闘争を繰り広げている。アルカイダやＩＳＩＳと連携しているとされる。

ている左派の人々もいるようだ。宗教的信仰を暴力の原因と認めることは、一般的な問題であり続けているが、今日、イスラミズムは非常に特殊な問題である。

イスラーム嫌い

多くの左派はイスラミストより、イスラーム嫌いを恐れている。これは今日、ムスリム世界で日々生じていることを考慮すれば奇妙な立場であるが、ムスリムが比較的新しい移民であり、差別、扇動的攻撃、警察の監視、そして時には警官の暴行の対象である西欧やアメリカにおいては納得のいくことである。彼らが新たなユダヤ人と呼ばれているのを私は耳にしたことがある。この類推は役に立たない。何故なら今日の西欧におけるムスリムはキリスト教徒十字軍に虐殺されたことも、様々な国から追放されたことも、特徴的な服装の着用を強制されたことも、多くの職業から締め出され、ナチスによって組織的に殺戮されたことも決してないからである。実のところいま現在、一部のムスリム戦闘員はヨーロッパにおける反ユダヤ主義の主要な喧伝者のうちの一部なのである（彼らはネオファシストから多くの援助を受けている）。アメリカでは、「新たなユダヤ人」というレッテルは明らかに意味をなさない。ＦＢＩの統計によれば、二〇〇二年から二〇一一年の間でアメリカ人ムスリムに対し一三八八件の、ユダヤ系アメリカ人に対しては九一九八件の、そしてアメリカの黒人に対しては二万五一三〇件のヘイトクライムが発生したという(3)。トランプ時代の到来はヘイトクライム全般の顕著な増加をもたらし、そのうちの大半はムスリムに対するものだったが、全体的な統計はそう変わってはいない(4)。左派はヘイトクライムの被害者全員を守るべきであるが、どこに最大の危険があるのかを認識することは悪いことではない。

二〇一五年のパリでの襲撃事件や、二〇一六年のブリュッセルでの襲撃事件、そしてシリアとイラクの内戦による難民危機以降、ヨーロッパのムスリム（そしてその程度はより少ないがアメリカのムスリム）が困窮している少数派であることは明らかである。その困窮は、部分的に彼らのうちのジハードを掲げるテロリストによって引き起こされているが、それはまた無辜のムスリムに対する警察の行動とテロリストに対する一般人の反応に起因している。ムスリムは今日、正当にもヨーロッパの左派から共感と支持を得ているが、ヨーロッパの左派はまた正当にも彼らが市民となった際には彼らの票を勝ちうることを望んでいるのだ。多くの右翼団体〔訳注5〕はムスリム全員に対して反対運動を行っている――英国防衛同盟やドイツの自由党、プロドイツ市民運動といった極右の小派がそれであるが、フランスの国民戦線やオランダの自由党といった、かなりの有権者の支持を集めているポピュリズム政党も存在する。これらの集団の政治的リーダーは、ヨーロッパにおけるイスラームの台頭に危惧を覚えると主張しているため、イスラーム嫌いは左派の側のすべての人にとって政治的に不正なものとなったのである。より重要なことは、それが道徳的に誤っているということだ。

〔訳注5〕右翼団体　イングランド防衛同盟 English Defence League　イギリスの右翼政治団体。イスラームの教義がイギリスの伝統たる法の支配と民主主義に反していると主張し、一部の共鳴者はイングランドからのムスリム排斥を訴えている。ドイツの自由党 Die Freiheit　ドイツの右翼団体。イスラームに批判的な言説が見られることから、ドイツのメディアでは極右と表現されている。議席を獲得したことはない。二〇一六年に解散し同じく極右政党である「ドイツのための選択肢 Alternative für Deutschland」に吸収された。プロドイツ市民運動 Pro-Deutschland　二〇〇五年ケルンにて創設されたドイツの右翼団体。議席を獲得したことはない。不法移民の国外追放などを訴えていたが、二〇一七年解散し、支持者は「ドイツのための選択肢」に乗り換えた。国民戦線 National Front　マリーヌ・ルペンを党首としたフランスの右翼政党。反ＥＵ、移民の流入制限を訴えている。二〇一八年に国民連合（National Rally）と名称を変更。オランダの自由党 Party for Freedom　ヘルト・ウィルダースを党首としたオランダの右翼政党。反イスラーム、反ＥＵの政策を唱道している。

恐怖だけでなく、憎しみも問題である。イスラーム嫌いは宗教的不寛容の一種であり、左派は意図的に現代のイスラームを誤解し、歪曲しているヨーロッパやアメリカの頑迷な人々に異を唱えなければならない。右派におけるイスラーム嫌いたちは、ジハードに対する狂信がイスラーム神学の不可避の帰結であると言い張るが、彼らは歴史的なイスラームと今日の狂信者とを区別していない。彼らは西洋諸国におけるすべてのムスリム移民を潜在的なテロリストとみなしており、たとえ知っていたとしても、ムスリムの哲学者や詩人、芸術家の何世紀にもわたる偉業を認めないのだ。例えば、自由党の党首でありクルアーンを「ファシズムの書」として（『我が闘争』のように）オランダにおいて禁書とすることを求めているオランダのナショナリスト、ヘルト・ウィルダースを考えてほしい。あるいは、ドイツキリスト教民主同盟のヘッセン支部副代表にして「イスラームは世界征服を目論んでいる」と主張したハンス＝ユルゲン・イルマーの例を考えてほしい[5]。実のところ、世界的な野望を持ったイスラミストは存在する（ドイツにおいてさえである——モハメド・アタ〔訳注6〕を想起してほしい）。しかし、われわれはヒンドゥトヴァの狂信をすべてのヒンドゥー教徒のせいに、キリスト教の狂信をすべてのキリスト教徒のせいにはしないように、イスラミストの狂信をすべてのムスリムのせいにはしないのである。ウィルダースやイルマー（そしてわれらがドナルド・トランプ）のような人々はなぜ左派がイスラーム嫌いに反発するのかを説明するのに大いに役に立つ。

しかし注意しなければならない。完全に正当な批判は、イスラミストの狂信派だけでなく——すべての宗教についてそうであるように、イスラームそれ自体にも可能なのである。パスカル・ブルックナーは、「イスラーム嫌い」という語は「イスラームを、人種主義という誹りを受けずには触れることのできない主題にしているに等しいが故に、聡明な発明である」と述べている[6]。その語が初めて用いられたのは、イランの女性たちにチャドルを脱ぐよう求めたケイト・ミレット〔訳注7〕を非難するためであったと彼は主張する。こうした誹りを免れうるようなイスラーム批判者がいてほしいものだが、小説家のカメル・ダウード〔訳注8〕のような内部告発者、イスラーム系のリベラルや世俗主義者が西洋の左派知識人たちにイスラーム嫌いと呼ばれてきたことは確かな真実である。[7] それ故、ブルックナーの主張は復唱するに値する。ミレットのようなフェミニスト、無神論者や哲学的懐疑主義者、啓蒙的リベラルやそのほかのすべての者がイスラームやキリスト教、ユダヤ教について物申し、可能であれば聴衆を見出す余地があるべきなのだ。われわれは、そうした人々がひどい議論を展開した時には非難することができるが、彼らの批判的な作業は正常であり、自由社会においては歓迎されるべきなのである。

イスラーム批判は、イスラーム嫌いと呼ばれる恐怖だけでなく、「オリエンタリズム」と呼ばれる恐怖によっても妨げられている。エドワード・サイードの同名の書は、今日の著述家が避けたがるのももっともなイスラームについての学術的で人口に膾炙した議論の例を数多く提供している。しかしイスラームとアラブ世界の未来に関するサイード自身の議論（彼が著したのは一九七〇年代後半であった）は大きく的を外していた。ごく少数の賞賛すべき例外を除いてオリエンタリズムは勝利した——そしてそれは西洋においてのみではなかったとサイードは考えた。オリエンタ

〔訳注6〕モハメド・アタ Mohamed Atta（1968-2001）テロ組織アルカイダ所属メンバーであり、二〇〇一年に発生したアメリカ同時多発テロ事件の実行犯とされている。ハンブルク工科大学への留学経験がある。

〔訳注7〕ケイト・ミレット Kate Milett（1934-2017）アメリカのフェミニスト作家、芸術家。主著『性の政治学』では社会的に構築された家父長制が女性の抑圧に寄与しているとして第二波フェミニズムに強い影響を与えた。しかし彼女に対しては単なる「性道徳破壊運動」にすぎなかったとの批判もある。一九六一年から二年間、早稲田大学で英語を教え、彫刻家としても活動した。

〔訳注8〕カメル・ダウード Kamel Daoud（1970- ）アルジェリア出身の作家、ジャーナリスト。かつてはイスラーム復興運動を受け入れていたが、やがてその宗教的熱狂に幻滅し、アルジェリア社会を批判するようになった。カミュの『異邦人』をアラブ人の視点から描いたデビュー作である『ムルソー再調査』（邦訳なし）にてフランスの文学賞であるゴンクール賞を受賞している。ウォルツァーは Kamal と誤記している。

リズムは東洋においてもまた内面化され、アラブやそのほかのムスリム著述家たちは今や自分たちの歴史についてのオリエンタリズム的言説を生み出しているのだ。サイードの言葉によれば「今日、アラブ世界はアメリカの知的、政治的、文化的衛星国になっている」。サイードの著作において、イスラームの復興運動はけっして予期されていないのだ。事実、サイードはバーナード・ルイス〔訳注9〕による「イスラーム世界の昨今の出来事における宗教の重要性」に関する主張をオリエンタリズムの重要な例だとしている。(8) その一年後、サイードは『パレスチナ問題』において「イスラームへの回帰」を「空想獣（キマイラ）」と呼んでいる。(9) 今となってはそのようなことを言うのは誰にとっても困難であろう（サイードも後にそのようには言わなくなった）、しかし左派の著述家がそのキマイラに真正面から対処しようとすることはいっそうまれである。

イスラームやイスラミズムへの批判は、今日抑制されている。しかしながら、イスラーム嫌いはいっそう拡大しているように見え、右派ポピュリストあるいは右派ナショナリストの台頭が懸念される。なぜこのようなことが生じているのか。バークレー人種・ジェンダー研究所によって年二回発刊される新刊の『イスラモフォビア・スタディーズ・ジャーナル』は巻頭言においてこの問題の原因を特定している。

台頭しつつある反ムスリム感情はムスリム世界における多くの暴力的な出来事と「テロリズム」一般の「自然な」帰結としてすぐさま説明しうると考える人もいる。しかしながら、台頭しつつある否定的な感情は、よく組織され、潤沢な資金をもったイスラーム嫌い業界の存在と関係があろうし、その組織は真剣な論争なしに市民社会と公共の言説に侵入し、それらを捉えてしまうことに成功したとわれわれは主張する。今日にいたるまで、反人種主義的な声や進歩派の声はこの業界に異議を唱えるにあたって有効ではなかったし、地域的な応答や国家的な応答にとりかかるのに必要な資源を提供することもできなかった。(10)

これはあまりに身勝手な見解である。つまりこのジャーナルへもっと資金をつぎ込めば、イスラーム嫌い業界との戦いにおいて大きな助けとなるというわけだ。しかし、「ムスリム世界における多くの暴力的な出来事」と関わり合うことへのためらいについてはどうだろうか。

同様のためらいは、『ネーション』の二〇一二年七月号の特別号において公刊された、そのほかの点では優れた一連の論文においても生じている。ジャック・シャヒーンの『どのようにメディアはムスリム怪物神話を作り出したか』は、まさに『イスラモフォビア・スタディーズ・ジャーナル』の編集者によるものと似たような論を展開している。小説家のライラ・ララミは『イスラーム嫌いとそれに不満を抱く者たち』において、「退行的な冒瀆法」と「不平等な離婚法」がイスラームに対する敵意と関係していると認めているが、ここアメリカで彼女が経験してきたハラスメントへの言い訳として、それらを扱うことをはっきりと彼女は拒否している。彼女は論じてはいないが、イスラミストによる暴力もまた、いかなる言い訳にもならないのだ。このことに関して、はっきりしておきたい。ヨーロッパとアメリカのムスリムに対する偏見は、イスラミストの狂信を指摘することによって決して正当化されえないのだ。しかし、偏見を避けたいというまったく正当な欲望は、狂信者について論ずることから逃げ出す理由にはならない。

「反人種主義的な声や進歩派の声」が「ムスリム世界における多くの暴力的な出来事」についての警鐘を鳴らしたがらないことは、どのように説明可能だろうか。イスラーム嫌いを非難する声の大半が、恐れ慄いているか、敵対

〔訳注9〕バーナード・ルイス Bernard Lewis（1916-2018）著名なイスラーム研究者であり、プリンストン大学名誉教授。イスラーム世界の没落を説き、ジョージ・W・ブッシュ大統領の外交政策に影響を与えたとされる。

的であるか、批判的であるヨーロッパ人とアメリカ人のみを指し、実質的にムスリムが人口の大多数を占める国々で——不信仰者と異端者がしばしば絶望的苦境にたたされているような国々で——生じていることを等閑視しているというのは奇妙ではないか。事実、私はこうした問題についての議論を、エルドアン支持のトルコのウェブサイトである『デイリー・サバー』においてみつけた。そのウェブサイトは最近ハテム・バジアン（バークレーの教員で『イスラモフォビア・スタディーズ・ジャーナル』の創刊者の一人である）による「ムスリムが多数派の国家におけるイスラーム嫌いの脱構築」という論文を掲載した。(11) バジアンは、ムスリムが多数派の多くの国家において、イスラーム嫌いは植民地主義、「オリエンタリズム」の残滓であり、「西洋的認識論に立脚した」教育を受けた世俗主義のエリートによって悪用され、増幅されていると主張している。私が思うに、彼が指しているのはムバラクへの反乱を始め、ムスリム同胞団への対抗を準備した——しかし、国を統治するのに十分なほどのエリートではなかった——若きエジプト人らのような世俗主義者である。これらのエジプト人はイスラーム嫌いを患ってはいない。彼らはイスラームではなく、イスラミストを恐れているのだが、もちろん彼らには恐れる理由がある。

奇妙な左派

たいていの左派は、彼らが宗教の理解に関してどんな問題を抱えていようとも、ヒンドゥー・ナショナリスト、狂信的な仏僧、そして入植運動をすすめるメシア主義的シオニストに反対することに困難を感じていない。また、左派の側の誰も、女子生徒を誘拐し、異端者を殺し、古代遺跡を破壊するイスラミストの戦闘員に共通する大義を見出すことはない。こうした行いは、それらが知られる限り通常糾弾されている。必ずしも通常でないのは次のようなケースである。ニコラス・コズロフは『ハフィントンポスト』の「ボコ・ハラム、ポリティカル・コレクトネス、フェミニズム、そして左派の物語」というタイトルの記事において、ナイジェリアの女子生徒がムスリム狂信者によって誘拐されたことを一部の左派が非難したがらない奇妙な傾向を報告している。[12] 常軌を逸しているとは言わないまでも、しかし十分に悪いのは、あれこれの犯罪を知りながら、イスラミストの狂信の包括的な批判を試みようとしないさらに多くの左派の傾向である。何が原因なのだろうか。

ディーパ・クマールのイスラーム嫌いに関する著作は、ありうる回答を示唆している。問題はイスラミストが「西洋」の敵対者である、すなわち西洋の、というより本当はアメリカ「帝国主義」の敵対者であるということだ。「帝国主義」が意味するのはサウジアラビアの軍事基地、アフガニスタンの戦争、二度にわたるイラク戦争、リビアへの干渉、イスラエルへの支援、ソマリアでのドローン攻撃などである。このリストは、場合に応じた応答を必要とするように私には思われる——もちろん異議が唱えられる場合もあるが、しかし同意を得られる場合もあるのだ。中東におけるアメリカの支援を受けた政権がイスラミストの狂信者によって転覆されることは、そうした政権の中のいくつかはひどいものであっても、その地域の人々にとって何の助けにもならないと私はあえて言いたい。しかし、帝国主義に反対する多くの左派は場合に応じた判断をしない。私が区別の政治と呼ぶものは、ほとんど魅力がないようだ——ISISをそれ以前のイスラミスト集団から区別する用意ができている左派がますます増加しているにもかかわらずである。ISISの残虐性はあまりに明瞭ではっきりとしたものであり、許されない。しかし、「敵の敵」という準則はほかの場合ではいまだに有効である。われわれはその準則が引き合いに出されるのを世俗主義の左派——イスラーム嫌いの強力な反対者——と宗教的ムスリムをともに動員した二〇一四年七月、ロンドンでのハマスを支持するデモにおいて目撃した。

イスラミストの犯罪を糾弾するのに躊躇するもう一つの理由は、西洋の罪を糾弾しようとする大いなる熱意である。宗教的狂信の根本原因は宗教ではなく、西洋の帝国主義とそれが生んだ抑圧と貧困であると多くの左派の著述家が主張する。それゆえ、例えばデイヴィッド・スワンソンはウェブサイト「戦争は犯罪である」において、さらにはウェブサイト『ティックーン』において（編集者からの神経質だが部分的でしかない但し書きを伴って）「ISISについて何をなすべきか」と問い、そしてこう答えている。「ISISがどこからやってきたのか認識することから始めよ。アメリカとその下請けどもがイラクを破壊したのだ」[13]。言い換えれば、二〇〇三年のアメリカによるイラク侵攻がなければISISもなかったそうだ。これがISISのイラクでの成功の真の原因であるのかもしれない（し、そうでないかもしれない）。しかし、一般論としては真であるわけではない。ISISはアメリカの侵攻に起因するものではなかった。ISISは世界的な宗教の復興の産物なのだ。スワンソンはほかのすべての復興主義者の好戦性の例に同様の説明をするかもしれないが、その説明は、例が増えれば増えるほど説得力を失うのである。

同様に、（近年、ジェレミー・コービンが統括している）イギリス戦争阻止連合のリンゼイ・ジャーマンは『ガーディアン』（二〇一四年五月六日号）誌上で、ボコ・ハラムの台頭は西洋の意図せざる帰結であると論じている。「もしイスラミズムが（…）アフリカの一部における西洋の利害にとって脅威であるならば、これは西洋の利害がその創出に大きな役割を果たしてきた脅威なのである」。この観点からするなら、ボコ・ハラムは第一にナイジェリアの女子生徒にとっての脅威であるのではなく、西洋の企業利益にとってそうなのである。それは抑圧、汚職、そして経済的不正に対する応答なのだ。素晴らしいウェブサイト『左足を前に』上で同様の見解を示すレオ・イグウェは、「ナイジェリア社会のすべての分別ある構成員」は、ボコ・ハラムが、貧しいかあるいは周辺化されたナイジェリア人の声を代弁しているのではないことを知っていると主張している。ボコ・ハラムの「暴力と流血の運動はイスラームの狂信的な解釈と盗用に基づいている」のだ[14]。

しかし、根本原因に関する左派のより一般的な見解は、宗教を含んではいない。すべての宗教は支配階級のイデオロギー的道具ではあるまいか。すべての千年王国主義者とメシア主義者の反乱は、物質的抑圧に対するサバルタン集団のイデオロギー的に歪曲された応答ではあるまいか。宗教的狂信は経済的土台を参照することによってのみ説明されうる上部構造的現象である。今日、これらの古くさい確信はとりわけ役に立たない。『ハフィントンポスト』に頻繁に洞察に満ちた寄稿をし、ボコ・ハラムの「災い」を十分に認識しているパルベズ・アハメドが、典型的な例を提供している。「イスラームの名において［なされた］暴力の多くが、信仰によるものというより、貧困と絶望に基づいたものである」と彼は論じている。(15) もしこれが正しいのなら、なぜ貧困と絶望はイスラミストへの動員ではなく、左派を生み出さないのか。実のところ、宗教の復興はムスリムにおいてだけでなく、世界中のユダヤ教徒、キリスト教徒、ヒンドゥー教徒、仏教徒においてもすべての社会階級から支持者を得てきた。彼らがそれへと駆り立てられる動機は、信じがたいことに、宗教的信仰のようである（ファワーズ・ジェルジェスの『ジハーディストの旅』は宗教の持つ力の十分な証拠を提示している(16)）。

左派の多くは、イスラミストの狂信は西洋の帝国主義の産物であるばかりでなく、それに対する抵抗の一形態でもあると信じている。その狂信がどんな集団を引きつけるのであれ、それは根本的に、抑圧された者のイデオロギーなのだと彼らは論じる――それは少々奇妙ではあるが、左派政治の一種なのである。ＩＳＩＳ戦闘員の残虐性はこの観点をいっそう擁護し難いものにしてきた。しかし、多くの左派著述家は、スンニ派あるいはシーア派の私兵をアメリカのイラク占領に対抗する「レジスタンス」と評してきた。『ニューレフト・レヴュー』の編集者であるスーザン・ワトキンスは、彼らを「イラク人のマキ」〔訳注10〕と呼び、意図的に第二次世界大戦時のナチスに対するフランスのレジスタンスを引き合いに出している。(17) しかしながら、イスラミストの私兵に関しては、ただアメリカに対して戦っているとい

〔訳注10〕マキ maquis　第二次世界大戦中のドイツ占領下フランス・ヴィシー政府下で活動したレジスタンス組織の一つ。政治思潮としてはナショナリストから共産主義者まで幅広い。

うこと以外、何も左派的ではなかった。フレッド・ハリデイは、『ディセント』誌上の「愚者のジハーディズム」と題した論文で「レジスタンス」という語や他の同様の表現を用いることに異を唱えた(18)。彼の論文のタイトルは洒落ているが、その翌年にスラヴォイ・ジジェク〔訳注11〕がイスラーム急進主義は「資本主義のグローバル化の犠牲となった者たちの憤怒」であると主張したことからわかるように、長持ちはしなかった。ジジェクがイスラーム嫌いと呼ばれることを恐れていないことを、私は認めなければならない。ジジェクは「敬意ある、しかしだからこそ容赦のない」イスラーム批判を唱道している(19)。しかし、イスラミストの憤怒の対象が彼自身の憤怒のそれと同じであると考えている限り、ジジェクはその批判を正しく理解してはいないだろう。

ジュディス・バトラー〔訳注12〕は二〇〇六年、彼女が「ハマスとヒズボラを進歩的で、左派的であり、グローバルな左派の一部である社会運動として理解することは、極めて重要である」と主張した時、同様の過ちを犯した。彼女はこの主張を、興味深い修正を加えて二〇一二年に繰り返した。ハマスとヒズボラはグローバルな左派に属している、なぜなら彼らは「反帝国主義者」だからであるそうだ。しかし、彼女はグローバルな左派に与するすべての組織を支持することはなく、とりわけこれら二つの組織の暴力行為を支持していない(20)。最後の修正は良い。しかしハマスとヒズボラを左派と同一視することは二〇〇六年同様、二〇一二年においても誤りであった――この誤りはおそらく役に立つ。というのもこのことが、なぜ多くの左派がハマスやヒズボラといった組織を支持し、あるいは積極的に反対しないのかを明らかにする助けとなるからである。これらの組織を「左派」としているのは、いつもながら帝国アメリカと結託しているイスラエルと戦っているという事実である。

抑圧と貧困に対する真に左派的な運動というのは――イスラーム世界あるいはそのほかの場所において――どのようなものだろうか。いかなる種類の運動がアメリカの左派や、人権擁護者、フェミニスト、そして労働組合員から連帯と物質的支援の表明を呼び起こすだろうか。まず初めに、それは被抑圧者の運動でなければならないだろう。それは被抑圧者を代弁すると称する前衛によるものであってはならない。それは、これまで受動的で、はっきりとした意思を示せなかったが、今や自分たちの意見を表明し、自分たちの権利を守ることができるようになった人々の動員だろう。第二に、その目標はそうした人々の解放、より正確には、自己解放だろう。その動力源は、疑念なく、部分的には地域文化により形作られたヴィジョンだろう。そのヴィジョンは新しい社会についてのヴィジョンであり、その構成員は、男女の区別なく、より自由でより平等であり、その政府は応答責任と説明責任を持つものだろう。確かに、これは左派の切望の説明としてはありふれている。しかし、それなら何らかのイスラミスト組織がグローバル左派であるとか、あるいは他の何らかの左派に属していると一体誰が真剣に信じることができるだろうか。

なぜイスラミストの狂信を支持するのかについて、ポストモダニストたちは反帝国主義者と大差のない説明に終始してきた。ミシェル・フーコーのイラン革命への傾倒は今となっては古い話ではあるが、しかし革命の残虐性への彼の応答――イランは「われわれと同じような真理の体制を有していない」(21)――は今ではあまりにありふれた左派の立場の初期の例の一つである。フーコーの応答は左派でリベラルのエジプト人哲学者であるザキ・ナジーブ・マハムード〔訳注13〕のそれとは著しく異なっている。ザキは七〇年代後半にこう記している。「自分の目をこすっても、まだ悪夢

〔訳注11〕スラヴォイ・ジジェク Slavoj Žižek（1949-）　スロベニア出身の哲学者。ジャック・ラカンの精神分析をもとに映画や社会批評などの活動を行っている。現代政治から大衆文化まで縦横無尽に論じる姿から現代思想界の奇才とも呼ばれる。著書『否定的なもののもとへの滞留』、『「テロル」と戦争――〈現実界〉の砂漠へようこそ』、『ラカンはこう読め』など。

〔訳注12〕ジュディス・バトラー Judith Butler（1956-）　アメリカのジェンダー理論家。異性愛は人為的に作り出されたとする非異性愛のクイア理論を提唱し、性の体制が男女の二項対立で構成されていることを批判した。主著『ジェンダー・トラブル』。

〔訳注13〕ザキ・ナジーブ・マハムード Zaki Naguib Mahmoud（1905-1993）　エジプトの思想家。現代アラブ哲学の先駆者とされる。論理的で科学的な実証主義を重んじ、それとアラブの伝統を和解させることを試みた。

の最中にいる……。盗人の手を切り落とし、姦通の罪を犯した者に石を投げ、そしてわれらが時代の精神に背くような同様の罰を求めて原理主義者らが叫ぶのを私は生きて目の当たりにしなければならなかった」[22]。マハムードの応答は、時代はわれらがものであるという、私には到底なしえない主張にもかかわらず、私には正しく思われる左派の応答である。次に、『テヘランでロリータを読む』の著者であるアーザル・ナフィースィー〔訳注14〕のイスラミスト国家における文化的転覆のすてきな説明のケースを考えてほしい。アメリカ亡命中に、彼女はボストンで、あるインタビュアーにこう語った。「私は西洋世界で人々が――おそらく善意から、あるいは進歩的な観点から――『それは彼らの文化』だと私に言い続けることにひどく憤りを感じる。（…）それはマサチューセッツの文化は魔女を火炙りにすることだというようなものだ。文化の中には真に非難されるべき側面がある。（…）われわれはそれを容認すべきではないのだ」[23]。それらの善意の進歩的な人々はラディカルな多文化主義の唱道者であるのかもしれない――そして、マサチューセッツでの話でもなければ、魔女の火炙りを容認するかもしれない。ポストモダンの政治理論家であるアン・ノートンは『ムスリム問題について』のなかで、根本的な文化的差異を擁護しており、これは政治的に正しい《コレクト》（そしてまた正当な《ライト》）立場であるが、彼女は真に非難されるべき（正当でない）事柄について真剣に取り組むことを避けている。いずれにせよ、彼女は西洋がより不当であることを確信している[24]。われわれがここで目の当たりにしているのは、ダン・ダイナーが『聖なるものにふけって』で記述しているものである。すなわち「中東においていまだに有力なプレモダン的諸条件と、西洋において確立された護教的ポストモダンの言説との非神聖同盟[25]」がそれである。この同盟は現実に起こった出来事とのいかなる接点をも持たない。

　イスラーム急進派の最も強力なポストモダン的擁護は、イスラミズムそれ自体はポストモダンのプロジェクトであると主張するマイケル・ハートとアントニオ・ネグリによるものである。「原理主義のポストモダン性とは、何よりも欧米によるヘゲモニーの武器としての近代性を拒絶するところにある――そしてこの点において、イスラーム原理主義はじっさいに範例的なケースである――ことが認識されなければならない」。そして、また「イラン革命は世界市場の強力な拒絶だったのであって、私たちはそれを最初のポストモダン的な革命であると考えることができる」[26]。イラン人が今日、世界市場に再び加わろうとどれほど躍起になっているかを指摘するのは酷であろうか。

イスラミストの狂信に対するこれらすべての左派の応答――同一視、支援、同情、弁護、寛容、そして忌避――は、もしわれわれがイスラミストのイデオロギー（実際には神学であるが、しかし大半の左派は神学音痴である）の内容を考えるならば、非常に奇妙なものに映る。西洋に対するジハードによる対決は、他のいかなる反応よりもまず左派の側に深刻な懸念を引き起こすはずなのだ。ボコ・ハラムは西洋式の学校を襲うことから始め、ほかのイスラミスト組織も同様の襲撃に着手したが、それらはとりわけ女子校に向けられたものだった。狂信者らが西洋的だと非難する諸価値の中には、個人の自由、民主主義、ジェンダー間の平等、そして宗教的多元主義がある。西洋人は常にこれらの価値との調和のうちに生きているわけでもなく、しばしばこれらの価値が守られなければならないときに擁護しそこなうくせに、これらの価値に賛辞を呈するのは西洋的偽善である――それでもわれわれ西洋人の中にはこれらを擁護しようと戦う者もいるのだ。

ソ連の共産主義崩壊後、ロシアと中国は時折、西洋の帝国主義と西洋的価値に反対すると主張してきたが、両国は帝国主義の敵対者というよりは、ライバルの帝国主義国家であるように見える。これらの国の指導者は時折、価値をめぐる議論に訴えかける（中国の支配者が儒教的調和の理想を持ち上げるように）が、彼らが公言する価値に彼らが強く

〔訳注14〕アーザル・ナフィースィー Azar Nafisi（1955-）イラン出身の英文学者。一九九七年にイランを脱出しアメリカに住む。主著の『テヘランでロリータを読む』では、イランの女子学生たちと密かに行われた英文学の個人授業の様子を描きつつ、イラン・イスラーム共和国の全体主義的な神権政治の中でのイラン女性の心情を風刺に富んだ表現で描いている。

コミットしているようには思われない。しかし、たいていのイスラミストはコミットしている。彼らは独自の壮大な野心を抱いているが、それは極めて理想主義的なものである。彼らの理想主義は政治的術策の余地を残しているが、しかしながら物質的利害にはほとんど余地を残さないのである。彼らの狂信は価値に基づいた狂信であり、神学的に動機付けられたもので、西洋の価値に対する真の挑戦である。

しかし、個人の自由、民主主義、ジェンダー間の平等、そして宗教的多元主義は実際には西洋だけで通用する価値ではない。これらは西欧とアメリカ大陸においてその強力で近代的な形で初めて現れた普遍的な価値なのである。これらはまた、西欧とアメリカ大陸において初めてその強力で近代的な形で現れた左派を大いに規定している。左派は一八世紀に発明されたもので、世俗的な啓蒙主義の産物なのである。あらゆる大宗教の伝統において潜在的に左派的な立場をとる人々がいた――平和主義者、コミュニタリアン、原環境保護主義者、菜食主義者、貧者の支援者、そして平等の信奉者、あるいはより頻繁に見られたのは神を前にしたすべての信者〔すべての男性信者というべきかもしれない〕の立場の平等を信じる者さえいた。しかし、古典的左派のようなものがヒンドゥー教徒、ユダヤ教徒、仏教徒、ムスリム、そしてキリスト教徒のうちに存在したことはなかった。左派の信じる価値は、真剣に考えるならば、いま並べた「西洋」の諸価値である。これらの価値に対する反対〔への対処〕は左派が引き受けるべきものであり、われわれはこの反対が極右による場合、すすんでそれを引き受ける。しかし、まさにこの同じ反対がイスラミストの急進派からなされる場合には、多くの左派は引き受けようとしないのである。

よりよい左派

今日、左派はどのようにイスラミズムに応答すべきか。ここでは軍事的な応答を考えるつもりはない。この章の初めで示唆したように、イスラミスト狂信者の国際旅団のようなものが存在し、多くの国からメンバーを徴募し、イラクとシリアでいま現在戦闘を繰り広げている。しかし、左派闘士の国際旅団を徴募する見込みはなく、それゆえ彼らをどこに派遣するか考えることに意味はない。左派は、不信心者や異教徒の虐殺を止めることを具体的に目的とした軍事行動を（多くの者が望まなくとも）支持すべきである。そうしたのちに、私はイスラミズムを破壊するための戦争、あるいは一連の戦争ではなく、それを封じ込めることを目的とした政策を考えたい。イスラミストの熱狂は、ひとりでに燃え尽きるであろう。問題は、多くの人々がその炎の中で苦しみ、左派はその苦しみを道徳的な危険を承知で、無視するであろうということである。どのようにこうした人々を助けるかということは、われわれが繰り返し取り組まなければならない問題である。しかし、われわれはイデオロギー戦争から始めなければならない。

　その戦争では、われわれは区別の政治を実践する必要がある。われわれは注意深くイスラミストの狂信とイスラームそれ自体、あるいは最良のイスラームとを区別しなければならない。ＩＳＩＳの教義はクルアーンのありうべき解釈とそれからなる伝統に由来する――ちょうど、イスラエル入植運動のメシア主義的シオニストの教義がいみじくもユダヤ教の伝統の一つの解釈とされることがありうるようにである。しかし、われわれはこれらの解釈が倒錯したものだと主張しなければならない。二つの伝統の中心的価値により忠実な、よりよい解釈が存在するのだ。そう主張することで何らかの信用を得られるとは思ってはいないが。ポール・バーマンやメレディス・タックスといった著述家らは彼らがイスラミストに抗して書いたすべてのもののなかでこの主張を綿密に展開してきたが、彼らの批判者は多くの場合、それに気付かないようにしてきた。他の誰かが気にしたところで注目されるというわけでもないだろうが、その主張自体は重要である。とりわけ、エジプトのハサン・アル＝バンナー〔訳注15〕やサイイド・クトゥブ〔訳注16〕、インドのマウラナ・マウデゥーディ〔訳注17〕といった狂信者の著作と、過去のムスリムの偉大な合理主義哲学者、あるいはより最近のリベラル改革主義者の著作とを区別することにわれわれはこだわるべきである。キリスト教十字軍の説教とスコラ神学の違いを区別するのとまったく同じように、そうすべきなのである。

また、狂信勢力と対抗するムスリムや棄教したムスリムと協力し、彼らが必要とする支援を与えてやるべきである。多くの反狂信勢力が存在するが、その中にはアヤーン・ヒルシ・アリ[訳注18]のように、左派の側に立つ友人があまりにも少なかったこともあって、初めは左派の側に立ったが、のちに右派に転向した者もいる。ポール・バーマンは一流のリベラル・左派知識人からのヒルシ・アリの処遇について辛辣な批評を著し、キャサ・ポリットは『ネーション』誌のなかで、勇敢にも、「われわれ、左派とフェミニストはどのようにアメリカン・エンタープライズ・インスティチュート［ネオコンのシンクタンク］が女性の権利をめぐるこの大胆で複雑な運動《クルセイド》で勝利を掠め取ってきたのかについて、もう少し自己批判的に考えるべきである」と、疑問を呈した[27]。イスラーム嫌いに対する左派の恐怖に大部分が動機付けられていたヒルシ・アリのたどった道筋を研究することは、確実にわれわれに資するところがあるだろう。例えば、キリスト教世界から無神論者が現れることなら歓迎するのにムスリム世界から無神論者が現れることを歓迎することには奇妙なためらいを見せる傾向が左派にはあるのだ。

われわれの政治において、イスラームをイスラミストの狂信から区別すること以外に、科学と世俗主義の不可避の勝利を予言した学術的理論（また左派の理論でもある）が正しくないこと——少なくともいつ勝利が訪れるかというその予言が正しくないことを、われわれは認めなければならない。左派は、この一見するとポスト世俗主義の時代においていかにして世俗の国家を守るのか、また位階制と神権政治を支持する宗教的言説に対し、いかにして平等と民主主義を擁護するのかを考え出していかなければならない。宗教的教義と実践の魅力は明白であり、われわれは宗教的狂信が恐ろしいほどに魅力に欠けるものであると人々を説得しようとするなら、そのことを理解する必要がある。

われわれはまた、狂信の持つ力と、その政治的射程の広さを認識することで理論の先へ進まなければならない。われわれは、狂信者をわれわれの敵であるとはっきりと名指しし、彼らに反対する知的な運動にコミットしなければならない――それは、自由、民主主義、平等、そして多元主義を擁護する運動である。私は、左派はサミュエル・ハンチントンの有名な「文明の衝突」に与するべきだと主張しているのではない。ニック・コーエンの次の一節は、再び掲げておくに値する。「過激な信仰はすべて、暴政の可能性を孕んでいる」。すべての偉大な宗教的文明は、暴力的な狂信者と平和を愛する聖人を――そしてこの両極の間にあるすべてのものを――生み出すことができるのだ。それゆえ、われわれはイスラミストとの闘争を文明的な観点ではなく、イデオロギー上の観点から考えるべきなのである。われわれが擁護すべきイデオロギーは世俗主義であるが、反宗教的なものではない。つまり、われわれは信仰者たちと争っているわけではない――信仰者のすべてが敵ではないのだ。多くの敬虔なムスリムは西洋と左派の普遍的価値を支持している――そして他の宗教的左派がヒンドゥー、ユダヤ教、キリスト教の経典の中に見出すように、これらの価値をイスラームの経典の中に見出すのである。

ムスリムが人口の多数派を占める多くの国で活動する「ムスリム法の下で生きる女性（ＷＬＵＭＬ）」という組織

〔訳注15〕ハサン・アル＝バンナー Hassan al-Banna（1906-1949）エジプトの教育者。スンナ派のイスラーム運動組織ムスリム同胞団を創設し、イスラーム復興運動を指導した。

〔訳注16〕サイイド・クトゥブ Sayyid Qutb（1906-1966）エジプトの作家、教育者。エジプトの教育省に勤めた元役人で、その後ムスリム同胞団に参加し中心的人物として活動した。西洋文明に批判的で、イスラームの復興を唱えた。

〔訳注17〕マウラナ・マウデゥーディ Maulana Mawdudi（1903-1980）インド生まれのイスラーム思想家。一九二六年にヒンドゥー教徒に反論する『イスラームの聖戦』を著し、パキスタンのイスラーム国家化に尽力するなど、イスラーム復興運動に大きな影響を及ぼした。

〔訳注18〕アヤーン・ヒルシ・アリ Ayaan Hirsi Ali（1969- ）ソマリア生まれのオランダの元下院議員。元イスラーム教徒で現在は無神論者。しかし国籍取得時の虚偽申請が明らかになったため、議員を辞職し、アメリカに移住した。

は、まさにこの探求に効果的に従事しており、とりわけジェンダー間の平等に特別な注意を払っている。この問題は特に重要である。なぜなら解放された女性に対する恐怖が宗教の復興の主要な原因の一つであり、女性の従属化が宗教的狂信の主要な目的の一つであるからだ。それゆえ、解放された女性はグローバルな左派の重要な構成員である。WLUMLの女性はしばしば敵対的な環境の中で賞賛に値する強さを示してきており、今日の左派から彼女らが受けてきた以上の支援を受けるに値する。ブラジルのポルト・アレグレで二〇〇五年に開催された世界社会フォーラムでのWLUMLの声明は、彼らが共有する立場がどのようなものであるべきかを示す格好の例となっている。

原理主義者のテロルは貧者の富者に対する、第三世界の西洋に対する、人民の資本主義に対する手段では決してない。それは世界の進歩的な勢力から支持されうるような正当な応答ではない。その主な攻撃目標は（…）宗教の名の下に社会のあらゆる側面を統制しようと試みる神権政治的なプロジェクトに対する、国内の民主的敵対者なのだ。原理主義者が権力を手にしたならば、彼らは人々を黙らせる。つまり彼らは反体制派を物理的に消し（…）彼らは女性を「しかるべき場所に」閉じ込めるのだが、われわれが経験から知る通り、それは拘禁服と化すことになる。(28)

これはハリデイの言うところの愚者のジハーディズムに対抗する訴えとして読める。そして世界社会フォーラムにWLUMLをイスラーム嫌いの廉で糾弾した愚かな人々がいたであろうことは確かである。

世俗主義のフェミニストは宗教的に動機付けられた女性嫌悪に対抗してきた――イスラミストの抱く女性に対する非合理的な恐怖も含めてである。例えば、センター・フォー・セキュラー・スペースのウェブサイトを参照してほしい。私はWLUMLとこのセンターを国際主義フェミニズムの典型とみなしている。奇妙なことに、左派一般は国内政治に焦点を当てるフェミニズムの方がより好ましいと思っている――それはジェンダー間の平等が西洋の理念であるだけでなく、西洋においてのみ適用可能な理念であるかのようである。

世俗的左派は、ある種の宗教的過激派にしかるべき敵意を示して応答している――とりわけ、自国の過激派によく応答しているのだ。しかし、国外のイスラミズムに対する世俗主義左派の応答はためらいがちなもので、しばしば見当違いのものであった。再び問う。なぜそうなのか。イスラーム嫌い〔の誹りを受けること〕への恐れが一つの重要な理由である。また私は一連のさらなる理由を示唆してきた。イスラミストは西洋に敵対しているから。西洋はイスラミストの暴力（他にも悪いことはいっぱいあるが）に責任があるということになっているから。そして、われわれ西洋人に「彼ら」があちらですることを批判する権利などないからである。他にも理由があるかもしれない。宗教的過激主義にどのように応答すべきかは、どこに住んでいようと左派にとって決定的に重要な問題である。しかし、これまで相応の注意が払われてこなかった。宗教に関して、その他の多くの点のように、われわれはより積極的で、知的で、闘志に溢れた国際主義を必要としているのである。

すでに述べたように、左派の闘士の国際旅団が今日の軍事的戦闘のいずれにも加わることはないであろう。私の友人と隣人たちは参加しそうにない。彼らの多くは宗教的狂信による危険が広く及んでいることを認めようとしないであろう。しかし、危険は存在し、世俗的左派は擁護者を必要としている。われわれのうちで著述家であって、戦士ではない者にとって、われわれがすることのできる最も有用なことはイデオロギー戦争に加わることである。われわれは多くの国々において同志を求めることができるが、しかしまだ十分な数を見出すことはどこにおいてもできていない。左派知識人の国際旅団はまだ具体化の途上にあるのだ。

【注】

（1）Nick Cohen, *What's Left: How Liberals Lost Their Way*（London: Fourth Estate, 2007）, 361.

（2）Deepa Kumar, *Islamophobia and the Politics of Empire*（Chicago: Haymarket Books, 2012）.

（3）David J. Rusin, "Islamists Inflate the Number of Anti-Muslim Crimes in Order to Silence Critics," *National Review*, January 11, 2013.

（4）"Attacks against Muslim Americans Fueled Rise in Hate Crimes, F.B.I. Says," *New York Times*, November 16, 2016, A13.

（5）Geert Wilders: open letter to the Dutch newspaper *Die Volkskrant*, August 8, 2007; Hans-Jürgen Irmer: speech in the Hesse state parliament, March 5, 2014.

（6）Pascal Bruckner, *The Tyranny of Guilt: An Essay on Western Masochism*, trans. Steven Rendall（Princeton, NJ: Princeton University Press, 2010）, 48.

（7）Paul Berman and Michael Walzer, "Que révèle la polémique Kamel Daoud?," *Le Monde*, March 30, 2016, 22.

（8）Edward W. Said, *Orientalism*（New York: Vintage, 1979）, 322, 318〔今沢紀子訳『オリエンタリズム　下』平凡社ライブラリー、一九九三年、二七五頁〕.

（9）Edward W. Said, *The Question of Palestine*（New York: Vintage, 1980）, 184〔杉田英明訳『パレスチナ問題』みすず書房、二〇〇四年、二五二頁〕.

（10）Hatem Bazian and Maxwell Leung, Editorial Statement, *Islamophobia Studies Journal*（Spring 2014）, http://crg.berkeley.edu/content/isj-spring2014.

（11）Hatem Bazian, "Deconstructing Islamophobia in Muslim Majority States," *Daily Sabah*, July 28, 2014, http://www.dailysabah.com/opinion/2014/07/28/deconstructing-islamophobia-in-muslim-majority-states.

（12）Nikolas Kozloff, "A Tale of Boko Haram, Political Correctness, Feminism, and the Left," *Huffington Post*, July 30, 2014（updated）, http:/www.huffingtonpost.com/nikolas-kozloff/a-tale-of-boko-haram-poli_b_5421960.html.

（13）David Swanson, "What to Do about ISIS," *War Is a Crime.org*, August 28, 2014, http://warisacrime.org/content/what-do-about-isis; Swanson, "What to Do about ISIS," *Tikkun Daily*, September 3, 2014, http://www.tikkun.org/tikkundaily/2014/09/03/what-todo-about-isis/.

(14) Leo Igwe, "Is the Boko Haram Menace Rooted in Poverty or Fanaticism?" *Left Foot Forward*, May 12, 2014, https://leftfootforward.org/2014/05/is-the -boko-haram-menace-rooted-in-poverty-or-fanaticism/.

(15) Parvez Ahmed, "Boko Haram and Bill Maher Are Both Wrong," *Huffington Post*, July 19, 2014（updated）, https://www.huffingtonpost.com/entry/boko-haram-and-bill-maher_b_5334872.html.

(16) Fawaz A. Gerges, *Journey of the Jihadist: Inside Muslim Militancy*（Orlando, FL: Harcourt, 2006）.

(17) Susan Watkins, "Editorial," *New Left Review* 28（July 1, 2004）, 1-13.

(18) Fred Halliday, "The Jihadism of Fools," *Dissent*（Winter 2007）, 53-56.

(19) Slavoj Žižek, *Violence*（New York: Picador, 2008）, 187, 139〔中山徹訳『暴力　６つの斜めからの省察』青土社、二〇一〇年、二三九、一七〇頁〕.

(20) "Judith Butler on Hamas, Hezbollah & the Israel Lobby（2006）," *Radical Archives*, March 28, 2010, https://radicalarchives.org/2010/03/28/jbutler-on-hamas-hezbollah-israel-lobby/; "Judith Butler Responds to Attack: 'I Affirm a Judaism That Is Not Associated with State Violence,'" *Mondoweiss*, August 27, 2012, http://mondoweiss.net/2012/08/judith-butler-responds-to-attack-i-affirm-a-judaism-that-is-not-associated-with-state-violence/.

(21) Janet Afary and Kevin B. Anderson, *Foucault and the Iranian Revolution: Gender and the Seductions of Islamism*（Chicago: University of Chicago Press, 2005）, 125.

(22) Emmanuel Sivan, *Radical Islam: Medieval Theology and Modern Politics*（New Haven: Yale University Press, 1985）, 158.

(23) Robert Birnbaum, "Azar Nafisi," Author Interview, *Identity Theory*, February 5, 2004, http://www.identitytheory.com/?s=azar+nafisi&searchsubmit=Find. この参照については、ニック・コーエンに感謝する。

(24) Anne Norton, *On the Muslim Question*（Princeton, NJ: Princeton University Press, 2013）. 公平を期すために言っておくと、ノートンがこれを書いたのはＩＳＩＳのカリフが登場する前のことであった。

(25) Dan Diner, *Lost in the Sacred: Why the Muslim World Stood Still*, trans. Steven Rendall（Princeton, NJ: Princeton University Press, 2009）, 3.

(26) Michael Hardt and Antonio Negri, *Empire* (Cambridge: Harvard University Press, 2000), 149〔『〈帝国〉』、一九七、一九八頁〕.

(27) Paul Berman, *The Flight of the Intellectuals: The Controversy over Islamism and the Press* (Brooklyn: Melville House, 2010), chapters 8–9; Katha Pollitt, "David Horowitz, Feminist?," *The Nation*, November 1, 2007, https://www.thenation.com/article/david-horowitz-feminist/.

(28) Meredith Tax, *Double Bind: The Muslim Right, the AngloAmerican Left, and Universal Human Rights* (New York: Center for Secular Space, 2012), 82. WLUMLに関して、より詳しくは Madhavi Sunder, "Piercing the Veil," *Yale Law Journal* 112 (April 2003), 1434–1443 を参照。

第八章　われわれの闘争の複雑な陣形

私は本書のいずれの章もプログラム提示する議論でもって終えてきた。ここで私はそれらの議論の要点を押さえる形で短く要約しておくことにする。

・左派は自国で、海外にいる同志たちを探し求め、彼らに耳を傾け、ともに活動する必要がある——そしてそうした同志であるのは、われわれと同様に自由と平等にコミットしている人々だけである。われわれは決して、暴君や独裁者、あるいはテロリストの同志になってはならない。

・われわれはときには——例えば虐殺を食い止めるために、あるいは侵略に抵抗するようなときには——たとえ事に当たる軍隊が資本主義国家の軍隊であっても、こうした武力行使を支持できるようにならなければならない。平和が可能であるときにはいつでも、われわれは平和を求めて活動しなければならないが、侵略戦争に反対し、自衛戦争と他国の防衛とを支持することで区別の政治を実践しなければならない。

・われわれは、左派だと自称する体制を含めて、正直に権威主義体制について記述しなければならない——そして冷静かつ現実的に、グローバルな統治の実効性について議論しなければならない。われわれは強弁の政治を拒否しなければならない。

・反アメリカ的なアメリカ人になることなく、われわれはアメリカのヘゲモニーを制限するために取り組み、妥協（グラムシ的な均衡）とグローバルな分業のために取り組まなければならない。われわれは海外の盟友たちに向けて、彼らも世界の行く末に責任を負っているということを伝えなければならない。

・こうした盟友たちとともに、われわれは代理主体《エージェンシー》の国際主義にコミットするべきである。グローバルな貧困を軽減し、グローバルな不正義を修復することの狙いは、自助能力と自己の政治的未来を決定するだけの能力を持つ人々を生み出すことであるべきだ。まともな国家を必要とするすべての人々がそうした国家──市民全員のものであり、彼らに安全と福祉とを提供する国家──を手にできるように、私が国家体制の完成と呼ぶものを支持するように、われわれは要求されているのだ。永遠にではないにせよ、そのような国家はいま現在、日常生活に不可欠な行為主体である。

・しかしわれわれはまた、主権国家をこえた政治──われわれのような人々が左派のあらゆる大義のために活動できる国際市民社会によって支えられた、より強力なグローバル機構──を目指す必要がある。そのような試みに終わりはなく、それはわれわれが永遠に取り組むべき政治である。

・最後に、われわれは宗教的狂信者が押し付けようと躍起になっている政治的後退に抗し、彼らが攻撃する「西洋的」価値を守らなければならない──われわれの主張では、この価値は普遍的な価値である。

総じて、これらすべてが一体となってこそ左派の外交政策である。私がここでした議論はいずれも私独自のものではない。思うにこれらは平凡な議論で、左派にありふれたものだろう。しかしあらゆる点において、このような議論をするには異なる構想を持つ左派を批判することが必要であった。こうした批判の中には、私が有益な不一致であると見込んでいるものもあるが、失敗と敗北の腹立たしい感覚を引き起こすものもある。左派が二〇世紀のはじめに抱いていた希望、第二次世界大戦の激動の後、ホロコーストの後、ナチズムの敗北の後、そしてわれわれが憂慮というものを知るようになった後に一新された希望は――どうなったのか。政治的には不完全で、地理的にも限られていることが常ではあるが、実現した成果もある。社会民主主義、民族解放、フェミニズムがそれである。しかし左派は、われわれが想定していたよりもずっと弱々しいものになってしまっている。世界は今も昔も変わっていない。われわれがいつも反動勢力だと考えていたもの――階層秩序を登りつめた者や独裁者、家父長制主義者、経済的、政治的な略奪者、企業のトップ、暴君に武装勢力、そして軍国主義者――は今なお強力で、実権を握っており、あまりに多くの土地を支配している。そして、政治に参加し平等と民主主義にコミットする自己決定的な市民になると目されていた受動的ではっきりとした意思を示さない人々は、依然として大半が受動的ではっきりとした意思を示していない――それどころか、彼らはわれわれが想定していなかった、そして容認できないようなコミットメントまで行うことが判明した。

　このように、左派は抵抗に遭遇している。われわれはそれを想定しておくべきだった。しかし、ここでは抵抗について私は書こうとは思わない。私が書きたいのは左派についてである。この世界史的な遭遇の中で、われわれはどうしてもっとうまく対処できなかったのか。

　アルベール・カミュ〔訳注1〕は、最も強力な答えを与えてくれているように思われる。「二〇世紀における重要な出来事は、革命運動が自由の価値を手放したことであった」(1)と彼は論じる。左派は独裁的な体制や怪物的な体制を生み出したが、それを擁護した左派もいるのだ。否、われわれの中にはこうした体制を批判する者がもちろんいたが、長年にわたって左派政治の支配的な形態はスターリン、毛沢東、そして一連の第三世界の独裁者たちといった暴君を支援することを必要とした。こうした支援の背後には、われわれが論争に加わるべき〔次のような〕ある議論が存在していた。再三にわたって言われていたように、独裁だけが反動勢力と長らく堅牢なものであった階層秩序を乗り越えることができる。独裁だけが平等を促進しうる。社会民主主義者とブルジョワ・リベラルたちは果てしなく妥協を続け、彼らが支持すると強弁しているような急進的な変革には決して至ることはないだろう。彼らは荒々しい活力も必要不可欠な残忍さも持ち合わせていない。求められた作業を遂行するためには、「最高指導者」のような断乎たる前衛が必要だというわけである。

しかし、この議論は一つの重大な困難を抱えている。独裁はまずもって平等を侵害するものに他ならない。それは階層秩序を解体するための手段ではなく、階層秩序を作り出してしまう。これは独裁が政治権力の不平等な配分からなっているという理由による。一者もしくは少数者が権力を持ち、多数者はこれを持たないのだ。そして、政治的領域における不平等が必ずやその他すべての領域における不平等を導くのである。独裁者彼自身（あるいはまれに彼女自身）、彼の親類、彼のお仲間、前衛の闘士、そして彼らの政治的な友人たち——その全員が自分自身と自分の子どもたちのために、政治権力の見返りをため込むのだ。古い支配者が打倒されれば、新しい支配者がすぐにやってくる。ウィリアム・バトラー・イェイツ〔訳注2〕は、人を替えても階層秩序関係の構造は変えないような革命に警鐘を鳴らしている。

革命万才　もっと大砲ぶっぱなせ！
馬上の乞食が　徒歩の乞食を鞭打つ
革命万才　もう一発どかんとやれ！
乞食共は立場を変えた　だが鞭はつづく(2)

自由と平等が必然的に衝突するというのは、もとをただせば右派の議論だった。左派は危険を承知でその議論を引き継いだ。右派は、〔この議論で〕自由放任型資本主義とそれが生み出す社会という経済的自由を守ることを意図している。この種の自由は確かに平等と衝突する。しかし政治的自由はそうではない。左派は常に民主的な政府と、それに必要な報道と結社の自由を守らなければならない。これらが平等主義的な社会を求める闘争を可能にするのだ。不平等に対する民主主義的な闘争がますます難しく緩慢になっている一方で、左派独裁が財産を差し押さえ、企業エリートを打倒できるのだというのはもっともなことかもしれない。しかし、そのような〔民主主義的な〕闘争が私たちの政治である。イデオロギー的前衛とポピュリスト的指導者によって約束された近道は、結局は新たな特権階級を生み出すのである――これは新たな反対闘争を要請するのだが、それは民主主義的な政治〔における闘争〕よりももっと厳しく危険なものであり、そこではわれわれは活動家から反体制派となり、秘密警察から身を隠すことになる。

われわれは民主主義を社会主義的な社会を創出するための手段とみなすことができるが、それは物語のほんの一部に過ぎない。われわれが政治的自由を必要とするのは、資本主義の封じ込めと公共圏の強化、福祉の供給を求めて闘うためであるが、これらすべては民主主義を達成するために必要なのだ。「民主主義は究極の目的であり、社会主義は、現代における産業の諸条件のもとでは、この目的を達成するための実践的な手段である」とハイム・グリーン

〔訳注1〕アルベール・カミュ Albert Camus（1913-1960）フランスの小説家、劇作家。アルジェリア出身。存在の不条理性に対する意識を出発点とする実存主義文学に近い立場をとった。一九五七年にノーベル文学賞を受賞。『コンパ』紙の元主筆。一九六〇年一月四日、パリ近郊での交通事故により死亡する。著作に『異邦人』や『ペスト』など。

〔訳注2〕ウィリアム・バトラー・イェイツ William Butler Yeats（1865-1939）アイルランドの詩人、劇作家。一九二三年にノーベル文学賞を受賞。著書に『ケルトの薄明』や『春の心臓』など。

バーグは一九四一年に書いている。われわれが創出しようと望んでいる社会は、かつてマルクス主義者たちが予言したような政治の超克を意味しない。そこにはなおも「平等な権利と社会的な平等を享受している市民たちが、確立した民主主義的手続きに従って解決しなければならない諸々の緊張、衝突、矛盾」[3]が存在しているだろう。そして諸矛盾を解消する過程のなかで、われわれ（左派）は政治的勝利を勝ち取ることもあれば負けることもあり、ときにはわれわれの目的には一歩及ばずのところで妥協を余儀なくされることもある。決して失敗しない解決策があると約束するような革命家に、われわれは用心しなければならない。彼らはほぼ確実に、われわれに自由の価値を手放すことを要求してくるのだ。

二正面戦

第二次世界大戦中の一九四三年から一九四四年の初めにかけて、われわれは皆希望を寄せて第二戦線の幕開け――ソ連軍が東から進軍するのに合わせて、連合軍がフランスを経由してナチス・ドイツに攻撃を仕掛けること――を待ち望んでいた。北アフリカとイタリアにおける戦闘は功を奏さなかった。二正面戦を確固たるものとしたのはノルマンディーへの上陸であった。しかし、これは一つの敵に対する二正面戦であった。われわれはスターリンのロシアの同盟者であり、この同盟は政治的にも道徳的にも不可欠であった（おそらくスターリンのことを「アンクル・ジョー」と親しみを込めて呼ぶ必要も、彼が良い民主主義者であるかのように強弁する必要もなかったが）。ナチスに対する戦争を支持し、実際に戦場に出て戦った人々もいると同時に、一方でイギリスとフランスの帝国主義およびソ連の全体主義に強く反対し続ける人々も、多くはないとしても存在した。彼らは政治的には三正面戦を行っていた。二つでも十分多いのだが、いつもそれで収まるとは限らない。

私が擁護したい類の政治的闘争はフランス革命にまでさかのぼる。そこではブリソ〔訳注3〕やコンドルセ〔訳注4〕といったジロンド派の党員たちが国王とその国内外の支持者たちに対して闘い、彼らよりも左に位置するジャコバン派の狂信者たちに対しても闘っていた。「左派」と「右派」という呼称はこの時期に由来している。ジャコバン派は初めての左派であった――そして自由の価値を手放す最初の革命運動でもあったのだ。ジロンド派の政治家と哲学者たちがそうした価値のよりよい擁護者であり、長きにわたって平等と民主主義の擁護者でもあった。似たような理由から、メンシェヴィキ〔訳注5〕も同様の二正面戦を行っていた。彼らがボリシェヴィキに敗れ亡命を余儀

〔訳注3〕ブリソ Jacques Pierre Brissot（1754-1793）　フランス革命期のジャーナリスト、政治家。野心的なジャーナリストとして執筆活動を始めたが、政府高官を風刺するパンフレットを作成した容疑で一七八四年にバスティーユに二カ月収監される。革命期には立法議会および国民公会議員として活躍した。当初はジャコバン派と親しかったものの、国民公会ではジロンド派の指導的政治家と目された。それがあだとなり、一七九三年に逮捕・処刑された。

〔訳注4〕コンドルセ Marie Jean Antoine Nicolas de Caritat, marquis de Condorcet（1743-1794）　一八世紀フランスを代表する哲学者にして政治家。革命以前からすでにテュルゴのもとで王国行政の合理化を目指す改革に従事していたが、政治家としてのキャリアが本格的に始まるのは立法議会議員に選出されてからである。立法議会および国民公会において、公教育計画の提案や憲法案（いわゆるジロンド憲法）の起草などの活動を精力的に展開したが、ジロンド派とジャコバン派の対立に巻き込まれ一七九四年三月に逮捕され、その二日後に独房で死去した。遺作の『人間精神進歩史』は進歩主義的歴史哲学の典型と見なされているが、近年では代表制理論や社会選択理論の先駆者として改めて注目を集めている。

〔訳注5〕メンシェヴィキ Mensheviks　メンシェヴィキはロシア語で少数派を意味する。対立党派のボリシェヴィキ（Bolsheviks）は逆に多数派を意味する。この対立は帝政ロシアにおけるロシア社会民主労働党内で、志向の違いにより生じた。ボリシェヴィキはレーニンが中核となり、ロシア革命翌年の一九一八年にロシア共産党（ボリシェヴィキ）、一九二五年に全連邦共産党（ボリシェヴィキ）へと名称を変更し、一九五二年にソ連共産党となった。

なくされたとき、アメリカの左派を含めた世界の左派は――あたかも敗北が革命における弱さや不実の徴であるかのように――たいてい彼らに対する興味を失うか、彼らを侮辱するばかりであった。「左派に敵なし（pas d'ennemis à gauche）」というキャッチフレーズはフランス革命に由来するが、それはロシア革命の最中とその後において、左派の政治にとって最も効力を発揮し、かつ害をなすものであった。それが一つにとどまらない戦線で闘争を行うことを拒絶させ、一つにとどまらない敵の存在を認識することを拒絶させている。二〇世紀の歴史が、この拒絶に反対する一つの長く恐ろしい論拠なのだ。

二〇世紀最大の犯罪はナチスによるユダヤ人絶滅計画である――最大であるというのは、これが単に宗教的アイデンティティとナショナル・アイデンティティを共有しているという理由で、男も女も子どもも組織的に殺害したジェノサイドであったからであり、さらに悪いことに、ぞっとさせるほど完璧な成功をもう少しでおさめてしまうようなジェノサイドだったからである。しかし誤ってはならない。一九一八年から一九七〇年代にかけて――ロシアでボリシェヴィキが権力を掌握したときから、スターリンによる大粛清、中国におけるきわめて残忍な毛沢東の支配を経て、カンボジアのクメール・ルージュによるキリング・フィールドに至るまでに――非常に多くの人間を殺してきたのは左派だった。革命における殺害行為はナチスのジェノサイドほど集中的でも組織的でも――あるいは、それほどうまくいったわけでも――なかったが、より多くの年月をかけて途方もない規模にまでなった(4)。そして、世界中のあまりに多くの左派がそれを擁護した――あるいはまた、殺人を否定し、そのような報道は総じて資本主義的プロパガンダであるという強弁の政治の極端な例を実践した。まったく同じようなやり方で、一九四五年以降多くのドイツ人が死の収容所のことを知らなかったと強弁した。彼らはそのことを知っていたし、スターリンと毛沢東を弁護する者たちも同様に知っていた。この嘆かわしい左派の集合が資本主義的な搾取に対する闘争こそ重要な闘争のすべてであると考えていたとするならば、彼らはひどい誤りを犯していた。

私はとても古臭い左派で、私が二〇世紀の歴史についてこのように説明をすると、しばしば今日の左派の若者たちの抵抗や懐疑、苛立ちに直面する。それは昔の話ですよと彼らは言う。それが私たちにどう関係するのですかと。それらはすべてわれわれに関係することなのだ。それは、問題となっている〈われわれ〉が一世代以上をも含んでいるからなのだ。左派は現在の問題に関心を寄せて存在しているものであるのと同様に歴史でもある。左派の今日における弱さは昨日の過ちに由来している。われわれがそうした過ちに対処しなければ、それらを繰り返すことになるだろう。

われわれのうちにはすでに過ちを繰り返しつつある者もいる。そのような過ちの一つとして左派を自称するテロリストたちを——イラクのマキのような左派を自称しないテロリストたちでさえをも——継続的に支持することがあげられる。しかしさらに厄介なのは、左派による暴政が左派論壇においてますます容認されつつあることである。修正主義者たちが賛意を示す主題はまったくお馴染みのものである。それはフランスの恐怖政治、スターリンによる抑圧、毛沢東の文化大革命である。(5) 新しいのは学問的な用語法だけで、わざと曖昧で、逆説的であるようにみえるし、冗談じみていて、それでいて巧妙に白を切り通せるように仕向けられている。スラヴォイ・ジジェクがこうした左派における最も多産かつ有名で、そしておそらく最も捉えがたい人物だろう。ときに彼の関心は明確である。「アプリオリにそれを侵害することが禁じられている『民主主義的(手続き的)な規則』などない」と彼は書く。「革命的な政治は意見の問題ではなくて、真理の問題であり、この真理のために人はしばしば『多数者の意見』を無視し、それに抗してでも革命の意志を押し付けるように仕向けられる」。彼はテロル——「力の無慈悲な行使、犠牲の精神」(6)——を「再示」したがっている。ジジェク自身が暴力に性的快感を覚えているのか、それとも単に彼の読者に性的刺激を与えることを目的としているのかは私には定かではない。アダム・キルシュ[訳注6]が指摘するように、ジジェクは後者の狙いには成功したと言えよう。「彼が声高に暴力とテロル——とりわけレーニン、スターリン、毛沢東が行ったテロル——を賞賛すればするほど（…）彼は寛大にも左派論壇によって迎え入れられる。こうした左派が彼を名士にし、カルトの中心人物に上り詰めさせたのだ」(7)。

左派論壇のカルト的振る舞いはひょっとするとさして重要ではないかもしれないし、ジジェクの書物も左派の信奉する価値にこだわり続けているイギリスのアラン・ジョンソンやポール・バウマンら〔訳注7〕の左派によって鋭い批判を浴びてきた(8)。しかしジジェクとその追従者たちは、前世紀に敗北したわれわれの闘争を思い出させてくれる。敗北は二度と許されない。ヴォルテールが手紙に「恥知らずを粉砕せよ（ecrasez l'infame）〔訳注8〕」と書き添えたとき、彼はその当時の教会、異端審問、宗教的狂信者たちのことを指していたのである。われわれにもまだそうした類の敵がいる。そして、国外の同志と大義とをわれわれが選択する際にも関わるような国内の左派にとっての主要な問題——不平等と金権政治——を私は忘れたことはない。しかしわれわれが、自分自身の恥である革命におけるテロルと独裁を理解するようにならなければ、決して成功することはないだろう。

われわれの闘争の複雑な陣形

われわれはいかにして複数の戦線で闘うべきだろうか。私は以前にヴェトナム戦争期のことを書いたことがある。この時代はアメリカの戦争に対して反対する必要があったが、他陣営を支持することも拒否する必要があった。これがわれわれの闘争の複雑な陣形の例である。アメリカが最初に関与するその時までに、ベトコンはすでに南部の独立左派の大半を暗殺していたが、サイゴンにはまだわれわれが連絡をとり、「われわれはどのように手助けできるだろうか」と問いかけるべき人々が残っていた。不気味に迫りくる共産主義の勝利に対抗して、南部の人々を結集することができるかもしれないまともな政府をサイゴンに設立することをわれわれは要求するべきだった。しかしわれわれが認識しなければならなかったのは、アメリカによって設立、支持された現実の政府にそんなことはできず、われわれが戦争に反対してしまえば、その結果は不可避的にかなり醜いものとなってしまうということだった。共産主義者は完全に勝利を収めており、アメリカが最終的に撤退してしまえば暴政的体制が出来上がってしまうだろう。それにもかかわらず、われわれはアメリカの撤退を支持し、訪れつつある暴政よりも戦争の方が巨大な犯罪行為になってしまうのだと主張しなければならなかった。しかしわれわれが同時に主張しなければならなかったのは、アメリカの兵士たちだけでなく、われわれの戦争によって危機的状況に陥ったすべての協力者たちをも撤退させよということである。その後、彼らの大部分を置き去りにしてしまった撤退の後は、避難を試みていたボートピープルたちを保護し、北ヴェトナムの殺人と「再教育」を批判すべきだった。これらは当時必要だった複雑な政治的、道徳的要求のほんの一部に過ぎない。途方に暮れてばかりはいられなかったのである。

さて、二〇〇三年のイラク侵攻とそれ以降の目下進行中である戦争について考えよう。私が第一章で書いたよう

〔訳注6〕アダム・キルシュ Adam Kirsch（1976- ） アメリカ合衆国生まれ。文学評論家、詩人。厳格な形式主義者で、その文体は伝統的な価値や技術などを重んじる傾向が強い。

〔訳注7〕アラン・ジョンソン Alan Arthur Johnson（1950- ） イギリス労働党の政治家。ブレア政権、ブラウン政権で閣僚を歴任した。ブラウン内閣では保健大臣を務め、その人柄や安定性から好意的に評価されている。また後にポスト・ブラウンとして注目もされた。

〔訳注8〕恥知らずを粉砕せよ ecrasez l'infame 一七六〇年代にヴォルテールが愛用した標語。一七六二年三月、息子を殺害した嫌疑をかけられてトゥールーズのプロテスタントであるジャン・カラスが処刑された。この事件が冤罪事件であることを確信したヴォルテールは、一七六二年一一月二八日付書簡でカラス夫人への援助をダランベールに要請しているが、その書簡の末尾でこの呼びかけが初めて登場する。以降ヴォルテールはこの標語を繰り返し使用した。

に、ここアメリカや、ヨーロッパ、そしてイラク人亡命者の中にも侵攻を支持する左派はいたのだが、多くの左派はこれに反対した。私も反対したが、それは主として体制転換（これが戦争賛成派の左派の中心的な目的である）が国境を越えて軍隊を派遣することの正当理由としては――反乱がすでに進行中で、政府の樹立が用意されているという場合を除けば――まったく感心しないものであるからだ。継続中の反乱と統治する用意のある政府の存在は、体制転換が首尾よく開始され大衆の支持を受けた現地の勢力によってこれが促進されているということの証左である。その際にも、もし叛乱派が独力で、あるいは国際旅団の助けを受けて勝利すれば、そのほうがよりよいだろう。しかし、軍隊の派遣を支持する左派の論拠も私は理解できる（振り返ってみれば、この論拠がアメリカ革命にフランスが干渉することを正当化したのかもしれない）。しかしながら二〇〇三年のイラクでは、現地で開始された反乱もなければ大衆の支持を得て統治する用意のある政府もなかった。アメリカの侵攻は反対して当然の戦争行為だったのだ。

しかしながら、たいていの左派にとって、戦争に反対すること、さらにはアメリカの占領に反対することが彼らの政治のほとんどすべてであった。アメリカ軍が軍事的勝利を得るのに三週間しかかからなかったがその後、とんでもないことがイラクでたくさん起こった。そして標準的な左派の反応といえば、すべての惨禍を引き起こした廉でアメリカを非難し、占領に抵抗するイラク人を称賛することであった。この三週間の内にアメリカ軍が達成したのは残虐な独裁者の打倒であった。その後この国を統治しようとしたアメリカの取り組みは、カナン・マキヤが指摘したように「愚か」であったし、私はそれに、不当でもあったと付け加えたい(9)。左派から現在進行形でなされている批判は確かに当然のものだった。しかしこの国を荒廃させた宗派間戦争はもろもろの宗派とその指導者たちに責任があり、アメリカの責任ではない。こうした戦争は二〇〇三年のかなり以前から始まっていたイスラミストによる闘争のグローバルな復活に関連していたのだ。

他にも、左派は想定していなかったが、左派が注目すべきであったことがこの侵攻の後に生じた。諸宗派だけでなく、イラクの労働組合員や世俗的民主主義者、そしてフェミニストたちにも場が開かれたのだ。こうした人々はわれわれの助けを必要とし、彼らは助けるに値するものであった。彼らがアメリカの占領行政官に支援されなかったのは確かなことである。というのも、行政官たちがもっぱら専心していたのは友好的な体制と「自由競争」経済を築き上げることだったからだ。彼らはまた国際左派からの支援も得られなかった。イギリスでは「イラク労働者の友」〔訳注9〕と呼ばれる団体がイラクの労働組合員に手厚い支援をした――しかしながらより左寄りの者たち、とりわけ戦争阻止連合（Stop the War Coalition）から、彼らは抵抗運動の一員ではないという理由によって痛烈に非難され続けてきた。「イラク労働者の友」は必要な二正面戦の良い例を示してくれた。彼らはアメリカ軍の占領と統治とを鋭く批判した一方で、抵抗運動にも反対したのだ。

アメリカではアメリカ労働総同盟・産業別組合会議の連帯センター（the Solidarity Center of the AFL-CIO）がサダム・フセインの手による労働法を改正するために、イラクの労働組合の取り組みを支援した。その一方で、イラクでビジネスを行っているアメリカの企業は、自国で展開してきた反労働組合的慣行の数々をイラクにもたらした。こうした資本主義の政治と労働組合の政治の間の対立は、一方の側が明らかに左派的であるにもかかわらず、より広範なアメリカの左派はこれに少しも共鳴しなかった。

イラクにおけるフェミニズムの物語も悲しいことにこれとよく似ている。侵攻直後に起きたエネルギーと組織化の高まりは、西洋の左派からの事実上の応答も有効な支援も得られなかった。私はここで二〇一一年に掲載されたナジェ・アル＝アリ〔訳注10〕の「イラク戦争のフェミニスト的視点」における議論に従おう（そしてこの議論で締めくくろう）(10)。

〔訳注9〕イラク労働者の友 Labour Friends of Iraq　二〇〇四年にイギリスで設立された団体。イギリス労働党との関係が深い。ＩＦＴＵ（Iraqi Federation of Trade Unions）とともにイラクでの労働者の活動を支援している。略称はＬＦＩやＬＦＩＱ。

アル＝アリは「トランスナショナルなフェミニスト反軍国主義者」として私よりも左寄りの立場をとっているが、彼女は同僚の左派たちの多くが喧伝する「二分法的な語り口と単一原因での説明とに懐疑的」である。そしてそのような理由で彼女の議論は大いに啓発的であるように思われる。

アル＝アリは、一九九〇年のクウェートに対する戦争後にイラクに課された制裁、二〇〇三年のアメリカによる侵攻、そしてそれに続く占領に対して断固として闘った。同時に「バアス党政権、およびサダム・フセインの独裁を賞賛し」、のちに「イラクの市民、海外からやってきた人道支援者――そして付け加えるならば、イラクの新米警官たち――を殺害したことを抵抗運動である」と呼んだ左派の人々に対して彼女は凄まじい怒りを向け続けた。同僚の左派たちについて、「もし市民と外国人を殺害し、拉致した責任が叛乱の闘士たちにあるということが（…）広まっていたら、イラク国内において抵抗運動に対する無条件の支援の大半がどれほど継続しただろうかは私には定かではない」とアル＝アリは書いている。もちろんそうした抵抗運動の支持者は自分たちがイラク国内にいるかのように想定したこともなければ、殺され、拉致された人々について真剣に考えたこともなかったのである。

非暴力的なイラク人民が、占領に対して大規模に抗議する様子を想起しよう。そのような抗議活動は「とりわけ連帯のためにデモ行進する世界中の人々がイラク人民のもとに加わるならば、ワシントンやロンドンが無視できないような」メッセージを発することになるだろうとアル＝アリは記している（強調は私〔ウォルツァー〕による）。しかしこの連帯は、抵抗運動の標的にされたすべての人々にまで拡張されなければならなかっただろう。それはイスラミストの闘士たちによってなされる「女性へのますます増加する攻撃」に対抗する連帯を含むべきだっただろう。そしてそれは、新しいイラクを築こうという試みに参加した数千のイラクの女性たち――医者や、弁護士、教師、ＮＧＯのメンバー、政治家、そして国会議員――にまで拡張されなければならなかっただろう。しかしそのようなことは起きなかった。

「アメリカとイギリスによる占領と、保守派、急進派勢力による増大する恐怖というこの二つの悪のうち、前者の方がましである」のかとアル゠アリは問うている。私は彼女が（私がするように）この問題に肯定的に答えるつもりがなかったと考えている。占領体制に対する彼女の反対は容赦ないものだ。しかし彼女は二〇一一年の時点で「かなりの数の女性活動家が、イスラミストの闘士たちが引き起こす脅威、無差別で暴力的な攻撃、宗派間の暴力が統制されるまでは、アメリカやイギリスの軍隊に［イラクに］留まっていてもらうことを好んだ」ということを認識していた。同様の認識を持つことができた者、あるいはそうした選好を考慮しようとした者でさえ、アメリカの左派の内にほとんど見かけられない——しかしそれは確かにわれわれの同志である女性たちの選好だった。イラクからの撤退を遅らせることを、われわれアメリカの左派が支持するべきだったかどうかという問いは未決のままにしておこう。ここで私はこれに答えるつもりはない。私はただ国外の同志——この場合はイラクのフェミニストたち——に耳を傾けることの必要性を再び主張しておきたい。

以下に掲げるものがわれわれの闘争の複雑な陣形についてのアル゠アリの主張の要旨である。「われわれは（…）他国による軍事干渉、資本主義の拡大、急進的イスラミスト、現地の家父長制的な勢力といったものを相手に多くの戦線を同時に闘う非常に多くのイラクの女性権利活動家たちに、大いに感化され教育されてきた。その闘争とキャンペーン活動は（…）もっと広範な認知と支援に値するものだ」。そうでありますように、アーメン。

多くの左派はアル゠アリの挙げた四つの戦線の内のどれか一つにおいて闘おうとするのだが、これらすべての戦線を同時に闘うことは決して左派政治の一般的な形式ではなかった。悪党たちと闘う善人たちの仲間入りをするような

〔訳注10〕ナジェ・アル゠アリ Nadje Sadig Al-Ali（1966- ）ドイツ生まれ。中東における女性やジェンダー論（特にエジプトやイラク）を研究。ロンドン大学アジア・アフリカ研究学院に所属。

闘争にわれわれは慣れきっている。まだ自らの立場を組み立てられていない、もろく傷つきやすい人々のために、二つの立場に反対するような闘争――これはとても困難なことだ。名もない人々――明確な政治的アイデンティティも、自分たちの政党も、現地の、あるいは国外の承認も持たず、いまなお持つことのない二〇〇三年以後のイラク女性たちのような人々――の名においてわれわれが闘うことを左派はしばしば必要としていると私は思う。そしてそのような関わりの目的はどれも、そうした人々に声を上げるように勇気づけ、彼らの代理主体を認識し、彼らに名前と声を与えることである。多くの戦線で闘うことが意味するのは、われわれに多くの敵がいるということを認識することである。しかしそれは同時に、われわれの助けを必要としている次のような人々に対して真摯であれということを意味している。それは困窮している人々、犠牲になるまいとしている人々、自分自身を守ろうと努めている人々、民主主義と平等の途上にいる人々である。彼らは国外にいるわれわれの同志なのだ。

政治的な複雑さについてのアル＝アリの認識は独特のものである――それはここで私が記述したものを越え出ている。「しばしば痛みを伴い、そして孤独である」、そんな小道を歩んでいると彼女は述べている。しかし、いったい誰が左派政治は平坦な道であるなどと言うのだろうか。

【注】

（1）Irving Howe, *A Margin of Hope: An Intellectual Autobiography* (San Diego: Harcourt Brace Jovanovich, 1982), 132.

（2）William Butler Yeats, "The Great Day" (1913)〔鈴木弘訳「大いなる日」、『W・B・イェイツ全詩集』北星堂書店、一九八二年、一九七頁〕.

（3）Hayim Greenberg, "Socialism Re-examined," in *Hayim Greenberg Anthology*, ed. Marie Syrkin (Detroit, MI: Wayne State University Press, 1968), 201.

（4）部分的な説明と数値のいくつかは、Robert Conquest, *The Great Terror: Starlin's Purge of the Thirties* (London: Macmillan,

1968)〔片山さとし訳『スターリンの恐怖政治　上・下』三一書房、一九七六年〕を参照。

（5）有益な例は次のもの。Sophie Wahnich, *In Defense of the Terror: Liberty and Death in the French Revolution*, trans. David Fernbach（London: Verso, 2012）.

（6）Alan Johnson, "Slavoj Žižek's Theory of Revolution: A Critique," *Global Discourse* 2:1（2011）, 135-151.

（7）Adam Kirsch, "The Deadly Jester," *New Republic*, December 2, 2008, https://newrepublic.com/article/60979/the-deadly-jester.

（8）Paul Bowman and Richard Stamp, eds., *The Truth of Žižek*（London: Continuum, 2007）を参照。

（9）Kanan Makiya, *The Rope*（New York: Pantheon, 2016）, 207（"A Personal Note"）.

（10）Nadje Al-Ali, "A Feminist Perspective on the Iraq War," *Works and Days 57/58*, 29（Spring/Fall 2011）. 以下の引用は pp. 12-13。

あとがき――まともな左派はありうるのか?

第八章は別として、この本の中の章はすべて、私がここ十数年をかけて出版した論文を大はばに改訂したものである。それらのほとんどが『ディセント』に掲載された。このあとがきは改訂を加えないまま、『ディセント』の二〇〇二年春号に掲載したままの形で、この本の他の箇所のスタイルに合うように少し調整しただけでここに再録する。この記事は多くの議論を呼んできたし、批判をしてくれた人々に対する敬意から、私は彼らがそれを最初に読んだときのままの形で残しておいた。しかし、私はこの場を借りてその記事について少しお話ししたいと思う。それはアフガン戦争がまさに終わったと思われた時期に書かれた。その戦争が成功したという私の感覚はすぐに薄れ、エレン・ウィリスが「なぜ私は平和に賛成しないのか」という、私が第四章で論じておいた、非常に力強い論文の中で表明したのと同一の見方にとって代わられた。「私が苛立っているのはわれわれがアフガニスタンで行動を起こしたことではなく、われわれの行動が不十分だったことである」と彼女は書いている。私の苛立ちも同じである。ウィリスが論じているように、われわれ(アメリカ人)はアフガン社会を破壊することに貢献した。しかし、その再建に必要な資材を提供することは決してなかった。それどころか、われわれの同盟国が提供した援助を適切な時期に受け入れることもなかったし、自身を世俗的な民主主義者やフェミニスト、労働組合員とみなしているアフガン人に手を貸すようなまねをどこにおいてもしなかった。かの地にこうした人々は十分な数、存在していなかったかもしれないが、しかし、われわれがおこなった戦争とさらに進軍しようという熱意（というのもバグダードが手招きしていたのだから）のせいで、彼らには決してチャンスがなかったのである。ウィリスは区別の政治の格好の例をわれわれに示している。彼女はその戦争を支持するが、その遂行の仕方を痛烈に批判したのだ。

先の章の中で主題としてあらわれるもののうちいくつかはこの記事にあらかじめ示されている。私はそれらすべての章の中で九・一一直後の数週間に感じた怒りをこらえようと努めているが。私は自分が批判している人々（まともでない左派）を名指していないという理由できびしく非難されたのだが、当時は皆がそれらの人々の名を知っていたのである。私はノーム・チョムスキー〔訳注1〕が九・一一直後のラジオインタビューで見せた反応のようなコメントを念頭に置いていたのだ。チョムスキーはリスナーにアメリカが犯してきた罪業の長大なリストを提供し、アメリカがどのように「世界のあちこちに武力行使を拡大してきたか」を描いてみせた。そしてそのとき彼は言ったのだ。「はじめて、銃口がこちらに向けられたのだ」と。彼はもちろん否定するだろうが、しかし、マイケル・ベルーベが書いたように、「この一文は、そう読める通りのことを伝えようとしているように思える。つまり、時は満ちたということだ」。二〇〇二年に私にそう思われていたもの、そして今日私にそう見えているものは、アメリカの左派は、アメリカが海外で犯した罪業により適切に反応すること、われわれの同胞市民とより強い結びつきを持つこと、さらに、他国の犯した罪業を認識し、それに反対する心構えをしっかり持つことを目指して努力する必要があるということである。私があのときたどり着いた結論は今日私がとるものと同じである。すなわち、われわれはやり直さなければならないということである。

アフガニスタンにおける戦争に対する左派の反対は去年〔二〇〇一年〕の一一月と一二月には影を潜めていた。それは単に戦争が成功したためではなくて、多くのアフガン人がこの成功を熱狂的に歓迎したことによるものでもあった。世界の人々に向かって笑顔を見せている女性たちの映像、顎ひげをそっている男性たちの映像、学校での少女たちの映像、短パンを履いてサッカーをしている少年たちの映像。このすべてが左派のアメリカ帝国主義論に対して平手打ちを食らわせたことに疑いはなかったが、それだけでなく、政治的な雪解け感を与えるものでさえあった。懸念すべきことはまだたくさんあった（し、今でもある）。難民や飢餓、最低限の法と秩序がそれである。しかし、タリバーン政権が、のしかかる人道的な危機に対処しようとする真剣な努力の一切を阻む最大の障害であったということ、そしてこの障害を取り除いたのはアメリカの戦争だったということは、戦争反対者の多くにとってさえ直ちに明らかであった。それは（ほとんど）解放戦争、人道的干渉のように見えたのだ。

しかし、この戦争は本来これらのもののいずれでもなかった。というのも、それは予防戦争であったし、その意図はアフガニスタンでテロリストを訓練したり、九・一一のような攻撃を計画し組織したりすることを不可能にすることにあったからである。そしてこの戦争は、正当なものとしても、必要なものとしても、左派の大部分によって現実に受け入れられたということは決してなかった。それに反対する標準的な議論を思い出してみよう。われわれは国際連合を頼るべきだったというもの、われわれはアルカイダとタリバーンの犯した罪を証明し、ついで国際法廷を組織するべきだったというもの、そして、この戦争は、仮におこなわれる場合にも、市民を危険にさらすことなくおこなわれるべきだったというものなどである。最後の主張の要点は戦闘を不可能にするべく意図されたものであった。こ

〔訳注1〕ノーム・チョムスキー Noam Chomsky（1928- ）アメリカの言語学者。生成文法という言語学の理論の主唱者。左派的な言論活動をおこなっている。なおこのインタビューは、Noam Chomsky, *9.11* (New York: Seven Stories Press, 2001)〔山崎淳訳『9・11アメリカに報復する資格はない！』文藝春秋、二〇〇一年、七―一二〇頁〕として書籍化された。

の（あるいはすべての）戦争が、市民を危険にさらすことなく行われうるのか説明すること、どの程度の危険ならば許されうるのか問うこと、市民の死を軽減するためにアメリカ軍兵士が受け入れるべき危険を特定すること、こうした問いに真剣に取り組んだ議論を私は一切見かけたことがない。それらはすべて、コソヴォ紛争や湾岸戦争においてそうであったように、アフガニスタンにおいても正当な問いであった。しかし、昨秋〔二〇〇一年秋〕の戦争反対デモの参加者の間で、「爆撃をやめろ」というスローガンは爆撃――あるいはそれに代わる手段――について一貫した観点をまとめて打ち出すものではなかった。ほとんどの左派はこうしたものの首尾一貫した見方を持つことに力を注いでいなかったというのが真実である。彼らは戦争に反対することにコミットするが、その原因や性格に目を向けることはなく、また、将来のテロ攻撃を防ぐことについて一切の関心のそぶりも見せず、戦争に反対する心づもりだけがあったのだ。

少数の左派の学者がアフガニスタンで実際に市民が何人死んだかを計算しようと試みた。それは可能なかぎり高い数値を挙げようとするもので、明らかに、その数がタワービル〔ワールドトレードセンター〕で殺された人の数よりも多ければその戦争は不正であるという想定のもとにおこなわれていた。この時点で、ほとんどの数字はプロパガンダである。信頼に足る集計がないからである。だが、まさにこのようなやり方で、数字が重要なのだという主張、三一二〇人目の死が戦争の不当さを決定づけるとの主張はいずれにせよ間違っている。それは、最も基本的で最もよく理解されている道徳的区別の一つ、つまり計画的殺人と過失致死の区別を否定するものだ。そしてこの否定は、その種の人々が日常的な道徳の世界についてちょうど忘れていたのだというような、あるいは、それについて知らなかったのだというような偶然的なものではない。この否定は意図的なものだ。アフガニスタンでのアメリカ人による過失致死を殺人に数え入れようというのだから。こんなことはどこの誰にとっても真実であるはずがない。

昨秋〔二〇〇一年秋〕の出来事に対する左派の応答の完全な失敗はある気がかりな問いを惹起する。それは、まともな左派というものが超大国においてありうるのか、あるいはさらに正確にいえば、たった一つの超大国においてありうるのかという問いである。おそらくこのような国に生活すること、およびこうした国の特権を享受することによって生み出される罪悪感は、まともな（知的で、責任感を有し、道徳的な彩りを添えられた）政治を持続させることを不可能にするのだろう。募り積もるルサンチマンや内向きの怒り、自己嫌悪はアメリカのパワーの世界的な広がりに対する不毛な反対に費やされた長い年月の避けられない結果である。たしかなことに、これらのすべての感情は九・一一に対する左派の反応の中に容易に見てとることができる。そのとき左派は、攻撃が引き起こした恐怖を表現すること、それが引き起こした人間の痛みに共感することに失敗した。非常に多くの人たちの最初の反応に見られたのは、「他人の不幸は蜜の味《シャーデンフロイデ》」、帝国的な国家がついに報いを受けたという、ほくそ笑みをかろうじて隠したものだった。左派に属する多くの人々はその後の数週間のうちに道徳的なバランス感覚を取り戻したが、そこには少なくとも自己診断の長い過程であるべきものの始まりがあった。しかし、もっと多くの者は本当に起きたことについて考えるということをいまだにする気になれないままだったのである。

超大国の本拠地において、罪悪感とルサンチマンによる政治を逃れるすべが何かあるだろうか。われわれは昔の帝国における反対派の政治に注目することによって、この問いについて考え始めた方がよいのかもしれない。私はそれを（歴史家が書き留めるような）堅実なやり方で行うことはできない。それはきわめて大雑把なやり方でしかない。ボーア戦争は良い叩き台である。それはイギリスで起こった激しい反対――これは残酷な戦争であるにもかかわらず、アメリカの左派にわれわれが見出したような類の自己嫌悪によって特徴づけられるものではなかった――のためである。「小英国主義者」たちもまた、イギリスの政治と文化に敵対してはいなかった。彼らは自分たちをその祖国から引き離すことなく帝国に反対する立場をとってみせたからである。実際、彼らがイギリスを自由主義と議会制民主主義の故郷として見ていたことは大いにありうる。結局のところ、議会主義の価値観（自治、言論の自由、反対する権利）は帝国的な支配を助けるものではなかった。後にも先にも、ジョージ・オーウェルによる愛国主義の擁護はイギリスのリベラルと左派の多くが感じていたことを的確に描写したものだと私は思う（マルクス主義者も同様の感情を抱いていた。その中でも、歴史家E・P・トムソン〔訳注2〕のような、イギリスの人々について共感を持って、実にロマン主義的に書いている最良の人たちもいた）。後のサッチャーの時代には、とりわけフォークランド紛争の時代には、反対の声色はもっと辛辣なものであった。しかしその時には帝国はもはや存在せず、ただその苦い記憶が残っていただけだったのだが。

　私が思うに、フランスの話も似たようなものである。帝国主義時代全体を通じて、フランスの左派は右派の人々がそうであるのと同じくらい、彼らのフランスらしさに誇りをもっており、ことによると左派の方がそれを正当化することが多かったかもしれない。というのも、フランスは、啓蒙、普遍的な価値、人権の生地ではなかったか。アルジェリア戦争はお馴染みの自己嫌悪を引き起こした。これはジャン＝ポール・サルトルが（フランツ・ファノンの『地に呪われたる者』に寄せた序文の中で）おこなった、FLNによるテロリズムの擁護に最も鮮明に表明されている。「一人のヨーロッパ人をほうむることは一石二鳥であり、圧迫者と被圧迫者とを同時に抹殺することであるからだ。こうして一人の人間が死に、自由な一人の人間が生まれることになる」。このことが示唆しているのは、ヨーロッパ人（そのほとんどはフランス人だった）を抹殺するのは実のところよいことだというものである。しかし、サルトルは彼自身そこに行ってさらにもう一人のアルジェリア人が自由になるために殺されるつもりなどなかった。彼の自己嫌悪は個人的なものではなく、一般化された自己嫌悪であった。

　どうしてアメリカの話はこれらの二つのものと同じではないのだろうか。アメリカには健全な反対派の政治の長い歴史と、ほんの挿話的なものでしかないルサンチマンがあっただけなのに。アメリカは旧世界に対する世の光、丘の上にある町、民主政治の先例なき実験ではなかったのだろうか。私は一九三〇年代から四〇年代にかけての人民戦線によるアメリカ主義とともに成長した。私は今それを回想し、共産党が党の路線を転換するや、またたく間に左派的なポップカルチャーを作り出そうとした努力が俗悪でごまかしで――しかしまた政治的にはとても洗練されたものだったと思う。ポール・ロブソン〔訳注3〕の「アメリカ人に捧げるバラード」は、音楽的な価値はともかくとして、少なくとも、害されていないアメリカの急進主義がどのようなものであったかの感覚を提供している。それがあれば人民戦線にとっては九・一一以後の日々も悪い時代ではなかっただろうに。その種のものが何も考えられなくなったというのは、いったい何が起きたのだろうか。

冷戦、中米における帝国的な冒険、何にもましてヴェトナム、さらにアメリカが主導するグローバリゼーションの経験、これらのもののすべてが、良きにつけ悪しきにつけ、アメリカについて浸透力のある左派的なものの見方を生み出した。それは、アメリカが、世界的ないじめっこで、金持ちで、特権を持ち、自己中心的で、快楽主義的で、救いようがないほど堕落しているというものである。文明化の使命の自覚はイギリスやフランスの左派の一部を支えてきたものに違いないが（ジョン・スチュアート・ミルが英国領インドについて書いたものをご覧いただきたい）、ここでは決してうまく軌道に乗らなかった。対外援助、平和部隊、国家の建設は決して「使命」の域に達していなかったのだ。それらはほとんどの場合アメリカの対外政策の副業であり、十分な出資を受けておらず、しばしば軍事作戦の影に隠れていた。確かに、第二次世界大戦以来、アメリカ政府のすべての政策について批判すべきことだらけであった

〔訳注2〕E・P・トムソン Edward Palmer Thompson（1924-1993） イギリスの歴史家で社会主義者、平和運動家。主著に『イングランド労働者階級の形成』がある。一九五六年のハンガリー動乱で共産党を離党。八〇年代にはヨーロッパの反核運動を先導した。

〔訳注3〕ポール・ロブソン（1898-1976） アメリカの俳優、オペラ歌手。共産主義に傾倒し、しばしばスターリンを擁護する発言をしていたことから批判に晒された。また黒人として人種差別を経験していたため、公民権運動にも積極的に関わっていた。

（『ディセント』のどのバックナンバーでもいいのでご覧いただきたい）。そしてそれでも左派による批判は——ヴェトナム戦争の時代以降（「亜米利加」、ベトコン旗、そして北を目指す息つぐ間もない進軍の時代以降）を見るときに最もはっきりするが——馬鹿げており、取り乱したもので、ひどく不正確なものであり続けてきた。それはフィリップ・ロス〔訳注4〕が彼の小説『私は共産主義者と結婚した』の中で適切に描いたように、「敵意と無思考の結合」の産物であった。左派はどうしていいのか分からなくなってしまったのだ。なぜだろうか。

私は四つの理由を示そうと思う。それが網羅的なリストだと言うつもりはない。それは大雑把な議論、討論を始めるための試み以上の何ものでもない。

1．イデオロギー：マルクス主義の帝国主義論と六〇年代から七〇年代にかけて一世を風靡した第三世界論のなかなか消えない効果。われわれはポスト・イデオロギー的な時代を生きていると思っているだろうし、おそらくわれわれの大部分はそうなのだろうが、しかし、古いイデオロギーの痕跡は左派の言説のいたるところに見つけられる。それの最も顕著な帰結は、左派が現代の世界において宗教が持つ力の存在を認識し、承認することができなくなっているということにあるだろう。左派に属する著述家が、世界的な不平等や貧困がテロルの根本原因になっていると言うときはいつでも、それが実際のところ主張しているのは、宗教的な動機が真に重要であることの否定なのだ。こうした見方において、神学は、抑圧された人々の正当な憤怒が表現されている、一時的で日常的な表現に他ならない。少数の勇気ある左派だけがタリバーン政権とアルカイダの運動を「聖職者のファシズム」として描き出したのだが、少なくともこの形容詞は正しい。そしておそらく「ファシスト」という語も、こうした新しい政治が後期資本主義の退化形態には見えないとしても、十分それに近いものであろう。それは左派にイスラームのテロ行為に反対する大義を与えるし、それは重要な成果である。しかし、テロリズムの現実それ自体の中に、つまり異教徒に対する聖戦という観念の中にそれに反対する大義を見つけた方がよかっただろう。それは劣等な人種に対する戦争や異質な民族に対する戦争と同じものではない。実際のところ、イスラーム過激派は、ファシズムとはちがって、人種主義的あるいは超国家主義《ウルトラナショナリズム》的な教義ではない。われわれが理解すべき何か別のものがそこで展開されているのだ。

しかし、イデオロギーを刷り込まれた左派は、自分たちが理解する必要のあることは何でも理解していると考えがちである。帝国的なパワーを攻撃するいかなる集団も被抑圧者の代表にちがいなく、そのアジェンダは左派のアジェンダにちがいないのだ。こうした言説を吹聴する者の言うことを聞く必要はない。彼らは他に何を望みうるだろうか……地球全体での資源の再分配、あらゆるところからのアメリカ軍兵士の撤退、抑圧的な国家に対する援助計画の打ち切り、イラク封鎖の解除、イスラエルの傍にパレスチナ国家を建設すること以外に。私はこの計画とアルカイダの指導者たちの夢想の間に共通する点があるということに疑いを持っていない――アルカイダは平等主義的な運動ではなく、イスラエル・パレスチナ紛争に対して彼らが二国家解決案を支持するという考えが正気の沙汰でないとしてもでもある。重なり合っているのは、行きあたりばったりで手前味噌以上のなにものでもないという点である。異教徒に対する聖戦は、意図的でなくても、無意識でも、「客観的に見て」も、いずれにせよ左派の政治ではない。しかし、どれくらいの数の左派が異教徒に対する聖戦の敢行を想像だにできようか。

2．力不足と疎外：左派はアメリカにおいて権力を有しておらず、われわれの多くは権力行使を一度たりとも期待したことがない。多くの左派知識人は同胞市民と自分たちが同じだと考えることを拒み、いかなる愛国的感情の兆候も政治的に不適切であるとみなしながら、在留外国人のようにアメリカで暮らしている。このことが、彼らが九・

〔訳注4〕フィリップ・ロス Philip Roth（1933-2018）アメリカの小説家。ユダヤ人移民の子として生まれた。多作家で数々の文学賞も受賞しており、現代アメリカを代表する作家の一人とされている。代表作に『アメリカン・パストラル』（邦訳なし）、『ヒューマン・ステイン』など。

一一の攻撃に対して感情的に反応するにあたって、またそれに次ぐ連帯の表明に参加するにあたって困難さを感じたことの原因である。同様に重要なこととして、攻撃後の政策討論に対する彼らの参加の仕方が非常に奇妙であったことの理由でもある。彼らの提議〔国連に頼り、ビン・ラディンに対する証拠を集める、等々〕はその実効性について何も考えず、また緊急性の感覚を何も持たずに開陳されたものに見える。彼らは、同胞市民の命に自分たちが責任を負っているとは想像もできないかのように話し、書いたのである。それは誰か別の人のするべきことで、左派のすべきことは……何だったというのだろうか。当局に反対するためならば彼らはどんなことでもした。この反対のもたらした良き結果は市民的自由の断固たる擁護だった。しかしこの擁護でさえある種の頑迷な無責任さと無能さとを露呈している。というのも、非常に多くの左派が、自国が真の危険に直面していることを——あたかも安全と自由のバランスなど考慮する必要がないかのように——認識することを拒否したまま、市民的自由の擁護へと走ったからだ。おそらく正しいバランスは右派的な権威主義と左派的な絶対主義の衝突から自然に出てくるものかもしれないが、しかし、自分で正しいバランスを見つけ出すことが左派にとってよりよい訓練となるだろう。というのも、その努力は、責任感のある政治と、いつの日か権力を行使しようという現実的願望の動機となるだろうからである。

しかし左派を、あるいはその大部分を、真に特徴づけているものはこうした願望を一切放棄したところにある鬱憤なのである。〔自己〕疎外は徹底している。結局のところこの地で生活し、その子どもや孫もこの地で暮らしている人々が、将来のテロ攻撃に対してどのように国を守るかについての真剣な議論に参加したがらないことを、それ以外、どのように理解できるだろうか。こうしたのり気のなさは病的に異常であり、その病はすでにわれわれに甚大な損傷を与えてしまっている。

3．アメリカをまず非難するという道徳的な純粋主義：多くの左派がこれを、自分自身を非難し、帝国的な国家が犯した罪に対して責任を負うようなことだと信じているように見える。実際には、われわれがアメリカを非難するとき、非難するに値する（他の）アメリカ人よりもより高い位置まで自分たちを引き上げているのだ。左派は自分たちを別扱いしている。アメリカがこの世界でどんなことをしようともそれは左派たるわれわれの行いではないと言わんばかりである。ある意味で、それはもちろん正しい。二〇世紀半ばのファシズムの敗北や最後の年月での共産主義の敗北はわれわれの行いではなかった。われわれの中には、少なくとも、これらの努力がわれわれの支援――あるいは「批判的支援」に値すると考えた者もいる。しかしこれは複雑で困難な政治なのであり、多くのアメリカの左派たちが好む姿勢をとらせるものではない。臆病で腐敗し、悪意に満ちた人々の中にあって、勇敢で、決然とした高潔な少数者であることはできないのだ。このような姿勢は左派の道徳的な優位を保証するであろうが、同時にその政治的な失敗も保証するものである。

4．誰か他人を批判する資格などないという感覚：世界の中で最も裕福で、最も力を持ち、最も特権的な国家であるアメリカでわれわれは生活しているのに、どうしてわれわれよりも貧しく弱い人々について批判的なことが言えるだろうか。これは一九六〇年代には主要な問題であった。それは新左翼が初めて「抑圧」を発見したように見えたときであり、われわれ皆が抑圧された人々の味方をして立ち上がりつつも、彼ら被抑圧者の政治をしばしば傷つけてきた権威主義や蛮行を批判することに何度となく繰り返し失敗した時代であった。左派の政治においてこの運動への参加を超える衝撃はない。困窮している人々との連帯は私には左派が行う最も重要なコミットメントに思える。しかしこの連帯が含意している、あるいは含意すべきなのは、彼らが、われわれが共有している価値観を踏みにじり、間違った方法で行為していると考えるときに、そのことをこれらの人々に伝える準備ができているということである。被抑圧者といえども義務を有しているし、間違いなくそれらのうちの第一のものは、無辜の人々を殺さないこと、彼らの政治をテロリズムにしないということである。自分たちよりも貧しく弱い人々に対してさえもこの点を強調することのできない左派は、何か別のことのために政治と道徳の双方を放棄してしまったのである。彼らはその卑屈さにおいてのみ急進的である。これはＦＬＮのテロルに直面したときのサルトルの急進主義であって、それは爾来、何千人もの左派によって模倣されてきた。まともな左派ならば真っ先に非難するであろう行為を大目に見て、それを弁護してしまうのだ。

何がなされるべきなのか。私は「まともさを最重要視せよ（put decency first）」という控えめなアジェンダを持っている。それをこれから見てみよう。そこで現在、まともでない事態をもたらしている原因を挙げた私のリストに立ち戻ることにしよう。

イデオロギー。われわれは確かに、今日左派の多くが後生大事に奉じている古着のマルクス主義よりもなにかより良いものを必要としている——マルクス主義の主な影響は、いかにも悪役っぽい衣装を纏ったすべての悪党と、実物より大きくでっち上げられた一人の悪党を作り出して世界政治を安っぽいメロドラマに変えてしまったことにある。タフな唯物論的分析は、物質的利害が人間の動機の可能性のすべてではないと認めるほど洗練されているかぎりにおいて、有益でありうる。コソヴォ紛争に何らかの経済的な原因（バルカン諸国の石油、パイプラインの可能性、ＮＡＴＯは黒海の支配を求めて手を伸ばしていたのだろうか）を見出そうと全力を尽くしていたヨーロッパの左派による見世物は、その当時は楽しめるものであったが、再演に耐えるものではない。さしあたってわれわれは、多少の謙遜と、異説の展開に対する開放性、現実世界に対する鋭い目線、そして唯物論的な議論だけでなく道徳的な議論にも臨む準備ができていることで間に合わせることができる。この最後の点が際立って重要である。イスラーム過激派や、他の形態の政治化した宗教との出会いは、われわれの関心の中でわれわれの価値観が高い位置を占めていることを理解するのを助けるはずだ。世俗的な啓蒙、人権、民主的な政府がそれである。左派の政治はこれらの三つのものを守ることから始まるのだ。

疎外と無力。政治的な責任感は節度や穏健さ、潔癖さと同じようなものであるということは左派において共通の考えである――それらはすべて急進的な政治や辛辣な社会批判とは相いれない良きブルジョア的な価値観である。急進的であるためには少々荒々しい必要があるのだ。それは狂気じみた考えではないし、疎外されている知識人が、ほかのだれよりも、批判的なプロジェクトを始めるのに必要な怒りや、それを続けるための知的な闘争への熱望を抱くのはもっともなことである。しかし彼らは必ずしもものごとを正しく理解できるわけではないし、怒れば怒るほど彼らの闘争的姿勢に凝り固まってしまって、ものごとを間違って理解するようになるかもしれない。九・一一の後に必要だったことは、そして今必要とされていることは、われわれの同胞市民と仲間意識を持ちつつ関わっていくことである。われわれは好きなだけ批判的になれるが、彼らはわれわれが運命を共にする人々なのだ。われわれは、彼らがわれわれの安全に対してそうであるように、彼らの安全に責任を負っている。そして、われわれの政治はこの相互責任を反映する必要がある。彼らが攻撃されるとき、われわれも攻撃されるのだ。そしてわれわれは、意欲的に、そして建設的に、どのようにわれわれの国を守るべきかについての討論に参加するべきである。今一度言おう。未来永劫、無力な存在であり続けることを望んではいないかのようにわれわれは行動しなければならない。

　アメリカをまず非難すること、世界の中でうまくいかないすべてのものごとがわれわれのせいでうまくいっていないのではない。アメリカは全能ではないし、その指導者がすべての人為的な災害の共謀者とみなされるべきではない。左派は資源に関する配分的正義の必要性を難なく理解するのに、われわれは称賛と非難の正しい配分について、事実上徒手空拳でありつづけてきた。わかりやすい例をとろう。二〇世紀後半、アメリカは正しい戦争と不正な戦争の両方を行い、正しい干渉と不正な干渉の両方に着手していた。このリストに取り組み、われわれの区別をおこなう能力を検証することは有用な練習問題であろう。例えば、一九五六年のグアテマラではアメリカは間違っており、一九九九年のコソヴォでは正しかった。どうしてわれわれは、アメリカのパワーが世界で良い効果も悪い効果ももたらしてきたと知りながら、それとの両義的な関係を受け入れることができないのだろうか。しかし国際主義的な左派は、パワーのもっと平等主義的な分配を要求すべきではないのだろうか。そう、原則としては、是である。しかし、実際の再分配はそれによってパワーを与えられるであろう国家の性質によって判断される必要があるだろう。例えば、サダム・フセインのイラクのような国家に直面したとき、私はわれわれが政治的パワーの世界的な再分配を支持しなければならないとは思わない。

他の誰も非難しないこと。（第三世界を含めた）世界はどの左派の目にも、アメリカの左派の目にさえも、憎しみや残酷さや腐敗に満ちて映る。だから何が起きているかについての判断を保留してはならない。われわれが特権を得ているからといって、われわれが内にこもり、われわれ自身についての批判だけに集中すべきだということなどない。実のところ、内向きであることはわれわれの特権の一つであり、それはしばしば政治的な自己耽溺の形をとる。否、われわれは他者が非難に値する場合にはいつでも彼らを非難する資格がある。実際に、われわれがそれをするときだけに、つまり、われわれが、例えば第三世界の政府の権威主義を告発するときだけに、われわれはわれわれの本当の仲間――「最高指導者」や軍事政権に対する現地の敵対者でしばしばわれわれの承認と支援を求めている者――を見つけるだろう。われわれが民主主義に価値を認めるなら、自国ではもちろん、しかしそこにおいてだけではなく、それを擁護する覚悟をしなければならない。

われわれはうまくやってきたと私はかつて言ったことがある。アメリカの左派は誇るべき歴史を持ち、われわれは確かにいくつかのものごとを正しくやり遂げてきた。何よりもまず、国内の、そして世界の不平等に反対したことである。しかし、九・一一の余波が示唆しているのは、われわれがそこからあまり進歩していなかったということ――そして常に正しい方向に向いていたわけではないということである。左派はやり直す必要がある。

解説

宗岡宏之

ジョン・ロックは、一六八九年に公刊された『統治二論』において、「最初の頃は、全世界がアメリカのような状態であった(1)」と書いている。元来、アメリカという言葉は後進性を象徴する言葉であった。それは、ヨーロッパ人にとっての暗黒時代を思い出させる暗黒大陸を意味する言葉、つまりヨーロッパがどれだけ野蛮の状態から離れた文明の状態にいるのかを再確認するために参照される言葉であった。現在、アメリカという言葉にそのような語感はない。エイブラハム・リンカーンによる「人民の、人民による、人民のための、政治(2)」という表現は、それ自体がアメリカの培ってきた政治の理想を要約する標語であるとともに、世界中の様々な国家の政治において多くの人々の想像力を強く刺激し続けている標語でもある。現在、アメリカは文明の状態が達成した最高層に位置を占める世界大国である。「国際関係論」という学問そのものが「アメリカン・ソーシャル・サイエンス」と呼ばれることも決してゆえなきことではない(3)。

マイケル・ウォルツァーはアメリカの学術界においては既に巨匠の一人として数えられている。特に国際政治や国際法の学問領域において、彼の貢献は大きなインパクトを与えてきた。彼の思想は今やそれ自体が一つの専門的な研究の対象となってさえいる。一九七七年に初版が公刊された『正しい戦争と不正な戦争』は古代西洋に起源を持つ正戦論と呼ばれる戦争論の伝統を現代において復活させた。正戦論とは、権力至上主義と道徳至上主義との中間に成立する中庸の道徳の立場として、西洋の神学者、法学者、哲学者が長い時間をかけて練り上げてきた戦争倫理の伝統である。(4) ウォルツァーが正戦論の伝統の復興に着手する契機となったのはヴェトナム戦争に抗議する反戦運動への参加であった。彼は市民の立場から政府の立場を批判した。『正しい戦争と不正な戦争』が火を付けた正戦論への関心はアメリカ軍の士官学校の教程にまで影響を及ぼすに至っている。正しい戦争を正当化し、不正な戦争を批判する正戦論は市民の倫理としてのみならず、権力の倫理としてもまたその有用性を認定されるに至った。現代正戦論の長老であるウォルツァーは正戦論の成功を喜びつつも、その成功が故の危険性についても関心を促している。(5) 道徳の過少が権力の放縦を黙認してしまう点において危険であるとすれば、道徳の過剰は権力の利用を聖化してしまう点において危険である。正戦論の伝統を支える中庸の思考は本書における対外政策一般を支える理念の彫琢においても十分に活かされている。

本書において、ウォルツァーはアメリカの左派にとっての対外政策の理念を提示するという課題に取り組んでいる。八〇歳の齢をゆうに超えたウォルツァーは今一度自らの思想的な故郷で学んだ教えを再確認しておきたかったのであろうか。肝心な問題がある。左派とはどのような人間の特性を捉えた言葉なのであろうか。党派的にいえば、それは共和党支持者よりも民主党支持者に近い信条を持った人々といえるのかもしれない。すると、理念型的にいえば、それはアメリカ国民の約半数に肉薄する人々を指すことになる。本書において、左派であるとされる人間は、ある個所では社会民主主義者、ある個所では左派であると自認するすべての人間、ある個所では他者に対して道徳的に反応することのできるすべての人間というように、常用の語感を大きく超える範囲の人間を指している。ある書評が指摘するように、ウォルツァーにとっての左派が一体何であるのかはよく分からないのである。(6) 一読すると分かるように、本書では所々において左派に対する批判がなされているが、その意味において、本書は中道や右派にとっても首肯できる様々な部分を含んでいる。(7) 最も広い意味において、ウォルツァーは他者に対する道徳的共感をいかにして政治的な表現にまで昇華させることができるのかという問題と取り組んでいるのである。ウォルツァーにとって、そのような課題を真剣に考える必要性を感じている人間は少なくとも全員が左派と名乗る資格があり、あるいはそうなくとも彼のいう左派とは政治的な妥協が可能であるということになる。

本書の議論の骨子は要約すると次のようになる。アメリカの左派にとっての対外政策の理念は自助能力を持った国家からなる社会という国際秩序の構想を基軸とすべきであり、そのような国家が存在しない場所においては国家建設の事業を手助けする必要がある。アメリカはそのような国際社会の形成と維持とにおいて指導的な役割を果たすことができるのであり、アメリカの能力と使命感とを嗤う自虐的な信条に基づいてアメリカのあらゆる対外的な関与を批判する反米主義的な態度は拒絶する必要がある。人道的な危機においては、世界全体の良心を代表するために、武力の行使ですら時には必要となる場合があるということを忘れてはならない。ただし、アメリカ一国の力には限界がある以上、アメリカは国際社会における覇権的な地位に拘る必要はない。アメリカは適切な妥協を通じた他国との責任の分担に拘る必要があり、そのためにはグローバルな統治機構の役割が重要となってくる。実現されるべき国際社会の正当性原理は自由と平等という普遍的な価値に立脚するものでなければならない。アメリカの左派は国外における左派を自称する独裁者やテロリストや宗教的狂信者を絶対に支持してはならない。アメリカの左派にとっての国際社会とは国家間の外交的関係とグローバルな統治機構とに加えてグローバルな市民社会という次元をも包含するものである。アメリカの左派は、グローバルな問題系への取り組みにあたって、国内と国外とを問わず協働することのできる仲間を見つけていく必要がある。他者に対する道徳的共感をいかにして政治的な表現にまで昇華させることができるのかという問題に対しては以上のような国際社会の構想をもって応答される。個人間のまともな道徳的関係を束ねる国家と国家間のまともな道徳的関係を束ねる国際社会とをまともに機能させることこそがウォルツァーが考えるアメリカの左派にとっての国際社会の構想の中心にある。

国際政治の本質については、次のようなことが一般的によくいわれる。国内政治においては支配する上位者と支配される下位者との分化は確定的である。しかし、国際政治においてはそのような確定的な分化は存在せず、存在するのは諸国家による勢力の相互的な調整のみである。国内政治はハイアラーキーを特徴とし、国際政治はアナーキーを特徴とする。[8] このような説明がいわば国際政治の構造を説明することに関心を持つとすれば、対外政策の関心はこのような構造を所与のものとした上で国家は具体的にどのような行動に出るかを説明することにある。その際には、一国の対外政策観の古層にある政治文化や政治的決断を下す一個人の信条といったものを知ることが重要になってくる。[9] 政治思想の知恵はこのような文脈において有用な手掛かりを与えてくれる。ところで、政治と思想との関係を評価するにあたっては二つの極端な立場がある。ロビン・ジョージ・コリングウッドによって代表される一方の立場によれば、思想は全てを説明する。[10] カール・マルクスによって代表されるもう一方の立場によれば、思想とは幻想に過ぎず、物質的な諸条件が代わりに全てを説明する。[11] アントニオ・グラムシによれば、このような意見の対立は骨格を取るか皮膚を取るかの対立であるのだという。人間の魅力を説明するために骨格か皮膚かといっても意味がなく、骨格を持ち皮膚を持つ人間がどのような魅力を持っているのかが肝心である。[12] かつて、リチャード・ニクソンは政治家を志す若者に対して次のようなアドバイスを授けたことがある。政治学を学んではならない。その代わりに、歴史と哲学と文学とを学ぶ必要がある。[13] 本書のような書物の効用はまさにそのような要請に応える一束の知恵を提供してくれることにある。

今日のわれわれが継承した国際社会を支える規範的な制度はヨーロッパに発祥したものであり、そこから全世界へと拡大していったものである。[14] それはまたヨーロッパから独立した後のアメリカの対外政策の歴史が直面を強いられ続けた現実を規定する要因でもあった。ところで、ヨーロッパの古典的な政治の議論を支配した倫理的語彙は「有利なこと」と「正しいこと」との二つであった。[15]この二つの語彙は対外政策の議論にそのまま潜り込み、今日に至るまで対外政策を評価するにあたっての重要な目安を提供し続けている。ハンス・モーゲンソーによれば、それは「国益」と「道徳原理」との相克という形をとる。[16]それは政治と道徳との相克である。政治のテーマは相互調整であり、道徳のテーマは自己主張である。したがって、フランシス・ベーコンは人間の人生における青年期を道徳の季節に、そして老年期を政治の季節になぞらえたのであった。[17]本書の議論は部分的に政治の要素を含み、部分的に道徳の要素を含んでいるが、その比重は後者の側に傾いている。（もちろん、ウォルツァー自身は「政治的な」議論を展開していると主張するのではあるが。）そこで、以下ではあえて前者の側から本書の議論に光を当ててみることにしたい。アメリカという国家の対外政策のイメージの中で、ウォルツァーの提案はどのような位置付けが可能であろうか。

マサチューセッツ湾直轄植民地に生まれ育った法曹人であったジェイムズ・オーティスは、『イギリス植民地の権利の主張と証明』において、同じ神の子どもであるはずの人間の自由と平等という根拠から出発し、イギリスの人間とイギリス植民地の人間との間に自由と平等との程度の差別が存在することの不正を訴えた。[18]アメリカ植民地は武装蜂起し、一七七六年七月四日にイギリスからの独立を宣言する。平等な個人の合意に由来しない国家を不正な国家とみなし、そのような国家の転覆を正当化したアメリカの独立宣言はイギリス国王による様々な不正の内容を逐一告発している。[19]トーマス・ペインは当時の雰囲気をうまく伝えている。アメリカ独立戦争とはアメリカが人類を代表して取り組んだ大いなる事業であり、その帰結はアメリカにとってのみならず人類にとってもまた決定的な意味を持つことになるであろうと人々は考えていた。[20]全人類の期待を背に念願の独立を手に入れたアメリカは独立戦争の直接的な輸出をすることはなく、「孤立主義」の道を選択する。一八八五年において、グロヴァー・クリーヴランドは孤立主義の方針を「あらゆる国家との同盟なき平和、商業、誠実な関係」と要約した。[21]アメリカの政治指導者たちを孤立主義へと誘ったのは「ヨーロッパ各国の政治的な策謀や諍いにわれわれ自身を妄りに巻き込んでしまうこと」[22]に対する警戒感であった。

「ヨーロッパ諸国の政治的な策謀や諍い」なるものを理解するためには、まずヨーロッパにおける国際政治の背景を理解する必要がある。中世において、ヨーロッパは一つの統一体をなす帝国であった。ダンテ・アリギエーリは、『帝政論』において、帝国という組織の最も簡潔な正当化を与えている。一つの人格による支配によってこそ政体は最も正しく維持される。したがって、世界の最も正しい支配は一人の支配者による世界の支配によってこそ実現される。[23]このような帝国の役割は「クリスチャン・コモンウェルス」とも呼ばれるキリスト教会が担っていた。[24]やがて、宗教改革が発生し、「クリスチャン・コモンウェルス」は一つから二つへと分裂する。異なる宗派間における内乱は各地で頻発し、ヨーロッパ全体が宗教戦争の危険下に置かれることとなった。宗教戦争は超国家的な主体による超国家的な戦争であり、同じ宗教を奉ずる同志が虐げられている場所であれば、どこであれ同じ宗教を奉ずる武装勢力の派遣が推奨された。[25]宗教戦争の収拾はまず個別の国家を強化することによって着手された。「国家の絶対的かつ永遠的な力」[26]を独占することによって成立する近代主権国家の誕生である。近代主権国家の成立によって、宗教戦争は国境の内側へと追いやられていった。局地化されて弱体化した宗教的な武装集団との戦いはもはや戦争というよりも警察行動のようなものにすぎなくなる。ヨーロッパが近代主権国家によって埋め尽くされていくと同時に、宗教戦争はしだいに駆逐されていった。

近代主権国家がヨーロッパ大の規模における宗教戦争を終結させた後、ヨーロッパの国際政治は文字通り国家間の関係を中心に展開していくこととなる。近代主権国家によって編み出される国際秩序の構成原理は勢力均衡と呼ばれた。フランチェスコ・グイッチァルディーニは、『イタリア史』において、一国の勢力の増大に反応する他国の勢力結集によって特定の勢力がその他の勢力を圧倒する状態を防ぐという政策の妙を描き出している。[27]勢力均衡はヨーロッパにおける国家間の戦争を抑制するという役割を一定程度は果たしたが、その効果が文字通りに勢力の均衡している場合のみに限られたという意味においては不安定な原理であった。勢力の均衡と不均衡とによってヨーロッパの平和が左右されることの不安定性を危惧した人々は力ではなく法によって国家間の平和を実現させる組織の可能性を真剣に考え始めた。ウィリアム・ペンは、『ヨーロッパの現在と将来の平和への試論』において、このような組織を「ヨーロッパ連盟、あるいは連邦」と名付けている。[28] ヨーロッパの内部において成長した帝国、近代主権国家、勢力均衡、連盟という秩序原理のうち、結局は近代主権国家と勢力均衡との二つが生き残った。帝国は過去の遺物となっており、連盟は未だ現実の側が追いつくことのできない理想であった。そこで妥協策として台頭した秩序原理は会議体制と呼ばれている。[29] この場合の会議とは講和会議のことであり、それはヨーロッパの秩序を破壊するほどの大戦争が終結すると同時に開催され、戦後の秩序構想の再定義が行われ、その成果となる条約は国際社会の立憲的枠組に形を与える役割を果たした。会議は主に戦勝国側の大国が終始主導権を握り、小国の利害はヨーロッパ全体の利害の名の下に軽視されるか無視された。立憲化された大国支配としての会議体制とは、近代主権国家と勢力均衡との二つを中心に据えつつも、脱中心化された帝国と暫定的な連盟という性格をも併せ持った複雑な統治の技術であった。

会議体制とは最も広い意味における外交の実践が成功を収めた例である。外交とは、アーネスト・サトウの古典的な定義によれば、「独立国家の政府間における公式的関係の運営に対する知性と機転との適用」[30]である。理想的な外交観によれば、外交に臨む人間は理性によって冷徹に計算された真の国益を知悉することを要求された。真の国益の知悉は「すべては最終的には権力に還元されるのである」[31]という原理を受け入れることを意味したが、国益や権力といった概念は国家の行動における宗教や道徳に根差した動機付けをしだいに淘汰していくこととなった。外交の実践の蓄積の重要な部分は国際法として明文化された。ヨーロッパ大の外交の網はヨーロッパ大の国際法の網を明文化していった。帝国ならざる近代主権国家が国際政治の基本的な単位でありながらも、ヨーロッパ大の普遍的な規範の網はヨーロッパ諸国を拘束する権威を帯びていた。国際法とはまさに「ヨーロッパ公法」であった。[32] ヨーロッパの近代主権国家は部分的に見ればそれぞれが個別的な存在でありながらも、全体的に見ればそれぞれが集まって一つの社会を構成していた。ザムエル・フォン・プーフェンドルフはそのような社会を「システマタ・キウィタトゥム」と呼んだ(33)。アーノルト・ヘーレンはそれを「国家体系」と呼び(34)、現代人はそれを「国際社会」と呼んでいる。一七世紀から一八世紀にかけて、ヨーロッパにおいては国力の増強に最も成功したフランス、イギリス、ロシア、オーストリア、プロイセンの五大国からなる列強が形成されていった(35)。諸国家の個別性と社会全体の一体性との両立を特徴としたヨーロッパの国際社会は、時にその秩序を脅かす挑戦を受けることがあっても、その度毎に無秩序を秩序に引き戻すことに成功し続けた。ヨーロッパの国際社会には「守護霊」が存在した(36)。ユトレヒト会議はスペイン継承戦争によってもたらされたヨーロッパの無秩序を秩序に引き戻し、ウィーン会議はナポレオン戦争によってもたらされたヨーロッパの無秩序を秩序に引き戻すことに成功した。ウィーン会議は、その完成度の高さによって、格別な名声を後世に残すこととなる。イギリス、ロシア、オーストリア、プロイセンの四大国はヨーロッパの国際社会の秩序に無秩序をもたらしたフランスを協調して打倒した。敗戦国のフランスは本来であれば懲罰を受けるべき立場にあった。しかし、四大国はヨーロッパ全体の安定性を考慮した結果、フランスという大国を国際社会から排除するのではなく、国際社会に復帰させるという決断を下した。ヨーロッパ全体の国際秩序の安定性を左右する大国の間においては「ヨーロッパにおける正しい均衡の確立(37)」という課題は十分に達成された。それは薄い勢力均衡ならざる厚い勢力均衡であった。会議を運営する大国にとって不可能なことは基本的に存在しなかった。一群の人間がどの領土に帰属するかという問題に関してさえも、まるで人間を物であるとしか考えていないかのように、大国の意向に沿う形で決定が下されていった(38)。

アメリカが警戒した「ヨーロッパ諸国の政治的な策謀や諍い」とは以上のようなものであった。ヨーロッパとは国際関係のあらゆる問題が権力次第で決定される場所であり、権力が権威の仮面をまとって弱者を虐げる場所なのであった。アメリカはヨーロッパの事情から自らを切り離すことを選び、自らの領土とその近接する地域とをヨーロッパの権勢から自由な楽園として保存することを願った。[39]事実、野蛮人たちの住む他の地域とは比較にならない程にヨーロッパは栄華を極めていた。それはまるで永久に持続するかのように思われた。[40]ヨーロッパの列強は海外へ続々と進出し、従属国の数を増やしていた。経済的、農耕的な用途のために獲得された従属国は「植民地」と呼ばれた。[41]政府の対内的な自律性を保持しつつも対外的な自律性を剥奪された従属国は「保護国」と呼ばれた。[42]また、被征服者からの信託を受けることによって彼らに対する責任を果たすことを義務づけられる統治として「トラスティーシップ」という従属国の統治様態が存在した。[43]アメリカはこれらの地位のすべてを拒否し、勝利した。ヨーロッパの諸国から独立国の承認を得る過程はアメリカ人にとっては屈辱の経験であった。彼らは「宮廷の光輝の只中にあって、老獪で傲慢な諸国家の使節から時には嫉妬の目で、また時には憎悪の目で凝視されながら、最初には卑下に満ちた哀れみをもって、次には鼻であしらう無関心をもって対応された平民」[44]にすぎなかった。しかしながら、同時に、独立戦争を戦い抜いたアメリカの潜在的な国力については今や誰もが認めるようになっていた。「旧世界の均衡を是正するために新世界を出現させた」[45]という評価が可能であったように、アメリカにはヨーロッパの権力政治の一翼を担う潜在的な一競技者としての役割が期待されもした。アメリカはそれも拒否した。アメリカとは「揺り籠に入ったヘラクレス」[46]そのものであった。それは「万人の自由と独立とへの共鳴者」として自らを規定しつつも「退治すべき怪物を探すために海外に出て行くようなことはしない」国家であった。[47]アメリカは「自由の帝国」[48]たらんとして力を蓄える段階にあった。一九〇七年の時点において、列強はイギリス、フランス、オーストリア、ドイツ、イタリア、ロシア、アメリカ、日本の八大国体制を取り、列強支配の様相は、その地理的分布の拡大によって、「ヨーロッパ列強」から「世界列強」へと性格を変えていた。[49]セオドア・ローズヴェルトの理解によれば、日増しに相互依存を深める世界政治と世界経済とは大国の協調によって適切に管理されなければならない複雑な段階にまで到達していた。[50]このような中にあって、「国際情勢に対するわれらアメリカ大衆の普段の無関心[51]」はしだいに身の丈に合わない態度となりつつあった。アメリカにとっては「孤立はもはや可能でもなく、望ましくもない[52]」という時期が到来しようとしていた。

一九一七年のフランス革命記念日に寄せた挨拶において、ウッドロー・ウィルソンはフランス革命が「自由なる諸人民の世界」に対して残した教訓の価値を指摘している[53]。ジャン゠ジャック・ルソーは、『社会契約論』において、人間を市民とすることによって特殊的な人格による支配が排除され、普遍的な人格による支配が可能となる過程を描き出した[54]。ルソーの理論はフランス革命を正当化する自決の理念に対して大きな影響を与えた。フランス革命によってその姿が前景化した新たなる国民は貴族階級らの特権階級を排除した団体であった[55]。一八四八年には、自決の季節は春を迎える。ジュゼッペ・マッツィーニは国家を手に入れた自決する民族の広まりこそが人類大の紐帯を出現させるに違いないという構想を披歴した[56]。ヨーロッパの各地で自決の運動は革命的な広がりを見せた。それは、当時の人間にとって、確実に歴史の進歩を指し示す現象であると理解された[57]。しかし、現状の壁は厚かった。ナショナリズムの普遍化は人類の連帯を通じた平和をもたらすはずであった。フランス革命が先鞭を付け、マッツィーニにおいて一つの到達点を迎えたこの発想は現実よりも遥かに先を行っていた。一九世紀の終盤には、一八四八年という出来事は一つの過去のエピソードでしかなくなっていた[58]。その一方でヨーロッパの大国における大衆の存在感は日に日に増していく趨勢にあった。自決の普遍化までは未だ遠いまでも、自決の個別化は確実に進行していた。「恒久の平和と均衡[59]」というウィーン会議が打ち立てた国際秩序の基盤は貴族たちが貴族文化の共有によるコスモポリタンな連帯を通じて編み出していった産物であった。彼らに代わって新たに台頭してきた大衆にとって、同等の共有すべき文化は存在せず、大衆にはそのような文化を醸成していく意志も能力もなかった[60]。そこはもはやヨーロッパの外交を導き続けた「守護霊」の住処としては居心地の悪い場所となりつつあった。ヨーロッパの国際秩序は再び近代主権国家と薄い勢力均衡との不安定な組み合わせに回帰することになる。そこで、第一次世界大戦が勃発した。最高首脳としてその当事者の一人となったデヴィッド・ロイド・ジョージの回想によれば、その開戦の回避とそのより迅速な終戦は可能であったはずであるが、その外交による解決は不可能であった[61]。アメリカが憎んだ旧世界の秩序は瓦解の寸前にあった。戦争の焦点はドイツを中心とする「封建制」の国家による覇権を許すか許さないかという問題に移っていた。ドイツを食い止める側の勢力は、封建制との戦いという比喩を持ち出すことによって、既に大国となっていたアメリカの参戦の意義を力説した[62]。ウィルソンのアメリカは第一次世界大戦への参戦を決意する。その最も重要な大義はやはり自決であった。アメリカにとっての第一次世界大戦とは覇権を目論む勢力によって虐げられる無力な人民の自決を守る戦争に他ならなかった[63]。

「自由なる諸人民の世界」のためにアメリカは戦った。第一次世界大戦は終戦し、アメリカは戦勝国の側にあった。アメリカにとって、それは正義の戦争であった。アメリカのこのような態度に対して、ドイツ人は困惑した。ある時点において、ドイツという国家それ自体が道徳の名の下に非難され始めていることに彼らは気づいた[64]。ヨーロッパ人にとって、国際政治に道徳を持ち込むことは遠い昔に葬り去られたはずの暴力的な宗教戦争の記憶を思い起こさせた。国益の透徹した理解に基づいた外交は国家間関係そのものを穏健なものにした。政治が特権階級によって独占されている以上、国益のための戦争が人民の熱狂に駆り立てられる戦争になることはなかった[65]。第一次世界大戦においてはまさにその反対のことが起こった。それは抑制された外面において繰られる闘技ではなく、抑制を失った内面が剥き出しにされる殺戮であった。アメリカは道徳と、そしてある種の宗教性とをヨーロッパ中心の国際社会へと持ち込んだ。国益と道徳との両方を分離して考えないという方針は建国して間もない頃からアメリカの対外政策上の国是ではあった[66]。他方、ウィルソンのアメリカは列強の一国であり、国家間における政治の相互調整を遮る道徳の自己主張を試し得る能力と地位とを既に手中にしていた。ここでウィルソンは大国の行動としては意外な方向に道徳の力を用いることになる。彼は国際社会の立憲的構造を勢力均衡の極から連盟の極へと動かそうとした。今やヨーロッパ式の不安定な「バランス・オブ・パワー」ではなく「コミュニティー・オブ・パワー」が求められていた。[67] 彼は利害よりも正義を重要視する方向性を打ち出し、弱者に対する配慮を中心的な関心として掲げた。[68] ウィルソンは南アフリカのヤン・スマッツ元帥と共に戦後秩序を構想する最重要な思想的役割を果たすことになる。大きな課題はやはり自決であった。しかし、自決の問題に関しては、「自由なる諸人民の世界」という理念は現実的な抵抗を受けた。スマッツの案は第一次世界大戦後の世界における「併合の禁止と民族自決」を基調として掲げつつも、その適用をヨーロッパにのみ限定するというものであった。「野蛮人」に自決を認めるには未だに時機は熟していなかった。[69] 最終的に、ヨーロッパと非ヨーロッパとを問わず様々な国家が自決を認められ、独立を果たすこととなった一方で、国際連盟規約第二二条は「トラスティーシップ」の伝統を汲む委任統治領の制度が非ヨーロッパの一部の地域において適用されることを明確化した。

結局、アメリカの国際連盟への参加は頓挫する。アメリカはウィルソンの指導力によって一度は脱却しかけた孤立主義を再び継続し続けることを選んだ。当時の議会において最も有力な孤立主義者であったウィリアム・ボラーによれば、孤立主義からの脱却はアメリカの対外政策における自律性や国益を損なうものに他ならなかった。[70] 戦後秩序の管理の質に関して、ウィーン会議はその成功が称えられる反面、国際連盟はその失敗が貶される。戦勝国側の最重要国家であるアメリカはその外部に選択的に残ることを選び、敗戦国側の最重要国家であるドイツは圧倒的に不利な条件による懲罰的な講和の締結を与儀なくされることによって国際社会における二級的な存在の地位に引き摺り落とされた。国際秩序の牽引役であるべき国家と国際秩序に不満を持つ国家とが国際社会の蚊帳の外にいる奇妙な時代の始まりであった。第二次世界大戦の開始がアメリカの孤立主義を変えることはなかった。ヨーロッパはドイツの猛攻の前に大打撃を被っているところだった。決定的な契機は大西洋ではなく、太平洋の向こう側からやって来た。日本による真珠湾攻撃である。アメリカの孤立主義者にとって、彼らが孤立主義に対する態度を再考せざるを得なくなるためにはまさにこの真珠湾攻撃を待たねばならなかった[71]。今や、アメリカは直接的な攻撃の対象となっていた。真珠湾攻撃をうけて、フランクリン・ローズヴェルトは日本、ドイツ、イタリアからなる枢軸国を人類の敵と名指し、枢軸国との戦争の勝利と戦後の国際秩序再建へのアメリカの積極的な関与を宣言した[72]。それは枢軸国に対する文字通りの「十字軍」を意味した[73]。そもそも、国際連盟が機能するかどうかという問題は連盟に未加入のアメリカがどのような行動を取るかに大きくかかっていた[74]。また、アメリカの側においても、アメリカの国際連盟不参加こそが第二次世界大戦を招来する原因を作ったのではないかという声が上がり始めていた[75]。ローズヴェルトはアメリカが「世界の警察官」[76]として他の国家と共に戦後の世界の安全保障に責任を持つことを誓った。また、自決の問題に関しては、脱植民地化への支持を明確にした[77]。アメリカは世界最強の国家となっていた。枢軸国を打倒した連合国の長として、アメリカは国際連合の下における新しい国際秩序の形成を主導した。それは「平和を維持することに二度失敗した一つの世代」の知恵の集成であった[78]。

国際連合の設立以後のアメリカの対外政策には終わりなき物語のイメージが付きまとっている。冷戦の開始は世界規模における単一の国際社会の誕生を妨げ、世界をアメリカの側とソヴィエト連邦の側との二つへと分割した。世界がこれら二つの非ヨーロッパ的な勢力によって牛耳られるという状況の到来は既にアレクシ・ド・トクヴィルが一九世紀において予言していた[79]。アメリカ自らが支持した脱植民地化の趨勢はヨーロッパ的なるものそれ自体の否定を隠されたアジェンダとして持っていた[80]。かつてヨーロッパ人から野蛮人と呼ばれていた人々は植民地的な状況が生み出した主人と奴隷との関係のイメージからの心理的な自己解放を目指した[81]。時代は道徳の自己主張の時代となり、伝統的なヨーロッパの国際社会が得意とした国益の相互調整を通じた政治は既に死滅してしまったかのようにも思われた[82]。しかし、世界を破滅させるに十分な大量の核兵器の存在は第三次世界大戦を事実上不可能にした[83]。起こってはならないものの概念のみを共有したままに、冷戦はいつ終わるともしれない対立の時代を招来させた。アメリカの対外政策はソ連との全面戦争ではなく、その冒険主義に対して局地的に反抗して行くことによって、ソ連を「封じ込め」るというものであった。[84] 世界中の紛争は共産主義者の陰謀であるかのように思われた。このようにしてアメリカは朝鮮やヴェトナムに介入していった。泥沼にはまった膠着状態から結局は撤退することとなったヴェトナムにおいては、アメリカは帝国主義的な国家として理解された。[85] それはアメリカがかつて戦ったような戦争、つまり帝国主義対自決の戦争であると理解された。このような二項対立の中では自決を選択するというアメリカ人は少なくなかった。それはまたウォルツァーの『正しい戦争と不正な戦争』を貫いている通奏低音でもある。[86] 同じウォルツァーは、冷戦後、自決の副作用について語り始めるようになる。ウィルソン的な「自由なる諸人民の世界」の理念に照らして言えば、脱植民地化までは健全な自決であるということができた。しかし、自決を願う集団が一つの国家に綺麗に収まることは不可能であり、どのような国家においても主流の集団と傍流の集団とが存在する。このような新たな自決の理念は「エスノナショナリズム」などと呼ばれている。[87] エスノナショナリズムは冷戦後まもなくの世界において猛威を振るい、幾つかの民族虐殺の要因となった。世界は西側と東側との区別から、「マックワールド」側と「ジハード」側との区別へと移行しつつあった。[88] 一方の側には自由と平等とを中心的な理念に掲げた歴史の最終段階にあるかと思われるような繁栄を享受している側が存在し、他方にはその段階から遅れている側が存在した。「歴史の終わり」に到達した側と「歴史の終わり」に到達していない側とは隣接し合う状態にあった。[89] 二〇〇一年九月一一日の同時多発テロ事件はまさに「ジハード」側から「マックワールド」側への攻撃であった。アメリカは「テロとの戦い」を掲げ、アフガニスタンとイラクとにおいては大規模な戦争に着手した。テロリズムは日常をその内側から無差別的に破壊しようとする活動である以上、それに対する戦争というものは日常の次元にも大きな影響を及ぼさざるを得ない。[90] それは敵の顔が見えにくく、さらに日々新たなる敵が新しく生み出される以上、それをもしも戦争と呼ぶのであるとしたら、それは、具体的な地名における具体的な戦争という意味とは別に、終わりなき戦争である。その戦争は現在も続いている。ウォルツァーは、このような雰囲気の中で、正戦論の理論家として暴徒化したエスノナショナリストとの戦争やテロリストとの戦争を擁護していった。[91]

ウォルツァーの国際社会論は国際政治におけるヨーロッパ的な政治の伝統とアメリカ的な道徳の伝統との独特な混合によって支えられたものであると評価することができる。それは諸国家間の妥協を通じた共存を基調としながらも、アメリカという国家が唯一の超大国ではなくとも複数の大国の中の最も強力な道徳担当係の役割を果たすことのできる国際社会の構想である。勢力均衡よりも「コミュニティー・オブ・パワー」を選好する連盟の道徳を基調としながらも、人道的な緊急事態においては手続き的な正義よりも単独行動主義を選好する。マッツィーニやウィルソンのような意味における自決の支持者であり、個別的なネーションに対する忠誠は人類全体の福祉と矛盾することがないと考えている。ジェノサイドやテロリズムの背後には国家の失敗が存在すると考えており、その対処法としては国家の強化が必要であると考えている。破綻国家は国際社会から排除されたまま放置するのではなく、再建して包摂するというウィーン会議的な思考に依拠する。国家の能力開発に着目する視点はまた困窮した国家への支援に際しても適用される。

ウォルツァーの政治思想の中心には「まともさ」の追求というものがある。「勇気」と「共感」と「良い目」とを身に付け、個人的なるものと政治的なるものとの断絶を認めず、社会との道徳的な繋がり合いを決して手放さない知識人のことをウォルツァーは「繋がり合う批評家」と呼ぶ。[92]また、彼にとってはこのような「繋がり合う批評家」こそが「まともな政治」の理想的な参画者である。「まともさ」とは一種の術語であるといってもいいが、それは曖昧な概念でもある。最低限のまともさを持った社会は完璧な理想に対して熱狂する社会とは異なる。[93]まともさとは他者に対して屈辱感を与えないということである。[94]正義に適った行為であれそれが他者に対して屈辱感を与えるようであれば、それはまともな行動ではない。例えば、破綻国家の例を考えてみよう。破綻国家とは国家の体をなしていない国家であり、そのために国際社会の構成員である国家として通常期待されている役割を果たすことができない[95]。このような国家は「予防する責任」、「対応する責任」、「再建する責任」とからなる「保護する責任」の核心的な関心の対象となる[96]。ウォルツァーは本書において破綻国家の再建にあたって「トラスティーシップ」や保護国化といった手段を提案している。こういった発想それ自体は大英帝国的な発想であり、決してアメリカ的な発想ではない[97]。しかし、ウォルツァーの場合、あくまでも達成されるべきは自決である。ウォルツァーにとっての「トラスティーシップ」とは、大英帝国のように帝国としての倫理的責任を強調するのではなく、一つの国際社会に住まう同胞に対する友情に基づいた一時的な世話であるにすぎない。それはまともな反応であり、時間が経てば、救う側と救われる側は平等な関係になる。人間であれ、国家であれ、互いの差異を尊重しながらも一つの絆で結ばれ合っているはずであるというのがウォルツァーの考えである。それは「一のなかの多」というイメージによって捉えられる[98]。このような差異論はいわゆるポスト・モダンの差異論とはどのように異なるであろうか。ジャン゠フランソワ・リオタールによれば、モダンとポスト・モダンとの差異は大きな物語を信じることのできる時代とそうすることのできない時代との差異である。今や存在するのは小さな物語であり、人間はそのような無数の小さな物語を語り続けていく存在でしかない。物語の上に位置する別の物語は存在せず、物語と別の物語との関係を規定する物語が存在しない以上、人間と人間とを結び付ける物語はその存在すらもが懐疑の対象となる[99]。我（我ら）と汝（汝ら）とは異なっている。ここで停止してしまう思考をアイザイア・バーリンは「相対主義」と呼び、異なっている我（我ら）と汝（汝ら）との間に理解の余地を持たせる思考を「多元主義」と呼ぶ[100]。リオタールの定式化はいずれの方向にも向かうことができるが、とりあえずウォルツァーは多元主義者である。政治の意味についてのハンナ・アーレントによる一連の研究が教えてくれるように、政治の場所とは元々そのような多元主義の場所なのであった。それは「荒地」の中の「オアシス」であった[101]。

「人道問題に人道的解決なし」といわれることがあるが、この言葉には政治の重要性を強調する意味が込められている[102]。政治の重要性という場合の政治には利害の調整という意味が必ず含まれる必要がある一方で、そのような政治とはまた別の意味の政治も必要になってくる瞬間があるということについて本書が示唆するものは多い。

【注】

（1）ジョン・ロック（加藤節訳）『統治二論』（岩波文庫、二〇一〇年）三五〇頁。
（2）リンカーン「ゲティスバーグ演説」、高木八尺・斎藤光訳『リンカーン演説集』（岩波文庫、二〇一一年）一七九頁。
（3）スタンレー・ホフマン「アメリカン・ソーシャル・サイエンス——国際関係論」、中本義彦編訳『スタンレー・ホフマン国際政治論集』（勁草書房、二〇一一年）九五—一二五頁。
（4）Joachim von Elbe, "The Evolution of the Concept of the Just War in International Law," *The American Journal of International Law* 33: 4（1939）pp. 665-688.
（5）マイケル・ウォルツァー「正戦論の勝利（およびその成功の危険性）」、駒村圭吾ほか訳『戦争を論ずる——正戦のモラル・リアリティ』（風行社、二〇〇八年）一三—四二頁。
（6）Tod Lindberg, "Build the Walzer," *Commentary* 145: 4（2018）p. 40.
（7）"A Foreign Policy for the Left," *Publishers Weekly* 264: 45（2017）p. 73.
（8）ケネス・ウォルツ（河野勝・岡垣知子訳）『国際政治の理論』（勁草書房、二〇一〇年）一〇五—一三三頁。
（9）ケネス・ウォルツ（渡邉昭夫・岡垣知子訳）『人間・国家・戦争——国際政治の3つのイメージ』（勁草書房、二〇一三年）一三一—二二五頁。
（10）R・G・コリングウッド（玉井治訳）『思索への旅——自伝』（未來社、一九八一年）一六〇—一六一頁。
（11）カール・マルクス（木前利秋訳）「『経済学批判』「序言」」、『マルクス・コレクション（三）』（筑摩書房、二〇〇五年）二五六—二六〇頁。
（12）アントニオ・グラムシ「構造と上部構造——その歴史的ブロック」、上村忠男編訳『新編現代の君主』（ちくま学芸文庫、二〇〇八年）二八―三七頁。

（13）リチャード・ニクソン（徳岡孝夫訳）『指導者とは』（文藝春秋、一九八六年）三八一頁。

（14）Hedley Bull and Adam Watson eds., *The Expansion of International Society* (Oxford: Oxford University Press, 1984).

（15）モンテーニュ「有利なことと正しいことについて」、原二郎訳『エセー（五）』（岩波文庫、一九六七年）七―三五頁。

（16）Hans J. Morgenthau, "The Primacy of the National Interest," *The American Scholar* 18: 2 (1949) pp. 207-212.

（17）ベーコン「青年と老年について」、渡辺義雄訳『ベーコン随想集』（岩波文庫、一九八三年）一八九頁。

（18）James Otis, *The Rights of the British Colonies Asserted and Proved* (Boston & London: J. Almon, 1764) pp. 42-47.

（19）「一七七六年七月四日、大陸会議におけるアメリカ連合諸邦による全会一致の宣言」、D・アーミテイジ（平田雅博ほか訳）『独立宣言の世界史』（ミネルヴァ書房、二〇一二年）一九二―一九八頁。

（20）トーマス・ペイン「コモン・センス」、小松春雄訳『コモン・センス――他三篇』（岩波文庫、一九七六年）一四頁。

（21）Grover Cleveland, "Inaugural Address as President of the United States: Delivered at the East Front of the Capitol, Washington, March 4, 1885," in *The Public Papers of Grover Cleveland, Twenty-Second President of the United States, March 4, 1885 to March 4, 1889* (Washington: Government Printing Office, 1889) p. 8.

（22）Alexander James Dallas, "Features of Mr. Jay's Treaty," in *Life and Writings of Alexander James Dallas*, ed. George Mifflin Dallas (Philadelphia: J. B. Lippincott, 1871) p. 179.

（23）ダンテ（黒田正利訳）「帝政論」、『世界大思想全集――哲学・文芸思想篇（四）』（河出書房新社、一九六一年）六八頁。

（24）John Robert Seeley, *Ecce Homo: A Survey of the Life and Work of Jesus Christ* (London: Macmillan, 1866) pp. 315-330.

（25）ジャン・カルヴァン（渡辺信夫訳）『キリスト教綱要（四）』（新教出版社、二〇〇九年）五四六頁。

（26）Jean Bodin, *Les six livres de la République* (Paris: Jacques du Puys, Libraire Juré, à la Samaritaine, 1577) p. 125.

（27）F・グイッチァルディーニ（末吉孝州訳）『イタリア史（一）』（太陽出版、二〇〇一年）三八―三九頁。

（28）William Penn, *An Essay towards the Present and Future Peace of Europe* (London: Randal Taylor, 1693) p. 22.

（29）Ernest Satow, *International Congresses* (London: H. M. Stationery Office, 1920).

（30）Ernest Satow, *A Guide to Diplomatic Practice*, Vol. I (London: Longmans, Green, 1917) p. 1.

（31） Le Baron de Bielfeld, *Institutions politiques*, t. II（La Haye: P. Gosse, 1760）p. 96.

（32） L'Abbé de Mably, *Le droit public de l'Europe, fondé sur les traités*, t. I（Genève: Compagnie des Libraires, 1764）pp. iii-iv.

（33） Samuel von Pufendorf, "De systematibus civitatum," in *Samuelis Pufendorfii Dissertationes academicae selectiores*（Londini Scanorum: Sumtibus Adami Junghaus, 1675）pp. 264-330.

（34） A. H. L. Heeren, *Handbuch der Geschichte des europäischen Staatensystems und seiner Colonien*（Göttingen: Johann Friedrich Römer, 1819）pp. 6-18.

（35） レーオポルト・フォン・ランケ（村岡晢訳）『世界史の流れ』（ちくま学芸文庫、一九九八年）一七八―二一六頁。

（36） ランケ（村岡晢訳）「列強論――歴史的見解の断章」、林健太郎責任編集『ランケ』（中央公論社、一九八〇年）五三頁。

（37） "Castlereagh to Liverpool. Vienna, November 11th, 1814," in *British Diplomacy, 1813-1815: Select Documents Dealing with the Reconstruction of Europe*, ed. C. K. Webster（London, G. Bell and Sons, 1921）p. 232.

（38） Charles K. Webster, *The Congress of Vienna, 1814-1815*（London: Oxford University Press, 1918）p. 145.

（39） Thomas Jefferson, "To the President of the United States（James Monroe）: Monticello, October 24, 1823," in *The Life and Selected Writings of Thomas Jefferson*, ed. Adrienne Koch and William Peden（New York: Modern Library, 1944）p. 708.

（40） エドワード・ギボン（朱牟田夏雄訳）『ローマ帝国衰亡史（五）』（ちくま学芸文庫、一九九六年）五〇五―五一九頁。

（41） Charles Clark, *A Summary of Colonial Law*（London: S. Sweet, 1834）p. 1.

（42） William Edward Hall, *A Treatise on the Foreign Powers and Jurisdiction of the British Crown*（Oxford: Oxford University Press, 1894）pp. 204-205.

（43） エドマンド・バーク「フォックスのインド法案についての演説」、中野好之編訳『バーク政治経済論集――保守主義の精神』（法政大学出版局、二〇〇〇年）四六三頁。

（44） William Henry Trescott, *The Diplomacy of the Revolution: An Historical Study*（New York: D. Appleton, 1852）p. 160.

（45） "Address on the King's Message Respecting Portugal," in Parliament of Great Britain, *The Parliamentary Debates*, Vol. XVI（London: T. C. Hansard, 1827）p. 397.

（46） Alexander Hamilton, "To George Washington, Philadelphia, April 14, 1794," in *The Papers of Alexander Hamilton*, Vol. XVI, ed.

Harold C. Syrett (New York: Columbia University Press, 1972) p. 272.

(47) John Quincy Adams, "Address Delivered at the Request of a Committee of the Citizens of Washington, on the Occasion of Reading the Declaration of Independence, on the Fourth of July, 1821," Niles' *National Register* 20 (1821) p. 331.

(48) Thomas Jefferson, "To George Rogers Clark, 25 December," in *The Papers of Thomas Jefferson*, Vol. VI., ed. Julian P. Boyd (Princeton: Princeton University Press, 1951) p. 237.

(49) T. J. Lawrence, *The Society of Nations: Its Past, Present, and Possible Future* (New York: Oxford University Press, 1919) pp. 40-42.

(50) Theodore Roosevelt, "Message of the President of the United States Communicated to the Two Houses of Congress at the Beginning of the Second Session of the Fifty-Seventh Congress," in *Presidential Addresses and State Papers*, Vol. II (New York: The Review of Reviews Company, 1910) p. 624.

(51) A. T. Mahan, *The Interest of America in International Conditions* (Boston: Little Brown, 1910) p. 7.

(52) William McKinley, *Last Speech of William McKinley: Delivered at the Pan-American Exposition at Buffalo, September 5, 1901* (Washington: Government Printing Office, 1904) p. 5.

(53) Woodrow Wilson, "Greeting to French Democracy (July 14, 1917): Cablegram to the French Government," in *Selected Addresses and Public Papers of Woodrow Wilson*, ed. Albert Bushnell Hart (New York: Boni and Liveright, 1918) p. 217.

(54) ルソー「社会契約論」、中山元訳『社会契約論／ジュネーヴ草稿』(光文社古典新訳文庫、二〇〇八年) 四〇—四二頁。

(55) シィエス(稲本洋之助ほか訳)『第三身分とは何か』(岩波文庫、二〇一一年) 一一—二二頁。

(56) マッツィーニ(齋藤ゆかり訳)『人間の義務について』(岩波文庫、二〇一〇年) 八四—九七頁。

(57) J・ミシュレ(大野一道訳)『学生よ——一八四八年革命前夜の講義録』(藤原書店、二〇一四年) 二四〇頁。

(58) William Edward Hartipole Lecky, *Democracy and Liberty*, Vol. I (London: Longmans, Green, 1896) pp. 418-419.

(59) "Castlereagh to Liverpool. Vienna, November 21st, 1814," in *British Diplomacy, 1813-1815: Select Documents Dealing with the Reconstruction of Europe*, ed. C. K. Webster (London, G. Bell and Sons, 1921) p. 239.

(60) オルテガ(寺田和夫訳)『大衆の反逆』(中公クラシックス、二〇〇二年) 一七一頁。

（61）ロイド・ジョージ（内山賢次ほか訳）『世界大戦回顧録（九）』（改造社、一九四二年）三九三七—三九五四頁。

（62）J. C. Smuts, "Democracy and the War," in *War-Time Speeches: A Compilation of Public Utterances in Great Britain*（New York: George H. Doran, 1917）p. 101.

（63）Woodrow Wilson, "Necessity of War against Germany（April 2, 1917）: Address to Congress," in *Selected Addresses and Public Papers of Woodrow Wilson*, ed. Albert Bushnell Hart（New York: Boni and Liveright, 1918）pp. 196-197.

（64）Count Bernstorff, *My Three Years in America*（London: Skeffington & Son, 1920）pp. 328-329.

（65）ファーガスン（天羽康夫・青木裕子訳）『市民社会史論』（京都大学学術出版会、二〇一八年）二八三頁。

（66）Thomas Jefferson, "Second Inaugural Address. March 4, 1805," in *The Life and Selected Writings of Thomas Jefferson*, ed. Adrienne Koch and William Peden（New York: Modern Library, 1944）p. 339.

（67）Woodrow Wilson, "Conditions of Peace（January 22, 1917）: Address to the Senate," in *Selected Addresses and Public Papers of Woodrow Wilson*, ed. Albert Bushnell Hart（New York: Boni and Liveright, 1918）pp. 174-175.

（68）Woodrow Wilson, "The Armistice with Germany（November 11, 1918）," in *Selected Addresses and Public Papers of Woodrow Wilson*, ed. Albert Bushnell Hart（New York: Boni and Liveright, 1918）p. 287.

（69）J. C. Smuts, *The League of Nations: A Practical Suggestion*（London: Hodder and Stoughton, 1918）pp. 12, 15.

（70）Wm. E. Borah, *Bedrock: Views on Basic National Problems*（Washington: National Home Library Foundation, 1936）pp. 57-58.

（71）Arthur H. Vandenberg, Jr. ed., *The Private Papers of Senator Vandenberg*（Boston: Houghton Mifflin, 1952）pp. 1-2.

（72）Franklin D. Roosevelt, "Fireside Chat to the Nation Following the Declaration of War with Japan. December 9, 1941," in *The Public Papers and Addresses of Franklin D. Roosevelt, 1941*, ed. Samuel I. Rosenman（New York: Harper, 1950）pp. 522-531.

（73）Dwight D. Eisenhower, *Crusade in Europe*（Garden City: Doubleday, 1948）p. 157.

（74）David Lloyd George, *Truth about the Peace Treaties*, Vol. I（London: Victor Gollancz, 1938）pp. 48-49.

（75）Sumner Welles, *The Time for Decision*（London: Hamish Hamilton, 1944）p. 304.

（76）"Memorandum of Conference Held at the White House, by Mr. Samuel H. Cross, Interpreter. Friday, May 29, 1942," in *Foreign Relations of the United States: Diplomatic Papers, 1942, Europe*, Vol. III, ed. G. Bernard Noble and E. R. Perkins（Washington:

United States Government Printing Office, 1961) p. 568.

(77) "Memorandum of Conference Held at the White House, by Mr. Samuel H. Cross, Interpreter. Monday, June 1, 1942," in *Foreign Relations of the United States: Diplomatic Papers, 1942, Europe*, Vol. III, ed. G. Bernard Noble and E. R. Perkins（Washington: United States Government Printing Office, 1961）p. 581.

(78) Harry S. Truman, "Address before the Senate Urging Ratification of the Charter of the United Nations. July 2, 1945," in *Harry S. Truman: Containing the Public Messages, Speeches, and Statements of the President, April 12 to December 31, 1945*（Washington: United States Government Printing Office, 1961）p. 155.

(79) トクヴィル（松本礼二訳）『アメリカのデモクラシー（一・下）』（岩波文庫、二〇〇五年）四一八頁。

(80) G・バラクラフ「西洋への反逆――ヨーロッパ人の覇権に対するアジア・アフリカの反撃」、中村英勝・中村妙子訳『現代史序説』（岩波書店、一九七一年）一八〇―二三六頁。

(81) フランツ・ファノン（鈴木道彦・浦野衣子訳）『地に呪われたる者』（みすず書房、一九九六年）三〇八―三一三頁。

(82) H・J・モーゲンソー（鈴木成高・湯川宏訳）『世界政治と国家理性』（創文社、一九五四年）六二―六七頁。

(83) Dwight D. Eisenhower, "Radio and Television Address Opening the President's Campaign for Re-election. September 19, 1956," in *Dwight D. Eisenhower: Containing the Public Messages, Speeches, and Statements of the President, January 1 to December 31, 1956*（Washington: Office of the Federal Register, 1958）p. 785.

(84) ジョージ・F・ケナン「ソヴェトの行動の源泉」、近藤晋一ほか訳『アメリカ外交50年』（岩波現代文庫、二〇〇〇年）一五九―一九一頁。

(85) ホー・チミン「完全な勝利に至るまでたたかう」、ベルナール・B・ファル編（内山敏訳）『ホー・チミン語録――民族解放のために』（河出書房新社、一九六八年）三六九―三七一頁。

(86) マイケル・ウォルツァー（萩原能久監訳）『正しい戦争と不正な戦争』（風行社、二〇〇八年）。

(87) Walker Connor, "The Politics of Ethnonationalism," *Journal of International Affairs* 27: 1（1973）pp. 1-21.

(88) ベンジャミン・バーバー（鈴木主税訳）『ジハード対マックワールド――市民社会の夢は終わったのか』（三田出版会、一九九七年）一三―二〇頁。

(89) フランシス・フクヤマ（渡部昇一訳）『歴史の終わり（下）』（三笠書房、二〇〇五年）一七一―一七三頁。
(90) ジョージ・W・ブッシュ（伏見威蕃訳）『決断のとき（上）』（日本経済新聞出版社、二〇一一年）二三五―二三六頁。
(91) マイケル・ウォルツァー（駒村圭吾ほか訳）『戦争を論ずる――正戦のモラル・リアリティ』（風行社、二〇〇八年）。
(92) Michael Walzer, The Company of Critics: Social Criticism and Political Commitment in the Twentieth Century, 2nd ed.（New York: Basic Books, 2002）p. xviii.
(93) I・バーリン／R・ジャハンベグロー（河合秀和訳）『ある思想史家の回想――アイザィア・バーリンとの対話』（みすず書房、一九九三年）七六頁。
(94) アヴィシャイ・マルガリート（森達也ほか訳）『品位ある社会――〈正義の理論〉から〈尊重の物語〉へ』（風行社、二〇一七年）一三頁。
(95) Gerald B. Helman and Steven R. Ratner, "Saving Failed States," *Foreign Policy* 89（1992-1993）p. 3.
(96) Internatioanl Commission on Intervention and State Sovereignty, *The Responsibility to Protect*（Ottawa: The International Development Research Centre, 2001）pp. 19-27, 29-37, 39-45.
(97) イーデン（湯浅義正・町野武訳）『イーデン回顧録（二）』（みすず書房、二〇〇〇年）一六〇―一六二頁。
(98) M・ウォルツァー（古茂田宏訳）『アメリカ人であるとはどういうことか――歴史的自己省察の試み』（ミネルヴァ書房、二〇〇六年）四三頁。
(99) ジャン＝フランソワ・リオタール（小林康夫訳）『ポスト・モダンの条件――知・社会・言語ゲーム』（書肆風の薔薇、一九八六年）八―九頁。
(100) バーリン（河合秀和訳）「理想の追求」、『バーリン選集（四）』（岩波書店、一九九二年）一五―一六頁。
(101) ハンナ・アーレント「政治からの逃亡によって、至る所に荒地が広がる」、ウルズラ・ルッツ／インゲボルク・ノルトマン編（青木隆嘉訳）『思索日記（二）』（法政大学出版局、二〇〇六年）九五―九六頁。
(102) 緒方貞子『紛争と難民――緒方貞子の回想』（集英社、二〇〇六年）三一―三三頁。

監訳者あとがき

本書はMichael Walzer, *A Foreign Policy for the Left.* Yale University Press, New Haven & London, 2018 の全訳である。

監訳者にとって、マイケル・ウォルツァーの著作の翻訳にあたるのはこれで四冊目となるし、彼の主要著作のほとんどがすでに日本語に訳されているので、もはやウォルツァーがどういう思想家なのか、改めて紹介する必要もなかろう。どうしても、という方はデイヴィッド・ミラー編『政治的に考える――マイケル・ウォルツァー論集』（風行社、二〇一二年）の訳者あとがきを参照してほしい。この著作『政治的に考える』はウォルツァーの代表的な政治理論的論考を精選して編まれたものであり、彼の思想の全体像を把握するには最適な著作である。また巻末に付されている著作目録はさらに本格的にウォルツァーの思想を研究する際に有益であろう。

さて、本書のタイトルに関して一言述べておく。それを実直に訳せば『左派の（ための）対外政策』とするべきだろうし、ウォルツァー自身も本書の序論において「左派とは何か」を規定する中で、自分はアメリカの左派に特定した議論をするつもりではないと述べてはいるのだが、あえて「アメリカ左派」という形容詞付きの日本語タイトルとした。というのも、日本やヨーロッパで一般的にイメージされる「左派」と比べて、彼の描写する左派は、しばしば〈帝国〉とも揶揄される超大国アメリカ特有の性格に引きずられている面があり、決して一般的な左派に共通する議論ではないと判断したからである。「ための」という言葉を省いたが、「左派のための外交政策」とした場合、現実はどうあれ、規範的に望ましい外交政策の提言というニュアンスが強くなる。しかしウォルツァーの議論からは、現実に存在し、存在した左派の対外政策観を批判する意図も強く窺えるので、その両方の意図を活かすため最終的に『アメリカ左派の外交政策』というタイトルを採用することとした。

そもそも「左派」とはどういう政治的立場を指すのだろうか。

この言葉はもともと、フランス革命後の憲法制定国民議会やそれに続く立法議会において革命を支持する改革・急進派の商人や民衆が議長席から見て左側に、王や貴族を支持する保守・穏健派が右側に陣取ったことに由来する。しかし今日では、左派と右派、あるいは左翼と右翼という語、いやレッテルが何を意味するのか極めて曖昧である。伝統的に左派陣営に分類されることが多いのは共産主義、アナーキズム、社会主義、社会民主主義、進歩主義、反戦平和主義、国際協調主義といったスローガンを掲げる政治集団であり、右派に属するのは王党派、保守主義、反動主義、国家主義、ファシズム、軍国主義、ナショナリズムを奉じる政治集団である。しかし例えば革命後にマルクス主義が体制側のイデオロギーとなったスターリン以降の社会主義陣営における体制批判者は右翼だということになるだろうか。ウォルツァー自身、権威主義体制に挑み続けた旧東欧の反体制運動を左派が連帯・支援すべき同志とみなしている。あるいは「リベラル」という政治的立場は通常、左派と目されるだろうが、それではそのリベラルに論争を挑んだコミュニタリアニズムは右派なのだろうか。ウォルツァーは自分がコミュニタリアンと呼ばれることをあまり好んではいないが、彼がこの陣営の代表的論客であることは間違いないのであるから、これはありえない不条理な分類といえよう。

このような右派・左派の概念的混乱を修正する目的でアメリカのリバタリアン党創設者でもあるデイヴィッド・ノーランが考案したのがノーラン・チャートである。彼は「自由」を二種類に分け、思想や宗教に関する「個人的

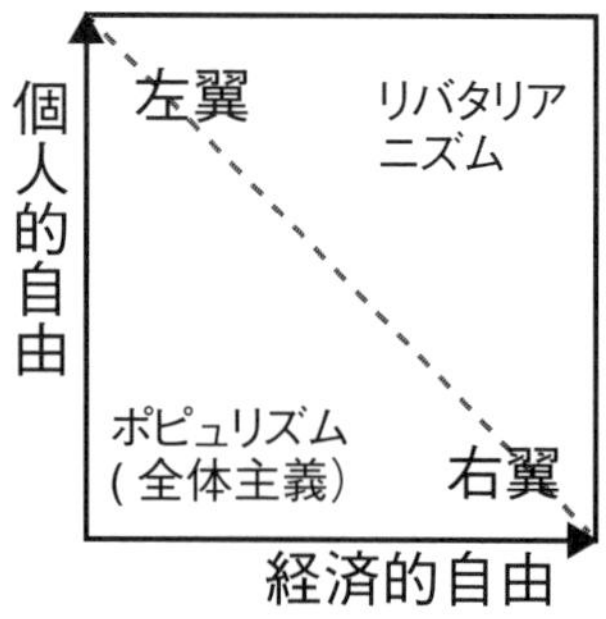

自由」を縦軸に、市場競争に政府が介入することのない「経済的自由」を横軸にとるチャートを提案し、両方の自由を追求する政治哲学として自らの主張するリバタリアニズムの特徴を誇示しようとする。この図では経済に関して平等を求めるが文化や思想の自由を求めるのが左翼であり、経済に関しては自由放任を求め、文化や思想に保守的なのが右翼であるということになる。ノーラン自身はこの図の左下の領域をポピュリズムとしているが、この政治的立場は全体主義ないしは権威主義と呼ばれることの方が多い。

　このノーラン・チャートは今日、一般に用いられている右派・左派の用語にかなりの程度あてはまってはいようが、いかんせん、二次元的チャートですべての政治的立場をカバーしきるには無理がある。その典型がウォルツァーである。確かに彼は国内的にも国際的にも、不平等と搾取に反対しつつ、徹底的に個人の（そして政治共同体の）自己決定を尊重するという点で、ノーラン・チャート的にも左派である。しかし彼の立場を正しく理解するには、武力行使を是とするか、否かというもう一つの軸を組み込んだ三次元的モデルが必要となるのかもしれない。通常の左派は、本書でウォルツァーも論じているように武力行使に否定的で、戦争に反対する。話し合いなどの平和的手段で問題を解決しようとする、いわゆる「ハト派」である。これに対してウォルツァーはそれを伝統的な左派の欠点であるとみなし、必要な時には決然と武力行使に踏み出すべきだと主張する左派のなかでも「タカ派」、いわゆる「リベラル・ホーク」なのである。一般的にはこうしたリベラル・ホークは政策的に共和党中心のネオコンと共通点を持つと指摘されることが多いが、本書を通読していただければわかるように、ウォルツァーはネオコンに関して一片の親近感も寄せてはいない。しかし問題はどのような場合に武力行使を是認し、どのような場合にそれを拒絶すべきなのか、その基準をどこに置き、それをどのように見定めるかである。

第一章でウォルツァーはアメリカ左派が過去においてとってきた行動のうちの「正しい見方」と「間違った見方」を腑分けしようとしている。これに対して、それは「今だからこそそう言える」歴史のあと知恵に過ぎないのではないかとの疑義も呈されよう。そのような指摘もあたっていないわけではない。しかしウォルツァーの意図としては、歴史を振り返るのを非生産的だから止めようというようなローティ流の議論を批判したうえで、従来の左派の「基本姿勢」に対して自己批判と総括を行い、今後のアメリカ左派の「政治的叡智」（八頁）を鍛えようという側面があり、そのことは評価されてよいだろう。ウォルツァーはあくまでも是々非々主義を貫こうとする。従来の左派が従属国家の独立を支援しようとしてきたことは正しいが、テロを許してはならない。革命を支援してきたことは正しいが、新政権が権威主義化したならば、それを批判しなければならない。ベトナム反戦運動は正しかったが、ベトコンの所業を許してはならない。これまでの左派は被抑圧民族であれば、彼らが何を行おうとそれを支持し、反帝国主義、反米主義、反イスラエルの立場を無条件で支持する短絡ぶりを示してきた。こうした左派への痛切な反省姿勢を本書から読み取ることができよう。もっとも、しばしば混乱し、情報も定かでない動乱の現場で、どこまでこの見極めをなしうるかは微妙な問題であろう。しかしすべての章の行間から滲み出しているのは、原理原則を振り回し、口先だけのきれいごとですまそうとする左派に対して、現実的で実効的な実践的行動を要求する、年老いて止む事のないウォルツァーの熱い思いである。

＊

翻訳にあたって、慶應義塾大学大学院法学研究科政治学専攻に所属し、広い意味で私の研究室で私と一緒に勉強をしている政治思想専攻の博士課程院生にまずそれぞれ一章ずつ下訳を作ってもらった。その後、大学院で開講されている特殊研究の時間を使って、修士課程の学生も含めて全員でその訳文を検討し、いろいろ議論をしながら日本語として可能な限り洗練された読みやすいものに仕立て上げるという作業を行った。その結果完成したのがこの訳書である。とはいえ、訳文の最終責任が監訳者にあることは言うまでもない。

個別的な章ごとの下訳分担は以下の通りである。

はしがき、序論、第三章　萩原能久
第一章　宗岡宏之
第二章　長野晃
第四章　相川裕亮
第五章　梅澤佑介
第六章、索引　林嵩文
第七章　長島皓平
第八章　板倉圭佑
あとがき　寺井彩菜

また修士課程の院生でこの翻訳プロジェクトに参加してくれたのは次の諸君である。
眞保裕稀乃、佃陸生（二学期間）、新井直明、柏木虎太郎、畠山華子（一学期間）。
先にも述べたように、監訳者にとってウォルツァーの書物を翻訳するのはこれで四冊目であるが、読み手が必ずしも政治学や政治思想の専門家ではないことに配慮して、私の研究室のいつもの基本方針として、読み手の邪魔にならない程度の丁寧な訳注をつける作業を行ったが、その下調べも一部、上記の修士課程の院生諸君が行ってくれた。

最後に訳語について少しだけ言い訳めいたことを述べておく。『正しい戦争と不正な戦争』を訳したときは、我が国での一般的用語法にならって、注で断りを入れつつ humanitarian intervention を「人道的介入」と訳しておいたのだが、誤りは誤りであるので、この訳書では一貫して「人道的干渉」で通した。他国の内政に「口出し」する介入（interference）とは異なり、軍事的に「手出し」をするのが干渉だからである。逆に tyranny や despotism、dictatorship、oligarch といった概念は、政治学的には厳密な使い分けが必要な場合もあるが、ウォルツァー自身が厳密に使い分けている節がないので、むしろ日本語にしたときにぴったりくるよう、文脈に応じて「暴政」であるとか、「専制」、「独裁」といった訳語を用いた。power に関しては、個人がそれを行使する文脈では「権力」、国家がその行使主体となっている場合は「パワー」と訳した。多少悩ましかったのは agent という語と agency の使い分けであるが、ウォルツァーがどのような意味でこの語を使い分けているか、院生たちとの長い議論の末、前者を「行為主体」、後者を「代理主体」と訳することにした。またウォルツァーが左派政治の批判されるべき特徴とみなしている politics of pretending も悩ましかった。ウォルツァーはたとえば本書でその典型的な例として、九・一一攻撃を国連の安全保障理事会に提議せよともっともらしい主張をしながら、その実は何の行動も起こさず、行動しているフりだけをする左派の姿勢を「これが politics of pretending である」と批判している（本書一六八頁）ので、「偽装」や「見せかけだけ」という訳語も考えたが、何箇所にも頻出してくる文脈での汎用性を考慮して「強弁の政治」とすることにした。「まともな国家」と訳した原語は decent state である。この decent という言葉を「品位ある」と硬い表現で訳する風潮が我が国では強いようだが、そのような上品なニュアンスのある言葉ではないだろう。

すでに翻訳のあるものは気がつく限り参照したが、文体統一の必要上、変更した箇所もある。また原書で（　）表記されているものは訳書でもそのまま（　）を用い、なお、ウォルツァー自身による補足として原書で［　］が使われている場合もそのまま［　］を用いた。〔　〕を用いた箇所は訳者による補足挿入である。本文中でも記憶だけを頼りに、政治的な事件の発生年月を誤ることが多いのがウォルツァーだが、注の付け方はもっと雑で、誤記も多い。そうした原著での誤りはいちいち断ることなく修正しておいた。

＊

今回の翻訳企画も風行社社長の犬塚満氏からの打診を受けてお引き受けしたものである。私の研究室に集う、まだまだ未熟な点も多いが、それでも将来有望な若い大学院生たちの力量を信用してこのような作業に従事する機会を与えていただいたことに感謝し、監訳者として全員を代表してお礼申し上げたい。ありがとうございました。

二〇一八年九月

萩原能久

[監訳者]

萩原能久（はぎわら・よしひさ）

1956年生まれ。慶應義塾大学法学部教授。

主要業績：『アーレントと二〇世紀の経験』（共編著）、慶應義塾大学出版会。M.ウォルツァー『正しい戦争と不正な戦争』（監訳）、風行社。

[訳者]

宗岡宏之（むねおか・ひろゆき）

1988年生まれ。慶應義塾大学大学院法学研究科博士課程在籍中。

主要業績：R.タック『戦争と平和の権利』（共訳＋解説）、風行社。M.ウォルツァー『解放のパラドクス』（共訳＋解説）、風行社。

長野晃（ながの・あきら）

1987年生まれ。慶應義塾大学大学院法学研究科博士課程在籍中。

主要業績：「カール・シュミットの均衡理論――リベラリズムとデモクラシーの分離と結合」『政治思想研究』第15号、2015年。

相川裕亮（あいかわ・ゆうすけ）

1988年生まれ。神奈川大学外国語学部非常勤講師。

主要業績：「大統領の会堂と法廷――福音伝道者ビリー・グラハムと大統領リチャード・ニクソンの関係を再考する」『法学政治学論究』第116号、2018年。

梅澤佑介（うめざわ・ゆうすけ）

1987年生まれ。慶應義塾大学法学部助教。

主要業績：「市民の義務としての反乱――ハロルド・ラスキによるT・H・グリーンの批判的継承」『イギリス哲学研究』第39号、2016年。

林嵩文（はやし・たかふみ）

1991年生まれ。慶應義塾大学大学院法学研究科博士課程在籍中。

主要業績：「『体系』の政治――フリードリヒ二世の政治思想」『法学政治学論究』第111号、2016年。

長島皓平（ながしま・こうへい）

1994年生まれ。日本学術振興会特別研究員（DC1）。慶應義塾大学大学院法学研究科博士課程在籍中。

主要業績：「逆境のメシア――ジョルジョ・アガンベンの政治神学的基礎」『法学政治学論究』第113号、2017年。

板倉圭佑（いたくら・けいすけ）

1992年生まれ。慶應義塾大学大学院法学研究科博士課程在籍中。

主要業績：「歓待の場を求めて」（修士論文）

寺井彩菜（てらい・あやな）

1988年生まれ。日本学術振興会特別研究員（DC2）。慶應義塾大学大学院法学研究科博士課程在籍中。

主要業績：「『革命』という持続と断絶――『始まり』の後のハンナ・アレント」『政治思想研究』第17号、2017年。

[索　　引]

＊原著の巻末索引に対応させたもので、訳注や解説に登場するものは含まれていない。また原著での明らかな誤りは修正しておいた。

【あ】

アトリー、クレメント（Atlee, Clement）　40
アハメド、パルベズ（Ahmed, Parvez）　191
アフガニスタン戦争（Afghan war）　46, 115-116, 223-226
アフリカ（Africa）
——統合（unification of）　163-164, 164
アムネスティ・インターナショナル（Amnesty International）　73, 129, 145, 157, 173
アメリカ社会党（Socialist Party（US））　48
アル＝アリ、ナジェ（Al-Ali, Nadje）　217-220
アルカイダ（Al Qaeda）　9, 181, 225, 230-231
アルジェリア戦争（Algerian war）　33-34, 48, 64, 228
アル＝バシール、オマル（Al-Bashir, Omar）　169
アル＝バンナー、ハサン（Al-Banna, Hassan）　197
イェイツ、ウィリアム・バトラー（Yeats, William Butler）　208
イグウェ、レオ（Igwe, Leo）　190
イグナティエフ、マイケル（Ignatieff, Michael）　102, 111
イザヤ（Isaiah）　10
イスラエル（Israel）　50, 60, 155-156, 192, 231
——によるヨルダン川西岸地区占領（occupation of West Bank by）　76, 156
——のボイコット（boycott of）　76
イスラミズム（Islamism）
——の根本原因（root cause of）　189-191
——の封じ込め（containment of）　197
——の弁護（apologies for）　188-196
——への恐怖（fear of）　179, 181-182, 187-188
イスラームと異なる——（distinguished from Islam）　180-181, 184, 197-198
イスラーム（Islam）　180, 184, 184-185, 197-198
イスラーム嫌い（Islamophobia）　182-188
『イスラモフォビア・スタディーズ・ジャーナル』（*Islamophobia Studies Journal*）　186, 187
イラク戦争（2003年以降）（Iraq war（2003-））　11-12, 25-26, 47, 108, 110, 117, 215-220
イラクとシリアのイスラーム国（ISIS）（Islamic State of Iraq and Syria（ISIS））　113, 181, 190, 197
イラン（Iran）　49

——の反体制派（dissidents in） 73-76
イルマー、ハンス＝ユルゲン（Irmer, Hans -Jürgen） 184
ウィリアムズ、ウィリアム・アップルマン（Williams, William Appleman） 34, 124
ウィリス、エレン（Willis, Ellen） 46, 115-116, 223-224
ウィルダース、ヘルト（Wilders, Geert） 184
ヴェトナム戦争（Vietnam War） 39, 44, 48, 214-215
ヴェーバー、マックス（Weber, Max） 177
ウォーカー、マルティン（Walker, Martin） 130
ヴォルテール（Voltaire） 214
ウォーレス、ヘンリー（Wallace, Henry） 26
ウガンダ（Uganda） 85, 92, 96
ウクライナ（Ukraine） 120, 122, 155
ウルフ、バートラム（Wolfe, Bertram） 42
エバーディー、シーリーン（Ebadi, Shrin） 73-74
エレミヤ（Jeremiah） 10
オーウェル、ジョージ（Orwell, George） 64, 228
欧州連合（European Union） 72, 128, 161-163
オバマ、バラク（Obama, Barack） 14, 117, 124, 130
オリエンタリズム（Orientalism） 185-186

【か】

カストロ、フィデル（Castro, Fidel） 28-30, 51, 118
カミュ、アルベール（Camus, Albert） 207
ガンジー、アクバル（Ganji, Akbar） 74-75
カント、イマヌエル（Kant, Immanuel） 153
カンボジア（Cambodia） 85, 95, 212
北大西洋条約機構（NATO）（North Atlantic Treaty Organization (NATO)） 46, 68, 69, 85-86, 94
キップリング、ラドヤード（Kipling, Rudyard） 116
九・一一攻撃／九・一一（September 11 attacks（9/11）） 18, 225-227, 231-232, 235
キューバ（Cuba） 28-30, 48, 118-120, 124
共産党、共産主義者（Communist Party, communists） 28-29, 31, 42, 229
強弁の政治（Pretending, politics of） 42, 168, 169, 171, 212
虚偽意識（False consciousness） 57-58, 149
→〈前衛〉
ギリシア（Greece） 155, 161
——独立戦争（war of independence） 23, 179
キリスト教（Christianity） 180, 184
キルシュ、アダム（Kirsch, Adam） 213
クシュネル、ベルナール（Kouchner, Bernard） 26
クトゥブ、サイイド（Qutb, Sayyid） 197
区別の技術・区別の政治（Distinction, art of, and politics of distinction） 32, 126, 197-198, 205
クマール、ディーパ（Kumar, Deepa） 180, 189
クラーク、キリアン（Clarke, Killian）

101
クラーク、ラムゼイ(Clark, Ramsey) 47
グラムシ、アントニオ(Gramsci, Antonio) 112, 124, 128
グリーンバーグ、ハイム(Greenberg, Hayim) 65, 209-210
クルド人(Kurds) 154, 155
コーエン、ニック(Cohen, Nick) 177, 199
国際刑事裁判所(ICC) (International Criminal Court (ICC)) 9, 124, 166, 169-170
国際主義(Internationalism) 52, 57-59, 76-77, 122-123
——と海外の同志(and comrades abroad) 60-63
世界市民主義と対照的な——(contrasted with cosmopolitanism) 162
代理主体の——(of agency) 71-73, 101, 145, 206
国際通貨基金(IMF) (International Monetary Fund (IMF)) 72, 166, 170-172
国際旅団(International Brigade) 73, 100, 178, 197, 201
国際連合(United Nations) 45, 85-88, 97, 168, 225
安全保障理事会(Security Council) 166-169
国連総会(General Assembly) 166-167
国際労働機関(ILO) (International Labor Organization (ILO)) 167
コズロフ、ニコラス(Kozloff, Nikolas) 188
コソヴォ干渉(Kosovo intervention) 48, 83, 92, 127, 159, 168, 235
左派のプロジェクトとしての——(as a left project) 46, 68
国家(State) 73, 154-157
——主権の限界(limit of sovereignty of) 83, 166
——という代理主体(agency of) 72, 145-146, 154, 206
——に対する左派の敵意(left hostility to) 154-156
——の建設(building of) 156
——の崩壊(breakdown of) 84-85, 97
——の利益(benefits of) 154
配分的正義における——の役割(role in distributive justice) 150-151
コービン、ジェレミー(Corbyn, Jeremy) 69, 190
コリアー、ポール(Collier, Paul) 142
コワコフスキ、レシェク(Kolakowski, Leszek) 31, 74
根本原因(Root cause) 178, 189-191, 230

【さ】

「最高指導者」(Maximal Leaders) 50-51, 63, 208, 236
サイード、エドワード(Said, Edward) 185-186
サッチャー、マーガレット(Thatcher, Margaret) 165, 228
左派(Left)
怪物的な体制への——の責任(responsibility for monstrous regimes) 207, 212
グローバルな正義における——の役割(role in global justice) 141-143
国民国家に対する——の敵意(hostility to nation-state) 154-156, 159
——とコソヴォ干渉(and Kosovo intervention) 46

——に誰が含まれるのか（who is included） 18-20
——の価値観（values of） 196, 234
——の主要なコミットメント（primary commitment of） 62
——の疎外（alienation of） 231-232
——の武力行使への反感（aversion to use of force） 7-8, 48
宗教を理解できない——（unable to understand religion） 178-179, 191, 230-231
→〈国際主義〉〈マルクス主義〉
サルトル、ジャン゠ポール（Sartre, Jean-Paul） 33-34, 228, 234
サンダース、バーニー（Sanders, Bernie） 7
ジェノサイド（Genocide） 82-83
ユダヤ人の——（of the Jews） 212
ジェラス、ノーマン（Geras, Norman） 62, 66
シェル、ジョナサン（Schell, Jonathan） 165
ジェルジェス、ファワーズ（Gerges, Fawaz） 191
ジェンダー間の平等（Gender equality） 195-196, 201
シオニズム（Zionism） 32, 155-156
メシア主義的——（messianic） 179, 188, 197
ジジェク、スラヴォイ（Žižek, Slavoj） 192, 213
自治（Autonomy） 159, 160
ジノヴィエフ、グリゴリー（Zinoviev, Gregory） 24
ジハード（Jihad） 180-181, 191
資本主義（Capitalism） 66-67, 109, 143
→〈新自由主義〉
市民社会（Civil society）
国際——（international） 129-130, 173-174
社会民主主義（Social-democracy） 58, 67, 130, 161-162, 171
ジャコバン派（Jacobins） 211
ジャット、トニー（Judt, Tony） 70
シャヒーン、ジャック（Shaheen, Jack） 187
ジャーマン、リンゼイ（German, Lindsey） 190
自由（Freedom）
——の放棄（forsaking of） 207-210
宗教の復興（Religious revival） 18, 177-179, 190
イスラームの復興（Islam revival） 178-180, 186
十字軍（Crusades） 179-180
女性（Women）
解放された——への恐怖（fear of liberated） 200
——の従属（subordination of） 149
ジョンソン、アラン（Johnson, Alan） 214
シリア内戦（Syrian civil war） 14, 83, 99-102
シローネ、イニャツィオ（Silone, Ignazio） 60
ジロンド派（Girondins） 211
人権（Human rights） 84, 98, 169
世界——宣言（Universal Declaration of） 166-167
新左翼（New Left） 34-35, 233
新自由主義（Neo-liberalism） 143, 162
信託統治（Trusteeship） 96-97
人道的干渉（Humanitarian intervention） 17, 47, 122, 140, 156
——に対する左派の反対（left objections to） 80, 90, 102-105

——の起因（occasions for） 81-85
——の権利または義務（right or obligation） 88-90
——の主体（agents of） 85-91
——の手段（means of） 91-94
——の単独行動主義（unilateralism of） 86, 90-91
——の幕引き（endings of） 94-99
スターリン、ヨシフ（Stalin, Joseph） 210, 212
→〈ヒトラー＝スターリン協定〉
ストーン、I・F（Stone, I. F.） 45
スペイン内戦（Spanish Civil War） 12, 43
スワンソン、デイヴィッド（Swanson, David） 190
正義（Justice） 17-18
グローバルな——（global） 133-146
国内——（domestic） 133, 146-151
自然的義務としての——（as a natural duty） 137-141
政治的義務としての——（as a political obligation） 137, 141-143, 144, 147
貧困と——（poverty and） 135, 138
聖戦（Holy war） 24, 230-231
→〈十字軍〉〈ジハード〉
勢力圏（Spheres of influence） 117-123
世界銀行（World Bank） 166, 170-172
世界貿易機関（WTO）（World Trade Organization（WTO）） 72, 130, 166
世俗主義（Secularism） 198, 199
前衛（Vanguards） 58, 62-63, 149, 208-209
→〈虚偽意識〉
戦争（War） 23-32, 43-48
内戦（civil war） 99-102
→〈聖戦〉〈人道的干渉〉〈武力行使〉. また個々の戦争の項目を参照
センター・フォー・セキュラー・スペース（Center for Secular Space） 200
ソヴィエト連邦／ソ連（Soviet Union） 28, 30-31, 114, 195

【た】

第一次世界大戦（World War I） 10-11
第三世界主義（Third worldism） 59
体制転換（Regime change） 157, 216
→〈民主主義の促進〉
第二次世界大戦（World War II） 26, 43-44, 164
ダウード、カマル（Daoud, Kamal） 184
ダグラス、スティーブン（Douglas, Stephen） 24
多元主義（Pluralism）
宗教的——（religious） 195-196
主権国家体制の長所としての——（as advantage of state system） 153-154
タックス、メレディス（Tax, Meredith） 197
タリバーン（Taliban） 115, 181, 225
ダルフール（Darfur） 48, 80, 169
チェコスロヴァキア（Czechoslovakia） 30, 40, 74, 119
地球温暖化（Global warming） 70, 165-166
チベット人（Tibetans） 154, 164
チャーチル、ウィンストン（Churchill, Winston） 44
チャベス、ウゴ（Chávez, Hugo） 51
中国（China） 195-196, 212
中立（Neutrality） 8-9, 13-14, 88-89
朝鮮戦争（Korean War） 45
チョムスキー、ノーム（Chomsky, Noam）

224
チリ（Chile）　38, 120
帝国主義（Imperialism）　67-68
アメリカ――（American）　49-50, 107-131, 225
政治的な支配としての――（as political rule）　108-109
――の無用（futility of）　114-117
ヘゲモニーと対照的な――（contrasted with hegemony）　111-117
レーニンの――論（Lenin's theory of）　131
ロシア――（Russian Imperialism）　155
『ディセント』（*Dissent*）　19, 26, 45, 96, 192, 230
デブス、ユージン（Debs, Eugene）　42
『デモクラティック・レヴュー』（*Democratic Review*）　24
デューイ、ジョン（Dewey, John）　10, 35
デュボイス、W・E・B（Du Bois, W. E. B.）　32
デリンジャー、デイヴィッド（Dellinger, David）　45
テロル、テロリズム（Terror, terrorism）　22, 33-34, 63-66, 228
対テロ戦争（war on terror）　125-126
トウェイン、マーク（サミュエル・クレメンス）（Twain, Mark（Samuel Clemens））　35-37
ドゴール、シャルル（De Gaulle, Charles）　44
トーマス、ノーマン（Thomas, Norman）　42
トムソン、E・P（Thompson, E. P.）　228
トランプ、ドナルド（Trump, Donald）　58, 119, 162, 184
トロツキー、レフ（Trotsky, Leon）　25, 64, 72
トロツキスト（Trotskyists）　32, 45

【な】

ナーセル、ガマル（Nasser, Gamal）　51
ナフィースィー、アーザル（Nafisi, Azar）　194
難民（Refugees）　14, 101-102
二正面戦（Two-front wars）　42, 210-212
四つの戦線（four fronts）　219-220
日本（Japan）
――の民主化（democratization of）　26
『ニュー・リパブリック』（*New Republic*）　10, 13, 46
『ニューレフト・レヴュー』（*New Left Review*）　191
ネグリ、アントニオ（Negri, Antonio）　108, 129, 130, 194-195
『ネーション』（*The Nation*）　187, 198
ノートン、アン（Norton, Anne）　194

【は】

バイロン、ジョージ・ゴードン（Byron, George Gordon）　23
ハウ、アーヴィング（Howe, Irving）　26, 42
ハウ、サミュエル（Howe, Samuel）　23
ハヴェル、ヴァーツラフ（Havel, Václav）　16, 70, 83
バウマン、ポール（Bowman, Paul）　214
バーガー、ヴィクター（Berger, Victor）　28
バジアン、ハテム（Bazian, Hatem）　188
バティスタ、フルヘンシオ（Batista, Fulgencio）　28-30

ハート、マイケル(Hardt, Michael) 108, 129, 130, 194-195
バトラー、ジュディス(Butler, Judith) 192
バーネット、アンソニー(Barnett, Anthony) 165
ハマス(Hamas) 60, 181, 192
バーマン、ポール(Berman, Paul) 43, 197, 198
ハリデイ、フレッド(Halliday, Fred) 192, 200
ハリントン、マイケル(Harrington, Michael) 45
パレスチナ、パレスチナ人(Palestine, Palestinians) 154, 156, 231
パレンティ、マイケル(Parenti, Michael) 47
パワー、サマンサ(Power, Samantha) 46
ハンガリー革命(1956年)(Hungarian revolution (1956)) 30, 119
バングラデシュ(旧東パキスタン)(Bangladesh (formerly East Pakistan)) 85, 88, 91
反軍国主義(Anti-militarism) 34, 40-41, 218
反体制派(Dissidents)
イランの――(Iranian) 74-75
東欧の――(East European) 32, 70, 75
ハンチントン、サミュエル(Huntington, Samuel) 199
反帝国主義(Anti-imperialism) 34-38, 49, 68, 189-192
反帝国主義連盟(Anti-Imperialist League) 35, 38
反米主義(Anti-Americanism) 49, 59-60, 125-127, 229-230, 232-233
反ユダヤ主義(Anti-Semitism) 37-38, 155
ビアード、チャールズ(Beard, Charles) 12
東ティモール(East Timor) 85, 159
東パキスタン(バングラデシュ)(East Pakistan (Bangladesh)) 85, 88, 91
非対称戦争(Asymmetric warfare) 110
ヒトラー=スターリン協定〔独ソ不可侵条約〕(Hitler-Stalin Pact) 13, 43
ヒューマン・ライツ・ウォッチ(Human Rights Watch) 73, 81, 129, 145, 157, 173
平等、不平等(Equality, inequality) 58, 127, 135, 146, 170-171, 172, 208-210
→〈ジェンダー間の平等〉
開かれた国境(Borders, open) 143, 161-162, 171
ヒルキット、モーリス(Hillquit, Morris) 28, 39
ヒルシ・アリ、アヤン(Hirsi Ali, Ayaan) 198
ピンター、ハロルド(Pinter, Harold) 47
ヒンドゥトヴァ(Hindutva) 179
ファノン、フランツ(Fanon, Frantz) 33, 228
フィリピン叛乱(Philippine insurgency) 35-37, 110
フェミニスト(Feminists)
イラクの――(in Iraq) 216-220
→〈ムスリム法の下で生きる女性〉
フォー、ジェフ(Faux, Jeff) 14
フォークランド紛争(Falklands War) 165, 228
福祉国家(Welfare state) 58
フーコー、ミシェル(Foucault, Michel) 51, 193

フセイン、サダム（Hussein, Saddam） 217, 236
ブッシュ、ジョージ・W（Bush, George W.） 113
ブラックマン、ハロルド（Brackman, Harold） 32
フランス革命（French Revolution） 23, 211
武力行使（Use of force） 21, 43, 44, 91-94
限定的——（limited） 100-101
最後の手段としての——（as last resort） 92
左派の——への反感（left aversion to） 7-8, 48
——の独占（monopoly on） 158
→〈人道的干渉〉
ブルックナー、パスカル（Bruckner, Pascal） 184
ブレヒト、ベルトルト（Brecht, Bertolt） 65
分離独立（Secession） 159, 160
ベースヴィッチ、アンドリュー（Bacevich, Andrew） 11-12
ベーベル、アウグスト（Bebel, August） 37
ベルーベ、マイケル（Bérubé, Michael） 21, 47, 112
ボーア戦争（Boer War） 37-38, 227-228
ボイコット（Boycotts） 75
アカデミックな——（academic） 76
ボイコット、チャールズ（Boycott, Charles） 75
「保護する責任」（Ｒ２Ｐ）（Responsibility to Protect（R2P）） 82, 89, 103
ボコ・ハラム（Boko Haram） 181, 188, 190, 191, 195
ポストモダニズム（Post-modernism） 194-195
ボスニア（Bosnia） 92, 100
ポッゲ、トマス（Pogge, Thomas） 140
ホッブズ、トマス（Hobbes, Thomas） 97
——と万人の万人に対する戦争（and the war of all against all） 99, 158
ポピュリズム（Populism） 51, 162-163, 183
ボリシェヴィキ（Bolsheviks） 211
ホール、スチュアート（Hall, Stuart） 58, 112
ボーン、ランドルフ（Bourne, Randolph） 10-11, 15, 39

【ま】

マウデゥーディ、マウラナ（Mawdudi, Maulana） 197
マキヤ、カナン（Makiya, Kanan） 25, 216
マクドナルド、ドワイト（Macdonald, Dwight） 44, 49-50, 111
マーシャル・プラン（Marshal Plan） 26-27, 68
マッカーサー、ダグラス（MacArthur, Douglas） 26
マッカーシー、メアリー（McCarthy, Mary） 49
マハムード、ザキ・ナジーブ（Mahmud, Zaki Najib） 193-194
マルクス、カール（Marx, Karl） 57, 66, 121-122
マルクス主義（Marxism） 44, 58, 134, 230
古着の——（ragtag） 234
ミフニク、アダム（Michnik, Adam） 26
ミュンヘン協定（Munich Agreement）

40, 43
ミラー、デイヴィッド（Miller, David） 138
ミリバンド、デイヴィッド（Miliband, David） 48
ミル、ジョン・スチュアート（Mill, John Stuart） 99-100, 229
ミルズ、C・ライト（Mills, C. Wright） 29-30
ミルズ、ニコラウス（Mills, Nicolaus） 27
ミレット、ケイト（Millet, Kate） 184
ミロシェヴィッチ、スロボダン（Milošević, Slobodan） 47
民主社会をめざす学生組織（Students for a Democratic Society） 39-40
民主主義（Democracy）
——の促進（promotion of） 26-27
→〈体制転換〉
民族解放（National liberation） 24-34, 148-149
——とテロリズム（and terrorism） 33-34, 64-66
——への左派の支持（left support for） 154-155
民族解放戦線（FLN）（National Liberation Front（FLN）） 33-34, 48, 64, 228, 234
ムスリム（Muslims） 24, 180, 187, 199
ヨーロッパとアメリカの——（in Europe and the US） 182-184
→〈イスラーム〉〈イスラミズム〉〈イスラーム嫌い〉
ムスリム法の下で生きる女性（WLUML）（Women Living under Muslim Laws（WLUML）） 199-200
メキシコ（Mexico） 111, 118
アメリカの——干渉（US intervention in） 28
メッテルニヒ、クレメンス・フォン（Metternich, Klemens von） 23
メンシェヴィキ（Mensheviks） 211-212
毛沢東（Mao Zedong） 212
モンロー宣言（Monroe Doctrine） 23, 117-118

【や】

ヤング・アメリカ運動（Young America） 24
宥和（Appeasement） 40-42, 44
ユダヤ人（Jews） 32, 64, 155-156, 182, 212
善きサマリア人（Good Samaritan） 88
抑圧（Oppression） 49, 60-63, 149, 158, 190-191
新左翼による——の発見（new left discovery of） 233-234

【ら】

ラスキ、ハロルド（Laski, Harold） 41-42
ラスティン、マイケル（Rustin, Michael） 128-129, 162
ラーナー、マックス（Lerner, Max） 41-42
ララミ、ライラ（Lalami, Laila） 187
リップマン、ウォルター（Lippman, Walter） 10
リード、ジョン（Reed, John） 9, 24
リヒトハイム、ジョージ（Lichtheim, George） 27
リンドバーグ、チャールズ（Lindbergh, Charles） 14
ルイス、バーナード（Lewis, Bernard） 186
ルクセンブルク、ローザ（Luxemburg,

Rosa） 154
ルソー、ジャン＝ジャック（Rousseau, Jean-Jacques） 90, 137
ルトワク、エドワード（Luttwak, Edward） 102-105
ルワンダ（Rwanda） 80, 96, 127, 167
レーニン、ウラディーミル（Lenin, Vladimir） 25, 123
——の帝国主義論（theory of imperialism of） 131
ロシア（Russia）
——帝国主義（imperialism of） 155
——の勢力圏（sphere of influence of） 119-122
ロシア革命（Russian revolution） 24, 39, 211-212
ロス、フィリップ（Roth, Philip） 230
ローズヴェルト、セオドア（Roosevelt, Theodore） 117-118
ロック、ジョン（Locke, John） 157-158
ローティ、リチャード（Rorty, Richard） 15, 21
ロブソン、ポール（Robeson, Paul） 229
ロールズ、ジョン（Rawls, John） 137

【わ】

ワトキンス、スーザン（Watkins, Susan） 191

アメリカ左派の外交政策

2018年11月30日　初版第１刷発行

著　者　マイケル・ウォルツァー
監訳者　萩　原　能　久
発行者　犬　塚　　　満
発行所　株式会社 風　行　社
〒101-0052 東京都千代田区神田小川町３－26－20
Tel. & Fax. 03-6672-4001
振替 00190-1-537252
印刷・製本　中央精版印刷株式会社
装幀　安藤剛史

ISBN978-4-86258-114-3